吳鐵城
與近代中國

陳鴻瑜

主編

民國前二年吳鐵城（右二）著革命軍服與林森（右一）合影。

民國二十七年七月十五日國民參政會閉幕。

民國二十九年三月二十六日陳嘉庚抵四川省重慶市
吳鐵城（前左）、陳嘉庚（前中）。

民國二十三年三月十八日航空署驅逐隊隊長高志航（左）
駕機表演後與吳鐵城（右）市長合影。

民國三十一年二月一日黨國元老為慶祝中英中美
平等新約簽訂與孫夫人宋慶齡合影留念。

民國三十一年十月十日陪都各界慶祝國慶大會。

民國三十七年十月八日中國亞洲關係協會成立，
左起：胡適、朱家驊、吳鐵城。

民國三十七年四月三日國民黨六屆中執會臨時全會，
蔣委員長中正（立者）、吳鐵城（右二）、鄭彥棻。

民國三十六年十一月一日中樞首長投票選國代。

民國四十一年五月四日華僑協會總會會員大會
理事長吳鐵城致開會詞。

民國四十二年十一月九日自由中國人民團體歡迎美國副總統尼克森。

民國四十二年三月九日黨國元老吳鐵城六六壽辰，吳鐵城伉儷切蛋糕。

序　言

陳三井

　　歷史乃時間的累積，亦為個體與群體交互活動的總紀錄。在歷史舞台上，人物永遠是啟動風雲的主角，就近代中國史而言，吳鐵城先生（人稱鐵老）的一生，多采多姿，除了早年追隨中山先生革命之外，歷任黨、政、軍、警、外交諸要職，亦曾兼理僑務工作。凡是與他共事過的人，莫不稱道其豁達大度。他有磅礴的胸襟、堅強的意志、和藹可親的風度、軒昂奮發的氣宇和不恥下問的精神，令人永遠不能忘懷。這些讓人敬佩的人格特質，都是我們有待學習的最好榜樣。綜合他的貢獻和道德風範，列之為啟動風雲的人物，實當之無愧。

　　所憾者，有關鐵老的研究，華人世界無論兩岸三地都較為缺乏。他本人所預定口述的《吳鐵城回憶錄》，亦未能及身而完成，至今已逾半個世紀，空留篇目，徒使人感嘆不已！

　　一般而言，對一個歷史人物的研究，要能臻於成熟，必備下列三個條件：

　　一是有一套全集。

　　二是有一部資料詳瞻的年譜。

　　三是有數部公認具權威性的傳記。

　　就資料方面的準備來說，全集與年譜兩者更是不可或缺的。

而能滿足這三個條件的最佳範例，當屬胡適無疑。

　　鐵老是華僑協會總會（前身是南洋華僑協會）的創會理事長，為了慶祝本會成立七十週年，亦為了重溫我們敬愛的吳鐵老在民國史上的重要地位，蒐集他的資料和研究他的思想事功，是我們後繼者責無旁貸的大任。有鑒於此，本會在民國 101 年 5 月 12 日，特與國史館合辦，舉行了為時一天的「吳鐵城與近代中國」學術研討會，邀請劉維開、陳進金、陳立文、李盈慧、陳是呈等五位學者專家發表論文；李雲漢、陳鴻瑜兩位教授擔任評論，收在本書上篇的，便是研討會所獲致的初步成果。這些論文最大的特色，便是參考利用了國史館與黨史館的檔案材料，比之前各家回憶性質的文章具體而深入。

　　惟學術性的研究論文通常較為枯燥，可能令讀者看來乏味；我們也不願把鐵老描繪塑造成一個呆板而毫無生氣的人物，所以特別選錄了幾篇紀念性的回憶文章。這些文章多半在《僑協雜誌》刊登過，故收在下篇。合兩者而觀之，俱見鐵老乃是一個多麼生趣活潑的人物，栩栩如生，長留在人們的腦海中。

　　附錄一是本會委託李盈慧教授所撰的〈華僑協會總會七十年耕耘紀實〉，忠實地紀錄了本會一甲子又十年的成長過程。飲水思源，本會之有今天的規模，乃是歷任理事長，從創會的吳鐵城，到馬超俊、高信、張希哲、梅培德、伍世文諸先生，披荊斬棘，高瞻遠矚，勵精圖治的結果。

　　附錄二是鐵老民國廿九、三十年之交，考察南洋、宣慰僑胞的報告書，原文都十餘萬言，資料取得不易，收在本書的只是其中的一部份，亦可能是最重要的一部份。讀者可當史料文獻參閱，亦見鐵老對僑務、黨務的用心。

除研討會外，本會同時舉辦了一次以吳鐵城先生為主角的照片展覽，承中央社與良友畫報社支持，共展出六十餘幀大幅珍貴歷史照片，我們選擇了其中較具代表性的十二張，置於本書的最前面，睹照片而思故人，希望讀者能藉此更增加對鐵老的深刻印象。

本書承陳秘書長鴻瑜策劃校讀、張國裕組長襄助編排，備極辛勞，在此一併致謝。又蒙秀威公司慨允出版，處理各項編印事務，亦應一敘。

華僑協會總會理事長

陳三井謹識

中華民國 101 年 10 月 8 日

目　次

附錄

上篇

研討會論文

壹、七年中國國民黨秘書長的吳鐵城

劉維開[*]

　　吳鐵城，人稱「鐵老」，早年參加革命，於辛亥年策動九江獨立，江西光復。民國成立後，歷任黨政要職，政務方面，追隨孫中山護法，曾任廣東大元帥府參議、廣東省警衛軍司令、大本營衛士隊隊長、廣州衛戍副司令等職；北伐統一、國民政府成立，歷任立法院立法委員、中山縣訓政實施委員會委員、內政部政務次長、警察總監、僑務委員會委員長、上海市市長、廣東省政府主席、立法院副院長等；行憲政府成立，為第一屆立法委員，嗣後出任行政院副院長兼外交部部長、行政院政務委員，政府遷臺後，任總統府資政。黨務方面，曾任中國國民黨改組前之臨時中央執行委員會委員、第二屆中央執行委員會候補中央執行委員、中央特別委員會商民部委員、第三至六屆中央執行委員會委員、第四屆中央執行委員會組織委員會主任委員、中央政治會議委員、第五屆中央執行委員會海外部部長、第五、六屆中央執行委員會秘書長、第六屆中央執行委員會常務委員、非常委員會委員、中央改造委員會中央評議委員、第七屆中央委員會中央評議委員等。

---

[*] 國立政治大學歷史學系教授。

在諸多黨政職務中，尤以其擔任第五、六屆中央執行委員會秘書長之作為最值得注意。

　　吳鐵城於 1939 年 11 月中國國民黨第五屆中央執行委員會第六次全體會議（簡稱「五屆六中全會」，以下會議均用簡稱）通過擔任中央執行委員會海外部部長。1941 年 3 月，五屆八中全會召開前夕，秘書長葉楚傖因病請假，蔣總裁指定吳鐵城代理，並於 4 月 2 日五屆八中全會正式通過為秘書長，海外部部長由劉維熾繼任；至 1948 年 12 月，以擔任行政院副院長兼外交部長，秘書長一職無法兼顧，呈請辭職，經是月 30 日舉行之第六屆中央執行委員會中央常務委員會議（簡稱「中央常會」）第一七四次會議同意，任秘書長一職前後達七年九個月，為中國國民黨在大陸時期任期最長的秘書長。[1]論者稱從抗戰中期到抗戰勝利復員，吳氏的這一任秘書長，可說是「殫智竭慮，辛酸備嚐」，「尤其是勝利復員以至行憲前後，他這位中央黨部秘書長參與國共協商，各黨各派之協調，以及黨內黨外同志參加選舉的指導與幹旋，工作之繁重，頭緒之紛複，委實是史無前例的」。[2]本文參閱檔案及相關人士回憶等資料，略述吳氏七年秘書長任內相關作為，包括改進黨務工作、參加政治協商、處理黨團統一、幹旋行憲選舉紛擾及顧全大局同意入閣等，藉以呈現吳氏與中國國民黨的關係。

---

[1]　如果連臺灣時期計算，吳氏任期亦僅次於張寶樹的十一年三個月（1968.8-1979.12）。

[2]　王成聖，〈將軍外長吳鐵城〉，《中外雜誌》第 18 卷第 4 期，頁 14，朱傳譽主編，《吳鐵城傳記資料（一）》（臺北：天一出版社，民國 68 年 11 月），頁 53。

一、改進黨務工作

中國國民黨設置秘書長，始於第三屆中央執行委員會，首任秘書長為陳立夫，嗣後有丁惟汾、葉楚傖、朱家驊等任此職。秘書長初設時，實為秘書處首長，綜理秘書處一切事務，迨 1938 年 3 月臨時全國代表大會後，因應黨的體制由集體領導改為總裁制，4 月 21 日中常會第七十四次會議通過修正中央執行委員會組織大綱，對中央組織系統進行調整。中央執行委員會設秘書長、副秘書長各一人，由總裁提名經中央執行委員會任命；秘書長承總裁之命，與中央執行委員會或常務委員會之決議，掌理一切事務，是將秘書長之職權作了實質調整，成為黨的幕僚長，但仍為秘書處主管。[3]因此秘書長除了接受總裁指示，處理黨內相關事務外，還要兼顧秘書處的工作，有如中國國民黨的管家。

秘書處設調查統計局及機要、文書、人事、會計、總務等五處。五處各設處長一人；下設各科、室，設科長或主任；各處各科室各設總幹事、幹事、助理幹事及錄事等工作人員，處理處務；而在秘書處內另設秘書、專員若干人，掌理處務或研究及設計事宜。[4]依〈中央執行委員會各部處會辦事通則〉對於各級主管人員職責之規定，秘書、專員與各機關正副首長及所屬各處、科、室主管均屬主管人員，但就工作屬性而言，為幕僚職，其中秘書職

---

[3] 劉維開，《中國國民黨職名錄》（臺北：中國國民黨中央委員會黨史委員會，民國 83 年 11 月），頁 115。

[4] 〈中央執行委員會秘書處組織條例〉，28 年 3 月 23 日第五屆中央常務委員會第 117 次會議通過，《中國國民黨第五屆中央執行委員會常務委員會會議紀錄彙編（上）》（臺北：中央委員會秘書處），頁 398-400。

責明確，為機關首長幕僚，承首長之命辦理本機關業務；專員則較為空泛，為：「一、依本機關組織條例所規定之事項；二、法規方案及計劃等之審議簽註；三、本機關業務改進之設計；四、首長特交事件。」[5]吳鐵城擔任秘書長後，鑒於專員一職屬性特殊，由秘書處提案「重行釐定中央各部會處專員一類工作人員之任務及待遇」，建議明確專員的工作內容及任用方式，增加兼任人員，為：「一、中央各部會處專員一類之人員，應確實規定其為本機關業務之設計與考核之主管者。二、此類人員分專任與兼任兩種，專任者必須到職辦公，其待遇除照規定外，並得特給辦公費，兼任者概不支薪，但遇開會或首長有所召詢時，得酌給交通費。三、此類人員提會任用時，應確切審核其學識資歷經驗是否符合要求。」經 1941 年 9 月 1 日中央執行委員會常務委員會（簡稱「中央常會」）第 183 次會議通過在案。[6]此後，秘書處在專員的任用，人數較以往增加，引進多方人才，工作自然開展；1942 年 5 月，秘書處成立專員室，以潘公弼為主任。[7]吳氏在用人方面，不拘一格，「於黨務政務財務警務軍事吏事文事有一長的，無不善善從長，優加獎進」，[8]因此當時秘書處專員室可以說是「黨內部份人才的吞吐港，也可以說是魚龍雜杳，各有短長，天空海闊，鳶飛

5　〈中央執行委員會各部處會辦事通則〉，30 年 4 月 28 日第五屆中央常務委員會第 174 次會議通過，《中國國民黨第五屆中央執行委員會常務委員會會議紀錄彙編(下)》（臺北：中央委員會秘書處），頁 712-713。

6　《中國國民黨第五屆中央執行委員會常務委員會會議紀錄彙編（下）》，頁 755。

7　《中國國民黨第五屆中央執行委員會常務委員會會議紀錄彙編（下）》，頁 875。

8　張群，〈我思古人俾無尤矣〉，《吳鐵城先生紀念集》（一）（臺北：吳鐵城先生百齡誕辰紀念會，民國 76 年），頁 149。

魚躍的俱樂部。」[9]對此，吳鐵城表示，辦理黨務要有成績，就要儲備各種人物，他說：「辦黨和幹政治不完全相同。辦政治的人，無論大小官吏，都要賢良正直，纔能具備治國平天下的基本條件，辦黨務的同志是革命的、開創的、打天下的，就不能對他們求全責備了。只要他們不違反主義政綱政策，不嚴重破壞黨紀，就都可任用，也都可寬容。」[10]而吳鐵城對於重要問題的文稿或專門性議案之分析，都先經由專員室起草或研究，當時任職專員室的同仁以為吳氏能「馭眾智以為智」，「真能用人之所長」；[11]張群對此則有進一步的觀察，稱：「在他則因材器使，以配合辦理各事的需要，而在被用的人，則如群魚跳龍門，且樂受裁成。」[12]

吳鐵城擔任秘書長後，作為黨的幕僚長，除了承總裁之命或黨中央決議，掌理黨的一切事務外，還必須對黨所面臨的各項問題進行了解。1945 年 5 月，中國國民黨舉行第六次全國代表大會，這次大會距離前次將近十年，時空環境及國內外情勢均有大的變動，籌備工作份外複雜。吳鐵城奉派為第六次全國代表大會有關事宜審查委員會委員兼召集人，統籌相關籌備工作；復奉派為第六次全國代表大會秘書長，執行各項議事。而在會議進行中，吳氏以秘書長身份提出「黨務檢討報告」之口頭報告，並在「總結

9　張九如，〈文采風流想像中〉，《吳鐵城先生紀念集》（二）（臺北：吳鐵城先生百齡誕辰紀念會，民國 76 年），頁 43。張文稱「專門委員室」，正式名稱應為「專員室」。當時秘書處設「專員」，而非「專門委員」，查張九如當時所任職為「秘書處專員」（見《中國國民黨第五屆中央執行委員會常務委員會會議紀錄彙編（上）》，頁 663），而據張文中所列專門委員黃天鵬、鄒志奮等，據常會記錄，亦為「秘書處專員」（見《中國國民黨第五屆中央執行委員會常務委員會會議紀錄彙編（下）》，頁 772）。

10　張九如，〈文采風流想像中〉，《吳鐵城先生紀念集》（二），頁 43。

11　張壽賢，〈鐵老「陪都六年」片斷〉，《吳鐵城先生紀念集》（二），頁 71。

12　張群，〈我思古人俾無尤矣〉，《吳鐵城先生紀念集》（一），頁 150。

論」部份，對於黨務本身缺點，予以深刻的檢討。

　　組織方面的缺點，吳鐵城認為是「上層臃腫，中層隔閡，下層虛弱」。對造成此點的由來，他認為有以下七個原因：一、徵收黨員疏忽了基層社會的農民及工人，側重於公教人員及自由職業者與商民，未能爭取社會基層的廣大民眾；二、組織黨分部的幹部反轉向都市中來，未能深入社會基層去做組織工作；三、由於黨內大部人才，集中於上層，致黨的領導權力，不能在下層建立起來；四、由於黨的幹部政策與人事制度，還沒有建立得完善，遂使一般同志對於主持上級機關者的地位與權力情感，生出一種依靠心理，不少人向上奔競，不肯向下工作；五、「人重於黨」的錯誤觀念，使人的關係超過黨的關係，人的力量超過黨的考績，造成整個組織上的障礙，喪失固有組織中的作用；六、領袖幹部細胞三者不能完全密切聯繫，遂使一般同志不能在統一的指揮之下去執行任務；七、對於一切問題，上層的裁決，往往多於下層的討論，下層的意見，不易反映到上層，致使黨的命令，不易貫徹下層，行到中層，便已變質，達到下層，竟成具文，而民主集權制的組織原則，因此不易保持。訓練方面的缺點，吳氏認為可以「暫」、「狹」、「淺」三字包括，即訓練的結果，表現為短暫而不經久；狹窄而不廣博；膚淺而不深刻。宣傳方面的缺點，則是「浮」與「拙」。吳氏指出：「『浮』、『拙』的由來，主要由於宣傳方略未能著重於具體的政策，及事實的可能性。各項宣傳工作，亦未能假手於各種社會職業團體，而徒用黨部的名義出之。尤其辦理宣傳工作者，未盡改變『例行公事』的態度，未盡具備『實事求是』的精神」，「因此之故，本黨種種宣傳，積極地未能充分發揮闡揚主義政令的作用，消極的未能完全克服一切惡勢力的煽

惑」。黨政聯繫方面，吳氏表示：「恕我直率的指出，有若干方面，不免『貌合神離』。在中央方面，對於制度與人事問題，還能夠表現『以黨統政』的力量，但行政機關的公務員，還不能說一切工作與努力，都能根據黨的主義，以貫徹黨的意志。至於地方上，黨政組織還沒有密切配合，人事關係亦未能十分融洽，黨務工作與政治工作，更談不到互相呼應。」他認為原因在於：「一由於省市縣各級黨部工作同志的才能與人望，未必個個都好，使執政者願意接受指導。二由於各級黨部以組織鬆懈，並不能完全與行政系統配合，故其力量不足以節制政府，領導政治。三由於各級政府中人，或不盡為黨員，或雖為黨員，而受黨的訓練不足，遂致行動與信仰，不能完全一致。四由於黨的監察制度，在人事配備上與運用技術上，都還不能夠完全發揮其作用。五由於忠實而有能力的黨員，還沒有儘量與以從政的機會，以充實各級政府。因此之故，黨在政府中，還沒有能夠盡其『發動機』的作用，政府在黨中，還沒有能夠盡其『工作機』的作用。」最後，吳氏表示：「我們都是革命黨的革命同志，都不願祇是表揚已成的功績，都不怕坦白指出存在的缺點，諱疾忌醫，隱惡揚善，決不是革命者的精神和作風。黨中種種缺點的由來，誰也不能全辭其咎，但又誰也不能全負其責，總要全體同志有勇氣來承認，有決心來改正。」[13]

　　吳氏的檢討，措詞十分強烈，亦正顯示出他對於黨務所面臨問題有相當透澈的了解。然而黨務改革非一朝一夕所能完成，加上抗戰勝利後，中國國民黨所面臨的挑戰更加嚴峻，環境十分艱

---

[13] 吳鐵城，〈黨務檢討報告〉，秦孝儀主編，《中國國民黨歷次全國代表大會重要決議案彙編（上）》（臺北：中國國民黨中央委員會黨史委員會，民國 67 年 9 月），頁474-479。

困。吳氏以其身份及所處地位，更多的精力與時間用在處理黨派協調等相關事務，以及指導監督行憲國民大會代表、立法委員選舉等工作，中國國民黨的改革直到 1950 年才在蔣中正領導下正式展開。

二、參加政治協商

　　1946 年 1 月，國民政府為在憲法實施以前，邀集各黨派代表及社會賢達，共商國是，召開政治協商會議，10 日在重慶開幕。會議會員三十八人，其中中國國民黨（即政府代表）八人，為孫科、吳鐵城、陳布雷、陳立夫、張厲生、王世杰、邵力子、張群等。吳氏以中國國民黨秘書長身份參加，從會議籌備、進行，乃至後續工作，可以說是全程參與。

　　政治協商會議經各黨派代表商定，議題分為政府組織、施政綱領、軍事、國民大會及憲法草案等五個分組委員會，另設一綜合委員會，凡是各組不能單獨解決的問題，以及和其他小組相關的問題，均提到綜合委員會討論，政治協商會議閉幕後，綜合委員會仍繼續存在，相當於國民參政會閉會後的駐會委員會。[14]吳鐵城為國民大會組委員，並為綜合委員會之政府代表。面對黨派間的協調，以及黨內對於會議結果不滿的聲音，可以說是竭盡心力。同時參加政協會議的中央組織部長陳立夫曾感慨地說：「黨為了要實踐還政於民的諾言，決定定期召開國民大會，制定憲法。國際友人為了早日結束戰事謀求和平，強迫與共產黨談和。於是產生了政治協商會議，……我和鐵城先生都被中央指派為代表之一，

---

[14] 雷震，《中華民國制憲史──政治協商會議憲法草案》（臺北：自由思想學術基金會，民國 99 年 4 月），頁 55-56。

與共產黨、民主同盟、青年黨、民主社會黨（民社黨）及社會賢達的代表共同協商憲法草案，政治、軍事……等等問題，無日無夜的開會，舌敝脣焦的討論。黨內的意見，要不憚辭費的求溝通；友黨的意見，要接納，要讓步；共產黨的意見要爭辯，要駁斥；國際友人的意見，要尊重，要解說；直到國民大會開會的前夕，我和鐵城先生簡直到了日夜不得休息，身心交瘁的境況。」[15]

政治協商會議閉幕後，國民政府依據政協憲法草案分組委員報告之建議，組織憲草審議委員會，依據政協會議擬定之修改原則，並參酌五五憲草之相關修正案，於 1946 年 4 月完成〈政治協商會議對五五憲草修正案草案〉，提供國民大會採納。[16]5 月 5 日，國民政府還都南京，並展開召開國民大會準備工作，惟此時國共衝突日益激烈，而在政治協商會議所商定之協商事項，有中國國民黨在國民大會未舉行前，為準備實施憲政起見，修改國民政府組織法，擴大國民政府委員名額，延攬黨外人士參加。來華調處的美國特使馬歇爾遂於 8 月 24 日至盧山謁見國民政府主席蔣中正時，建議組織五人小組，專門商談國民政府改組問題，希望藉此緩和國共的軍事衝突。蔣氏接受馬歇爾建議，並以為五人小組會議方針，除改組國民政府外，召開國民大會、要求中共提出國民大會代表名單及重行頒發停戰命令三事，應同時解決。吳鐵城與張厲生奉派擔任政府代表；周恩來、董必武為中共代表；駐華大

---

[15] 陳立夫，〈氣度恢宏的吳鐵老〉，《吳鐵城先生紀念集》（二），頁 129-130。

[16] 據蔣勻田等回憶，吳鐵城參與憲草審議委員會，並對憲法第二十七條提出修正建議，因此張君勱稱此條為「吳鐵城條文」，見蔣勻田，〈我所認識的吳鐵城先生〉，《吳鐵城先生紀念集》（二），頁 22-23。惟查閱相關資料，吳鐵城並未列名憲草審議委員會，不清楚此一說法的來源為何。

使司徒雷登為美方代表。然中共方面提出「必須政府保證停戰」，以為其參加五人小組會談之先決條件，以致談判工作遭到阻礙。除此之外，中共方面復要求在四十名國民政府委員名額中，中共需佔十席，使其與民主同盟所佔四席相加達十四席，亦即國民政府委員會討論涉及施政綱領議案三分之一以上的否決數，方同意參加五人小組會談。[17]旋以國軍收復張家口，國民政府頒佈國民大會召集令等，五人小組始終無法發揮作用。

10 月 17 日，吳鐵城偕邵力子等奉命赴上海，分別探訪民主同盟、青年黨、民社黨及社會賢達等人士，商談以第三方面出面協調國共恢復談判。18 日，吳鐵城在上海自宅邀集第三方面代表黃炎培等，聽取與中共方面談話經過，並聯袂前往與中共代表周恩來進行會談，達成四點協議：（一）必須在相互諒解之下，儘速促成和平；（二）儘速就停戰等問題，取得協議；（三）組織軍事考察團，協助停止衝突恢復交通事宜之進行；（四）儘速召集政協綜合小組，會商政府改組及國民大會問題。[18]19 日，第三方面代表黃炎培等與周恩來在吳鐵城宅，提出上述意見，並期望以此為赴南京商談基礎，並詢問周恩來能否同往，周表示同意，且與吳鐵城握手合影。而在吳、邵與第三方面商談時，蔣氏曾於 19 日致電兩人，囑即回京復命。此因蔣氏於 16 日發表〈關於處理目前時局聲明〉，重申政府以和平解決政治問題之誠意，並提示由美方所主持之三方會談應立即召開之

---

[17] 按政治協商會議協議「關於擴大政府組織」規定：「國民政府委員會所討論之議案，其性質涉及施政綱領之變更者，須有出席委員三分之二之贊成，始得議決。」換言之，只要有超過出席委員三分之一不贊成，即不能議決。

[18] 黃炎培，《黃炎培日記》第九卷（1945.1-1947.8）（北京：華文出版社，2008 年 9 月），頁 206。按：第三方面代表七人：黃炎培、張君勱、章伯鈞、羅隆基、李璜、左舜生及胡政之。

具體實施辦法八項；次（17）日，中共方面回應必須恢復 1 月 13 日停戰令實施前之駐軍位置，與實施政協一切決議，為參加談判之先決條件，並表示不能接受蔣氏在聲明中所提示之八項辦法；蔣氏以中共態度仍十分強橫，主張暫取靜觀態度，決定要吳、邵兩人返京。[19]吳氏在上海之交涉，雖處於內外交迫的狀態，然在席間「談笑周旋，動中繩墨」，與會者「無論各方的心理如何，至少在表面上作到大家盡歡而散」，[20]終於完成任務。吳氏於 19 日當晚與邵力子返回南京，20 日謁見蔣氏報告赴上海邀約各黨派代表至南京商談經過。蔣氏感到十分欣慰，決定推遲原定當日飛臺灣巡視的行程，於次（21）日在國民政府接見第三方面代表與周恩來等，並詢問周氏有何新意見；結束後，偕夫人搭機赴臺灣，參加光復週年各項活動。

三、處理黨團統一

1947 年 7 月 23 日，中國國民黨中央常會正式通過〈關於黨團統一組織案〉，設立中央黨團統一組織委員會，任務為：「（一）指導各級黨部團部統一組織事項；（二）隨時商決黨團有關之事項；（三）本黨改造方案之研究事項；（四）黨團統一組織委員會重要決定事項，應提出中央常務委員會並報告總裁核定後，以中央執行委員會名義行之。」由吳鐵城、陳誠、陳立夫、劉健羣召集之。[21]正式展開黨團統一的工作。

---

[19] 《總統蔣公大事長編初稿》卷六（上），頁 285。

[20] 蔣勻田，〈我所認識的吳鐵城先生〉，《吳鐵城先生紀念集》（二），頁 24-25。

[21] 《中國國民黨第六屆中央執行委員會常務委員會會議紀錄彙編》（臺北：中央委員會秘書處，民國 43 年 4 月），頁 463。

黨為中國國民黨，團為三民主義青年團，雖然都以蔣中正為領導，成員亦有部份重疊，但黨、團實為兩個不同的組織，彼此間呈現「微妙而公開的緊張關係」。[22]1947 年 6 月 30 日，蔣中正在中國國民黨中央聯席會議講話，要求「改革黨務，統一意志，集中力量」，正式提出黨團合併統一的主張，說：「我認為青年團與本黨再不容許有兩個形式的存在，必須青年團與本黨合併統一。決不能像現在那樣於黨部之外，另立組織，另成系統。我們如不把青年團與本黨合併，則不僅同志之間意志分散，減損實力，而且有的地方甚至互相摩擦互相攻擊，以致增加工作的困難，抵消革命實力。所以現在必須把青年團與黨統一組織，成為一體，將青年團的力量和黨的力量匯合起來，對共同目標而努力。」[23]對於黨團統一，絕大多數三青團成員不願與國民黨合併，各級黨部幹部對於黨團合併亦大多抱持抗拒的態度，合併的阻力很大。[24]吳鐵城身為中國國民黨秘書長，對於黨團統一工作負主要責任。事實上，對於黨團不和的問題，吳氏頗為了解，曾因地方黨部與青年團衝突事件頻傳，甚至「縣長多利用，互相挾制，苟安旦夕，政令難於推行」，奉命約集內政部長張厲生、三青團副書記長袁守謙等共同研討，並依據〈綏靖區當地最高軍事長官統一指揮黨政軍辦法〉，擬訂改進辦法：（一）黨團與當地政府，必須按照現行各

---

[22] 王良卿，《三民主義青年團與中國國民黨關係研究（一九三八－一九四九）》（臺北：近代中國出版社，民國 87 年 7 月），頁 1。

[23] 蔣中正，〈當前時局之檢討與本黨重要之決策〉，民國 36 年 6 月 30 日，秦孝儀主編，《總統蔣公思想言論總集》卷二十二演講（臺北：中國國民黨中央委員會黨史委員會，民國 73 年 10 月），頁 190。

[24] 王良卿，《三民主義青年團與中國國民黨關係研究（一九三八－一九四九）》，頁 354-356。

項辦法，密切聯繫，協力推行政令，並對各級民意機關，加強領導，運用黨團組織，務期合作。（二）綏靖區高級軍事長官，如察明當地黨政團負責人員有不稱職，或自相磨擦，貽誤事機者，准其再行補報，先行撤換或調整。（三）分別命令各省黨政團主管機關，對於所屬切實考核，加強督導，如地方發生糾紛，把持妨礙政令推行情形時，應即派員徹查，嚴予糾正。[25]而在黨團統一正式進行之前，吳氏亦奉蔣氏指示，就黨團統一組織方案展開研究，曾以余井塘所擬〈改造本黨方案草案〉及鄭彥棻所擬〈黨團統一組織實施綱要草案〉兩案併陳，請蔣氏決定黨團統一應採何種方式進行。[26]

　　1947 年 9 月 9 日，中國國民黨召開六屆四中全會及黨團聯席會議，13 日閉會，會議通過〈統一中央黨部組織案〉，確定三民主義青年團團部併入中央黨部之相關辦法。16 日，蔣氏指示吳鐵城：「各級黨團合併工作應限十月內完畢，不得延誤。又各級黨團合併組織之方式，以黨部主任委員為主任委員，支團部幹事長為副主任委員，縣級亦同，應以此為原則，除有特殊情形，將來再行調整，可也。」至於各級黨團合併後，書記長之委派，指示：「黨部書記長為書記長，團部書記長為副書記長。」[27]對於若干黨團既不協調、幹部資歷亦有差異的地區，如上海、北平、廣東、湖南各地黨團部，如統一組織，實際上有不便時，蔣氏指示吳鐵城等，「可使團部幹事長辭職，或調中央訓練籌備委員會任職，而由其書記充任黨部副主任委員亦可」，並指示「其他縣級黨團如確有困

---

25 《革命文獻——戡亂時期黨務》，《蔣中正總統文物》，典藏號 002-020400-00041-010。
26 《中國國民黨第六屆中央執行委員會常務委員會會議紀錄彙編》，頁 466。
27 《中國國民黨第六屆中央執行委員會常務委員會會議紀錄彙編》，頁 493。

難，亦可如此辦理。」[28]至於黨團統一後，蔣氏指示中央黨部內應設置幹部訓練籌備委員會，負責訓練幹部，並籌辦幹部轉業，參加收復區地方行政，以及督導區內黨政工作。[29]並指示吳鐵城應分批調訓各級負責幹部，同時對轉業之幹部，亦應施以專門技術之訓練，希望立即由幹部訓練籌備委員會研擬具體計畫與實施訓練方案呈報。[30]各項工作頗為煩瑣，尤需化解團方的反彈。為便於推動，遂以三青團副書記長鄭彥棻為中央執行委員會副秘書長，協助進行，鄭氏回憶：「在黨團統一期間，鐵老更充分表現了他的恢宏度量和調協才能。許多問題，他都能從遠處大處著想，接納別人的意見，調和各方，力謀團結。所以，黨團統一能順利實施，黨的力量能團結集中，鐵老貢獻至大。」[31]

四、斡旋行憲選舉紛擾

1946 年 12 月 25 日，制憲國民大會三讀通過《中華民國憲法》，1947 年 1 月 1 日公布，1947 年 12 月 25 日正式施行，依孫中山《建國大綱》規定，中華民國由訓政時期進入憲政時期。

憲法正式施行前，吳鐵城鑒於憲法條文中有不利於剿共軍事之緊急措施者，於 1947 年 12 月 12 日建議黨中央，「宜先請國民大會運用創制權制成法案送立法院，特訂應付緊急事變法律或逕援用憲法第四十三條之職權」，經交付研議後，認為吳氏所提兩項

---

[28]　〈蔣中正致吳鐵城手諭〉，民國 36 年 9 月 20 日，原件影印。

[29]　《中國國民黨第六屆中央執行委員會常務委員會會議紀錄彙編》，頁 494。

[30]　〈蔣中正致吳鐵城手諭〉，原件影印；《中國國民黨第六屆中央執行委員會常務委員會會議紀錄彙編》，頁 497。。

[31]　鄭彥棻，〈鐵老活在眾心中〉，《吳鐵城先生紀念集》（二），頁 158。

壹、七年中國國民黨秘書長的吳鐵城

建議「似均未可行」，此項建議遂告作罷，[32]但亦顯示吳氏作為秘書長，對於《中華民國憲法》與剿共相關問題的關注。

憲法正式頒佈後，國民政府將依相關規定進行國民大會代表、立法委員及監察委員之選舉。1947 年 10 月 31 日，中國國民黨中央常會討論國民大會代表選舉讓與友黨名額及審定黨提名國民大會代表候選人名單等問題，出席委員檢討時局，以「匪勢猖獗，選舉困難，本年大選，應否緩辦，亟應鄭重考慮」，推孫科、居正、于右任、戴傳賢、張群、邵力子、鄒魯、陳立夫、白崇禧及吳鐵城等，詳加研究，以為延緩與否，各有利弊，而延緩的方式，尤待考慮。「惟憲法實施準備程序規定，選出代表達三分之二時，得為合法之集會，是選舉結果，不能達到三分之二時，當可自然延期」，究竟應否延期？及如何延期？以茲事體大，乃由吳鐵城將研究意見呈請蔣氏決定。經蔣氏批示：「選舉不能停辦，應如期舉行為宜。」[33]並提出 11 月 7 日舉行之中央常會報告，選舉一事遂繼續辦理。

選舉問題至為複雜，尤其是國民大會代表及立法、監察委員候選人提名問題，一面要與各黨派協商，一面要在黨內協調，吳鐵城身為秘書長，自然首當其衝。與各黨派協調方面，吳氏與陳立夫負責與民社黨及青年黨方面協商選舉相關事宜，其中以兩黨候選人名單及當選名額，以兩黨各有盤算，磋商尤為費力。當時

---

[32] 〈中央憲政〉（三），《蔣中正總統文物》，典藏號 002-080101-00003-004。

[33] 《中國國民黨第六屆中央執行委員會常務委員會會議紀錄彙編》，頁 534、566；〈蔣總裁批中央執行委員會秘書長吳鐵城報告中常會推定同志研究大選應否緩辦意見呈〉，民國 36 年 11 月 4 日，秦孝儀主編，《中華民國重要史料初編－對日抗戰時期》第七編戰後中國（二）（臺北：中國國民黨中央委員會黨史委員會，民國 70 年 9 月），頁 813-815。

擔任民社黨駐京代表的蔣勻田回憶，他向中國國民黨方面提出該黨三百名國民大會代表候選人，一再遭吳氏及陳立夫拒絕，陳表示只要兩百五十名就足夠分配了。直到國民黨及青年黨的提名名單都公布了，民社黨還沒有確定，他遂直接與吳氏商議此事。吳氏於接待後先行離去，交由秘書繼續與他磋商，而該秘書即直接向他表示名額問題拖延的真正原因，是民社黨常會議決兩百五十名最低名額的底限，早已由該黨某人私下告訴陳立夫，因此陳氏才有此名額的堅持，並說：「鐵老認為共敵當前，宜速說明這個問題，永奠兩黨合作的誠信，不願留有此種暗影存在，更不許以後再有此類可以引起互疑的事件發生，囑我坦直的奉告貴黨。」對此，蔣勻田認為吳氏「對人真實，見識深遠，不容避而不宣」，而吳氏常說的「即引為友，不容相蔽」，實為三黨當時合作之基礎。並謂：「此一問題廓清後，使三黨在南京時代，解決千差萬種問題，而始終合作無間。」[34]

黨內方面，國民大會代表及立法委員候選人均採分組審查方式，吳鐵城為第三組，負責廣東、廣西、四川、西康、雲南、貴州、重慶、廣州等省市提名人選的審查，與孫科、白崇禧同為召集人。但是身為秘書長，仍然要負起總責，協調各方面，鄭彥棻回憶提名審查在中央黨部開會，時常爭辯不休，僵持不決，「這時往往有賴鐵老的調和，因為大家都知道鐵老大公無私，而且辯才無礙，有時爭論終日，得鐵老片言而決」；而在會外，「當時各地許多同志都來到中央，爭取提名，個個都要見鐵老，更鬧得他坐臥不寧，寢食無時」，「但鐵老卻仍保持他的恢宏大量，從容不迫，

---

34 蔣勻田，〈我所認識的吳鐵城先生〉，《吳鐵城先生紀念集》（二），頁 26-27。

毫不生氣，還對人說：『我們黨是幹革命的，這種鍥而不捨的精神便是革命精神。』」及至 1948 年 3 月，行憲第一屆國民大會在南京集會，開會期間，更是全程關注。直到開會前夕，許多由選舉所造成的糾紛，還有待協調解決，會議的進行和第一任總統、副總統選舉，更要盡力調和，「鐵老都一本大公至誠的態度和顧全大體的精神來謀求解決，使大會終能如期完成」。[35]

五、顧全大局同意入閣

吳鐵城於行憲第一屆立法委員選舉，當選廣東省第一區立法委員，依〈憲法實施之準備程序〉規定，行憲後首屆立法院應於國民大會閉幕後之第七日自行集會。國民大會於 1948 年 5 月 1 日閉幕，立法院即於 5 月 8 日集會。5 月 3 日，國民政府派任吳鐵城為行憲第一屆立法委員集會籌備處主任委員，5 日，立法委員開始報到。由於行憲後立法院為民選立法委員組成，成立伊始，一切都無成例，因此在正式開議之前，先舉行預備會議，議定相關規則。自 5 月 10 日起至 17 日，前後舉行六次預備會議，均推舉吳鐵城擔任主席，相繼訂定〈立法委員互選院長副院長辦法〉及〈立法院議事規則〉等內規，並於 17 日第六次預備會議，選舉孫科為院長、陳立夫為副院長。對於吳鐵城在這段時間的表現，同為第一屆立法委員的鄭彥棻說：「大家在鐵老領導下，很快的完成各項準備工作，使立法院能如期集會。」[36]冷彭更推崇吳氏是「功在國家，永垂不朽」，謂：「吳鐵老在並不太平的環境中，籌備立法委

---

[35] 鄭彥棻，〈鐵老活在眾心中〉，《吳鐵城先生紀念集》（二），頁 158-159。
[36] 鄭彥棻，〈鐵老活在眾心中〉，《吳鐵城先生紀念集》（二），頁 159。

員集會，主持立法院預備會議，至選出院長、副院長止，奠立憲政基石，功在國家，永垂不朽！」[37]

　　立法院開議後，中國國民黨籍的立法委員依其所屬派系、地區、團體等因素，組成多個次級團體，包括由 CC 派委員組織的「革新俱樂部」；具有青年團背景委員，結合出身黃埔系、復興社的委員，成立的「新政俱樂部」；以吳鐵城為中心的一批立法委員，則組織「民主自由社」；另有不屬於 CC 派或青年團的委員，於每週二、五立法院開會前的週一、四晚上集會座談，稱「一四座談會」；此外還有中社、朱家驊派、北方立委聯誼會、參政員聯誼會、錚友社（錚友座談會）、建國俱樂部、自由俱樂部、民主政治學會、益世俱樂部等，[38] 企圖加強議事及人事的動員能力，擴大派系影響。

　　1948 年 11 月，行政院院長翁文灝請辭，蔣中正提名孫科繼任。立法院於 26 日依法行使同意權，孫科以 82.9% 的同意率，成為行憲後第二任行政院院長。孫科出任行政院院長，立法院院長一職出缺，為阻止副院長陳立夫順勢成為院長，民主自由社於孫科獲同意為行政院院長之次（27）日，集會決定推舉吳鐵城為院長，此議並獲得新政俱樂部及一四座談會支持。三個團體的代表於 12 月 3 日集會，討論如何擁護吳鐵城競選院長，吳氏親自到場致意，

---

[37] 冷彭，〈吳鐵老在行憲立法院──民國三十七年五月三日至十二月二十二日〉，《吳鐵城先生紀念集》（二），頁 41-42。

[38] 關於立法院各派系情形，參見黃宇人，《我的小故事》（下冊）（香港：吳興記書報社，1982 年 2 月），頁 81-82；劉鳳翰、何智霖訪問，《梁肅戎先生訪談錄》（臺北：國史館，民國 84 年 12 月），頁 74-75；陸寶千訪問、鄭麗榕紀錄，《黃通先生訪問紀錄》（臺北：中央研究院近代史研究所，民國 81 年 6 月），頁 272-279；羅俊強，〈行憲第一屆立法委員之研究（1948-1949）〉（臺北：國立臺灣師範大學歷史研究所碩士論文，民國 89 年 6 月），頁 108-111。

表示爭取院長職位的決心。不過吳氏是否能擔任立法院院長一職，除立法委員的支持程度外，關鍵在於孫科內閣是否能組成。

　　孫科雖然獲得立法院同意出任行政院院長，但是組閣工作進度遲緩，副院長及各部會首長卻一直無法確定。關鍵在於孫氏希望延攬中國國民黨內各派系主要人士，包括吳鐵城、張羣、陳立夫、張治中、邵力子等入閣，共同負責，應付時局。但是在邀請的過程中，或因另有規劃，或因新閣政策不明，紛紛婉拒，致使孫氏一度萌生退意，不願出任行政院院長。[39]吳鐵城對於外界詢問是否入閣，曾表示「一定拒絕」，並強調即使總統出面要求，也絕不會受影響；[40]蔣中正亦一度因吳氏的堅持，對孫內閣能否組成，感到十分悲觀，於 12 月 19 日記道：「岳軍與鐵城來談協助哲生組閣事，鐵城絕不願任其副院長，則難以組閣矣。」[41]然而孫科卻以吳氏是否同意入閣，作為是否擔任行政院長的條件，聲言吳氏如果不答應，即宣布辭職。此舉實將組閣成敗責任加諸吳鐵城身上，令吳氏十分為難，為顧全大局，乃於 20 日同意出任行政院副院長兼外交部部長。[42]吳氏既然同意入閣，依規定必須辭去立法委員一職，亦即必須放棄立法院院長選舉。此事就吳氏而言，實屬無奈，然而對支持者而言，則深感失望與不滿，立法院內部各派系關係亦更加緊張。而在後續的第二屆院長、副院長選舉中，中國國民黨中央提名的院長候選人李培基落選，顯現出黨內的危機，亦成為蔣氏決定下野的關鍵因素之一。

---

[39] 羅俊強，〈行憲第一屆立法委員之研究（1948-1949）〉，頁 114-115。

[40] 黃宇人，《我的小故事》（下冊），頁 86。

[41] 《蔣中正日記》，民國 37 年 12 月 19 日。

[42] 黃宇人，《我的小故事》（下冊），頁 86。

六、辭卸秘書長

　　1948 年 12 月 22 日，中國國民黨中央常會通過總裁交議：「行政院副院長推吳鐵城同志擔任案」，吳鐵城則以擔任行政院副院長兼外交部部長，呈請辭去擔任七年九個月的秘書長一職照准，暫由副秘書長鄭彥棻代理，於 1949 年 1 月正式繼任。

　　吳鐵城辭卸中國國民黨秘書長職後，對於中國國民黨黨務仍具有其影響力，此由蔣中正下野前夕發布之手諭：「黨政軍各種重要問題應由孫哲生、吳鐵城、張岳軍、吳理卿、張文白、陳立夫諸同志負責商決可也。中正。中華民國卅八年一月廿一日。」即可看出。而吳鐵城擔任中國國民黨秘書長的七年多，正是國內外情勢變化最劇烈的時期，吳氏參與此時期所發生諸多重大事件，實為其一生經歷最精采的一段。依其回憶錄預擬章目，有「陪都六年的生活」、「還都與遷都」、「不堪回首」等章，預定將秘書長任內工作分項書於其中，惜因病中輟，未能完成，實為民國史研究的一大遺憾。

貳、吳鐵城與東北（1928-1930）

陳進金[*]

一、前言

　　吳鐵城（1888-1953），以字行，廣東中山（香山）人，因父親吳玉田曾於江西九江經商，吳氏出生於江西，曾入九江同文書院就讀。1909 年，因林森介紹而加入同盟會；1911 年，辛亥革命爆發時，吳氏被推為江西省代表，出席南京各省都督府代表會議，參與組織中華民國臨時政府；1913 年，二次革命反袁世凱失敗後，隨孫中山出走日本，入明治大學攻讀法律。1914 年，加入中華革命黨；翌年（1915 年）8 月，奉孫中山之命前往檀香山主持黨務，並任華僑《自由新報》主筆，力倡反袁。1921 年，孫中山任非常大總統後，出任總統府參軍；1922 年陳炯明反孫（中山）時，吳鐵城在香山組織地方團警支持孫中山；1923 年，任討伐陳炯明東路討賊軍第一路軍司令、廣州市公安局局長兼警務次長；1926 年，任國民革命軍第六軍十七師師長兼廣州衛戍司令。

---

[*]　國立東華大學歷史學系副教授兼系主任。

1927 年 6 月，吳氏任廣東省政府委員兼建設廳廳長；翌年（1928）遊說張學良易幟，達成中國形式上的統一。1929 年，當選為國民黨中央執委、國民政府立法委員，南京總理陵園管理委員會委員等職；1931 年，出任警察總監，僑務委員會委員，仍兼任國府委員；1932 年 1 月，任上海市長兼淞滬警備司令。1937 年，調任廣東省政府主席；1938 年冬，廣州淪陷，因戰事失利，由粵籍將領李漢魂接任省政府主席。1939 年，吳氏開始主持國民黨港澳黨務，兼指導閩、粵兩省宣傳抗戰；翌年（1940），出任國民黨中央海外部長，赴南洋宣慰僑胞，緣於此一經歷，吳氏乃於 1942 年創辦「南洋華僑協會」（華僑協會總會的前身），並出任首任理事長。1941 年春，任國民黨中央秘書長；1947 年，出任國民政府立法院副院長；1948 年，任行政院副院長兼外交部部長。1949 年，隨中華民國政府撤退至臺灣，轉任總統府資政，1953 年病逝於臺北，享年 66 歲。[1]

綜觀吳鐵城一生，自追隨孫中山革命建國以來，歷任黨政軍要職，除了黨務、政務外，也兼理僑務工作；不過，民國史學界有關吳鐵城的研究較為缺乏，這可能是因為有關吳氏的文獻資料較為零散有關。是以，有關吳鐵城與民國之文獻資料的蒐集與刊印，或是相關議題的學術研究，仍有待學界關注。

1954 年，中央文物供應社曾出版吳鐵城所撰寫《四十年來之中國與我》一書，後來重新校對並收錄一些友人的悼念文章，由三民書局於 1968 年再度出版，書名改為《吳鐵城回憶錄》。[2]較令

---

[1] 〈吳鐵城先生生平事略〉，載《吳鐵城先生紀念集》（出版項不詳），頁 1-6；劉紹唐主編，《民國人物小傳》（臺北：傳記文學出版社，民國 70 年），第 1 冊，頁 93-94。

[2] 吳鐵城，《四十年來之中國與我》（臺北：中央文物供應社，民國 43 年）；有關《吳

人遺憾的是，根據《吳鐵城回憶錄》的目錄，該書原本預定撰寫
12 章，但吳鐵城僅完成 6 章即因病中輟，其中有關東北的人事物，
空留章名卻無內容。[3]是以，本文〈吳鐵城與東北（1928-1930）〉
的撰寫，其目的即在補充《吳鐵城回憶錄》一書的遺憾。其次，
以往有關吳鐵城與東北關係的論著，大都是屬於回憶性質的文章，
如齊世英的〈鐵城先生與東北協會〉、吳煥章的〈鐵老與東北〉、孟
廣厚的〈吳鐵老與東北〉等。[4]上述回憶性質的文章，雖然提供了吳
鐵城與東北的相關論述，但缺乏相關文獻檔案的佐證，其內容仍有
不足之處。是以，本文將參考國史館所典藏的《蔣中正總統文物》（以
下簡稱「蔣檔」）、《閻錫山史料》（以下簡稱「閻檔」）等檔案文獻，
更具體地來探討 1928-1930 年吳鐵城東北之行的意義與影響。

　　有關吳鐵城與東北的關係，張羣於《吳鐵城回憶錄》一書的
序言中曾提及，他說：

> 國民政府定都南京後，華北旋告底定，統一之局粗成，而
> 政令猶不能出關，先生於此時僕僕奔走關內外，遂以促成
> 東北之易幟。十九年北方之變，國本為之震撼，先生受命
> 再度出關，雍容談笑而導致東北之內嚮。[5]

鐵城回憶錄》重新出版的原委，可參閱吳幼林，〈跋〉，載吳鐵城，《吳鐵城回憶錄》
　（臺北：三民書局，民國 57 年），頁 284。

[3]　《吳鐵城回憶錄》一書原列之第 7 章為「東北使命」，其各節目錄如下：一、東北
　與日俄；二、張漢卿的生活及其為人；三、東北軍政人物素描；四、建黨勞軍；五、
　太原張家口行腳；六、九一八事變，參閱吳鐵城，《吳鐵城回憶錄》，頁 7。

[4]　齊世英，〈鐵城先生與東北協會〉；吳煥章，〈鐵老與東北〉；孟廣厚，〈吳鐵老與東
　北〉，載吳鐵城先生逝世十週年紀念會編，《吳鐵城先生逝世十週年紀念集》（臺北：
　編者，民國 52 年），頁 77-79、80-83、84-88。

[5]　張羣，〈吳鐵城先生回憶錄序〉，載吳鐵城，《吳鐵城回憶錄》，頁序 1。

事實上，吳鐵城於 1928-1930 年間曾多次出關前往東北，其中與民國史事發展具有關鍵性因素者，除了張羣所言之「1928 年東北易幟」、「1930 年中原大戰」外；1929 年冬，吳鐵城也曾因東北發生中東路事件，受命至東北宣撫，先後曾至長春、吉林、哈爾濱、札蘭諾爾、博克圖各地，激勵士氣。[6]但由於 1929 年中東路事件的相關文獻資料蒐集不易，故本文僅擬討論吳氏於 1928 年、1930 年兩次東北之行的意義與影響，至於 1929 年的東北行則留待專文補闕。

二、1928 年：東北易幟

　　1928 年 1 月 7 日，蔣中正復任國民革命軍總司令職，即進行北伐的規劃；他一方面建立總司令部，籌謀動員北伐所能夠運用的兵力；另一方面則與馮玉祥召開軍事會議，閻錫山亦派代表與會。[7]正當蔣、閻、馮三角同盟關係逐漸形成後，安國軍大元帥張作霖為因應國民革命軍北伐的情勢，也於 1928 年 2 月 20 日召開最高軍事會議，除了軍事部署外，會中也有聯絡桂系以定大局的主張。[8]

---

[6] 沈雲龍，〈序〉，載劉心皇輯註、王鐵漢校訂，《張學良進關秘錄》（臺北：傳記文學出版社，民國 79 年），沈序頁 2。

[7] 陳訓正，《國民革命軍戰史初稿》（臺北：出版者不詳，民國 41 年），第 1 輯，第 3 卷，頁 479-480；中國國民黨中央委員會黨史編纂委員會（以下簡稱「黨史會」）編，《革命文獻第 18 輯──國民革命軍出師北伐史料》（臺北：編者，民國 57 年），合訂本，總頁 3173。

[8] 張作霖召開之最高軍事會議，其討論的議題主要有：一、蔣、馮開封會議（2 月 16 日）後，將徹底北攻，該如何應付？二、對桂系能否聯絡及其步驟；三、馮軍由直南抽赴魯西策應南軍，可否積極反攻直南，以資牽制；四、晉北軍事究應如何？五、

到了 1928 年 2 月，國民革命軍第一、二、三集團軍相繼編組完成後，蔣中正立即進行北伐軍事行動；4 月下旬，制訂第二期作戰計畫，令第一集團軍乘勢進攻，以佔領濟南，殲滅黃河以南敵軍。蔣氏對於第二期作戰，深具信心，但對於日本政府的態度則有所顧忌。因日本政府於 4 月 18 日以保護日僑為由，出兵青島、濟南，田中義一首相又於 20 日通過增加出兵山東的預算。因此，蔣中正對於日本政府意圖阻擾北伐的舉措，深懷戒心，曾有所感嘆曰：「第二期作戰，吾可操左券，但日本之忌嫉阻礙，其力必加強，吾不可不密為準備也。」[9]

　　由於國民革命軍的攻勢猛烈，張作霖乃下令所部退卻，5 月 1 日國民革命軍第一集團軍佔領濟南。[10]濟南一役的勝利，是國民革命軍北伐戰爭的重大關鍵，革命軍將可順利渡河北上，會同第二、三集團軍直搗北京，早日完成北伐大業。不料，日本田中政府竟然於 5 月 3 日在濟南製造慘案，試圖阻擾革命軍北伐，完全暴露其侵略中國的野心。[11]蔣中正深知日本尋釁的目的，在於阻擾革命軍繼續北伐，完成中國統一。因此，蔣氏乃急令各軍隊伍不許外出，靜候命令，力避與日軍衝突；另一方面，即派張羣前往日本

　　軍餉問題，如何分擔？參閱張友坤、錢進主編，《張學良年譜》（北京：社會科學文獻出版社，1996 年），上冊，頁 266-267。

[9]　周美華編註，《蔣中正總統檔案：事略稿本（民國 17 年 4 月至 7 月）》（臺北：國史館，2003 年），第 3 冊，頁 185-186。

[10]　參閱陳訓正，《國民革命軍戰史初稿》，第 1 輯，第 3 卷，頁 555-578；秦孝儀總編纂，《總統蔣公大事長編初稿》，第 1 卷，頁 215。

[11]　事實上，田中義一於 1927 年 4 月就任日本首相時，就一改其前任首相幣原喜重郎對中國革命的不干涉政策，認為欲解決中國問題，唯有採取干涉政策。參閱陳鵬仁，《近代日本外交與中國》（臺北：水牛出版社，民國 75 年），頁 41；張梓生，〈日本第一次出兵山東〉，載蔣永敬編，《濟南五三慘案》（臺北：正中書局，民國 67 年），頁 17-28。

與田中直接交涉，以尋求轉圜餘地。[12]

　　當第一集團軍受困於濟南慘案之際，第二、三集團軍的北伐行動已經有所進展，1928 年 5 月中旬相繼攻下石家莊，續向京、津挺進。5 月 22 日，閻錫山電告蔣中正：「奉軍托（託）人來云，如晉軍能和平接收京、津，則奉軍可退出關外，一致對外。」[13]當時日本政府在旁虎視眈眈，亟欲利用革命軍進入京、津之際，再以保護滿洲日僑為由，冀圖製造事件，出兵干預中國內戰。是以，蔣中正為消弭日軍陰謀，已有和平接收京、津計畫，唯一顧慮的是馮玉祥的態度。[14]5 月 25 日，第三集團軍攻克張家口，並兵分三路向京、津全面推進。6 月 2 日，張作霖下令所部退卻，並發表出關通電；4 日，張氏被日人炸斃於皇姑屯。6 日，張學良等商定奉軍撤退事宜；隨後，第三集團軍進入北京、天津，國民革命軍北伐大功至此暫告一段落，而剩下的是東北易幟的問題。

　　不過，有關東北易幟一事卻是歷經波折。1928 年 6 月 19 日，成立東三省保安會，張學良被推舉為奉天督辦、保安委員會主席，開啟了張學良時代的序幕。[15]張學良親身參與多次內戰，有感於戰

---

[12] 1928 年 5 月 3 日晨，蔣中正曾致電張羣，要求其透過公私關係要求日本立即撤兵。參閱周美華編註，《蔣中正總統檔案：事略稿本（民國 17 年 4 月至 7 月）》，第 3 冊，頁 259-260、256。

[13] 周美華編註，《蔣中正總統檔案：事略稿本（民國 17 年 4 月至 7 月）》，第 3 冊，頁 392-393。

[14] 馮玉祥一向視奉軍為死敵，又對京、津地區有所希冀，今將拱手讓人，故深表不滿意。參閱李國祁，〈北伐後期的政略〉，載氏著，《民國史論集》（臺北：南天書局有限公司，民國 79 年），頁 518-519；周美華編註，《蔣中正總統檔案：事略稿本（民國 17 年 4 月至 7 月）》，第 3 冊，頁 396。

[15] 東三省保安會委員計有奉天省的張學良、楊宇霆、張景惠、袁金鎧、王樹翰、劉尚清、孟紹漢、翟文選、常蔭槐等 9 名，吉林省的張作相、誠允、劉哲、莫德惠等 4 名，黑龍江省的萬福麟、于馴興等 2 名，熱河省的湯玉麟，蒙古的齊默特色莫丕勒，

爭的殘酷，而萌生反戰的思想。[16]尤其濟南慘案發生後，更讓張學良對於因內戰，而使中國遭受帝國主義欺凌，深表痛心。[17]特別是皇姑屯事件後，張學良自知僅憑東北一隅，難以抵抗日本帝國主義的侵略，「欲免東北危險，必須國家統一」、「只有國家統一，才能轉弱為強。」[18]是以，張學良就任奉天督辦後，乃執行其對國民政府息戰止爭的方針。是以，日本人暗殺了張作霖，不僅促使奉軍內部的世代交替，且更加速東北軍和國民政府的互動。[19]

　　有鑑於國、奉雙方接觸頻繁，1928 年 6 月 25 日，日本首相田中義一即訓令駐奉總領事林久治郎，向張學良提出警告云：「為今之計，東北宜以保境安民為重，勿過於向南方採取接近態度。」[20]由於日本政府從中阻攔，使東北歸順中央有了變數，但東北能否順利易幟，象徵國民政府是否真正統一全國。蔣中正思量再三，

共計 17 名委員組成。後楊宇霆辭，由高維嶽遞補。張學良被推舉為保安會主席，袁金鎧擔任副主席。參閱水野明，《東北軍閥政權研究——張作霖、張學良 對外抵抗 對內統一 軌跡》，頁 330-331。此外，西村成雄也認為，以張學良為重心的新政治集團開始形成，其中包括以東北大學出身和留學歸國人士所組成的文官集團和以東三省講武堂出身的年輕武官集團。參閱西村成雄，《張學良——日中の霸權と「滿洲」》（東京：岩波書店，1996 年 5 月），頁 61。

[16] 張學良曾云：「良年方弱冠，屢參戰事，親見戰亂原因，滿目瘡痍，民生凋敝，自己同胞互相殘殺，而有為有志之青年，多為犧牲，大傷國家元氣，衷心時為懺悔。」參閱張學良，《西安事變反省錄》，國史館藏，《蔣經國總統檔案》，轉引自張鴻銘，〈張學良的《西安事變反省錄》〉，載《國史館館刊》，復刊第 26 期（民國 88 年 6 月），頁 304。

[17] 張友坤、錢進主編，《張學良年譜》，上冊，頁 275-276。

[18] 日本學者波多野善大、西村成雄都強調張學良具有民族主義意識。參閱波多野善大著、林明德譯著，《中國近代軍閥之研究》（臺北：金禾出版社，民 83 年），頁 379-380；西村成雄，《張學良——日中の霸權と「滿洲」》，頁 40-42；張魁堂，《張學良傳》（北京：東方出版社，1991 年），頁 31-32。

[19] 西村成雄，《張學良——日中の霸權と「滿洲」》，頁 47。

[20] 張友坤、錢進主編，《張學良年譜》，上冊，頁 284。

決定派吳鐵城北上長川駐瀋，負責與東北當局折衝，以遊説張學良歸順南京國民政府。[21]

有關東北易幟一事，因為日人一再干涉，歷經「七月易幟」、「雙十易幟」兩次生變。[22]1928 年 11 月 10 日，日本昭和天皇舉行加冕大典時，東北派遣祝賀正、副專使莫德惠、王家楨赴日，莫德惠乃親自與田中義一爭辯東北易幟問題，最後田中承認易幟是中國內政問題，等於實際默認東北易幟一事。12 月 29 日，張學良、張作相等聯名通電宣布，奉天、吉林、黑龍江、熱河四省易幟，遵守三民主義，服從國民政府。莫德惠對於其能説服日本田中政府，歸功於吳鐵城的一席話，他説：

> 民國十七年，中央與東北均力求和平統一，惟國際間情勢非常複雜，其中最為強鄰注意者，厥為易幟，曾以書面向東北地方當局表示意見，中央與地方均十分焦慮。先生代表中央參與其事，我則對於地方實負其責，先生對我曾謂：「現為一致對外之時，所謂一致者，不但中央與地方要一致，而地方上下更要一致，至於赴日如何商討，運用之妙，存乎一心。」這幾句話使我融會其意，幸得説服強鄰。[23]

事實上，東北易幟能以和平方式完成，在於蔣中正強烈主導南京政策，與張學良對於國家統一的堅持；蔣、張二人的意志，

---

[21] 莫德惠，《雙城莫德惠自訂年譜》（臺北：臺灣商務印書館，民國 57 年），頁 43。

[22] 王正華，〈蔣中正與東北易幟〉，載中華民國史專題第五屆討論會秘書處編，《中華民國史專題論文集，第五屆討論會》（臺北：國史館，民國 89 年），第 2 冊，頁 1421-1422。

[23] 莫德惠，〈鐵城先生逝世十週年〉，載吳鐵城先生逝世十週年紀念會編，《吳鐵城先生逝世十週年紀念集》，頁 2-3。

共同完成中國的和平統一。不過，吳鐵城運用其與許多東北將領的舊交，感以私誼，憑藉出色的協調交際才華，幾經折衝，終於說服了東北地方當局，也是功不可沒。由於吳鐵城與東北將領相處融洽，故 1929 年西北軍反抗中央、中東路事件爆發時，吳氏再度出關前往瀋陽，負責疏通東北軍。[24]1929 年 12 月 6 日，吳鐵城由北平出發前往山西太原，負責擔任閻錫山就職的監誓員，隨後出關前往東北，而於長春車站發表講演，再度提到：「不到東北，不知中國之博大；不到東北，不知中國之危機。」[25]因而博得東北各界的好感。

　　吳鐵城出關北上，除了促成東北易幟與宣撫外，對於北方的觀察更是細緻，他提到北方有：「一大利四大害」。一大利是：土地肥沃，物產豐富。四大害為：第一害，日俄兩帝國主義者的侵略；第二害，反動的勢力的潛伏；第三害，各地之匪旱蝗災的慘狀；第四害，海洛英毒品的銷行。[26]是以，吳氏於中國國民黨中央黨部紀念週的報告，可以說是中東路事件後、中原大戰前，南京對東北與華北政情的報告與分析，也是吳氏歷時兩個月，行路一萬七千華里的實地考察所得。從這篇報告中，對於即將發生的中

---

[24] 〈張羣電吳鐵城方耀庭請速出兵援助東北張學良〉，民國 18 年 6 月 21 日，國史館藏，《蔣檔》，特交檔案，一般資料，典藏號：002-080200-00045-055；〈張學良不滿中央所擬東北指委人選吳鐵城赴瀋疏通〉，民國 18 年 7 月 14 日，國史館藏，《閻檔》，〈雜派民國 18 年 7 月往來電文錄存〉，典藏號：116-010107-0006-036。

[25] 吳鐵城，〈吳鐵城北上視察報告——民國 19 年 2 月 10 日在南京中國國民黨中央黨部紀念週報告〉，載劉心皇輯註、王鐵漢校訂，《張學良進關秘錄》（臺北：傳記文學出版社，民國 79 年），頁 323。

[26] 吳鐵城，〈吳鐵城北上視察報告——民國 19 年 2 月 10 日在南京中國國民黨中央黨部紀念週報告〉，頁 313-323。

原大戰，與一年後（1931 年）的九一八事變，深具警惕作用。[27]

　　基於吳鐵城對於東北的瞭解與東北將領的情誼，因此 1930 年中原大戰期間，吳氏得以銜命再度出關遊說東北張學良，遂有東北軍入關助蔣，擁護中央之舉。

三、1930 年：中原大戰

　　國民革命軍北伐之初，八個軍中除第一軍由黨軍改編外，其餘各軍則分屬湘（第二、六、八軍）、滇（第三軍）、粵（第四、五軍）、桂（第七軍）軍系統，地方色彩頗為濃厚。[28]其後在北伐進行中，許多地方軍閥紛紛加入國民革命的行列，但仍保留其原有編制，只是換一個新的番號。薛立敦（James E. Sheridan）認為：以這種方式收編的部隊，並非真心獻身於國民革命事業，而僅僅是為了保存自身的實力；他們雖然改變了身分，但仍是不折不扣舊軍閥的隊伍。是以，1928 年 12 月東北雖易幟，中國雖然達成統一，但「殘餘的軍閥主義」依然存在，國民政府仍無法完全控制擁兵自重、割地自據的地方軍人。[29]

　　有鑒於此，蔣中正乃決心裁減軍隊，實施國軍編遣。1929 年元旦，國民政府成立國軍編遣委員會，召開國軍編遣會議，準備從事部隊縮編，乃引起地方軍人的猜疑，認為政府藉以削弱其軍

---

[27] 蔣永敬，〈中原大戰前夕吳鐵城北上及其報告〉，載劉心皇輯註、王鐵漢校訂，《張學良進關秘錄》，頁 312。

[28] 楊維真，《從合作到決裂——論龍雲與中央的關係（1927-1949）》（臺北：國史館，民國 89 年），頁 4。

[29] James E. Sheridan, *Chinese Warlord: The Career of Feng Yu-hsiang* (Stanford: Stanford University Press, 1966), pp.14-16.

權，遂有一連串反抗中央的行動。[30]郭廷以就曾對上述情形有所評論云：

> 辛亥革命後的中國為軍閥的天下。北伐完成後，舊的既未盡去，新的繼之而來，意識如故，行為如故。不及一年，內戰再起，歷史有如重演，此伏彼起，為數之頻，規模之大，更是後來居上。居中央者說是求統一，在地方者說是反獨裁。[31]

就在「中央求統一」、「地方反獨裁」的爭執中，1930 年初掀起了民國建立以來規模最大的一場內戰，史稱「中原大戰」。

1930 年 2 月，蔣中正與閻錫山進行「電報戰」[32]之際，即已體察足以左右南北情勢者，惟張學良一人。[33]因此，蔣氏積極結納東北軍，務必使瀋陽和南京立場一致，共同對抗太原閻錫山。為了籠絡張學良，蔣氏派方本仁、吳鐵城、李煜瀛、張羣等人，前往瀋陽進行勸說與談判。透過吳鐵城等人隨時偵察東北態度，藉以完全配合奉張的各項需求，終於促成張學良決定揮軍入關，擁護南京中央。其中方本仁、吳鐵城等人長期駐節關外，善於掌握情勢，靈敏因應，遂能不辱蔣中正所託，而順利完成「東北使命」。

---

[30] 雷嘯岑，《三十年動亂中國》，頁 148-152；劉維開，《編遣會議的實施與影響》（臺北：臺灣商務印書館，民國 78 年），頁 143-160；簡又文，《馮玉祥傳》（臺北：傳記文學出版社，民國 71 年），下冊，頁 335-337。

[31] 郭廷以，《近代中國史綱》（香港：中文大學出版社，1980 年），頁 591。

[32] 有關 1930 年蔣中正與閻錫山進行「電報戰」的經緯，可參閱陳進金，〈電報戰：1930年中原大戰的序曲〉，載《史學的傳承》編輯小組編，《史學的傳承──蔣永敬教授八秩榮慶論文集》（臺北：近代中國出版社，民國 90 年），頁 107-135。

[33] 周琇環編註，《蔣中正總統檔案：事略稿本（民國 18 年 11 月至 19 年 2 月）》（臺北：國史館，民國 92 年），第 7 冊，頁 497。

中原大戰期間，吳鐵城之所以奉派東北，是因為吳氏已有多次東北行的經驗，其中尤以 1928 年的東北易幟與 1929 年中東路事件的宣撫，更具關鍵；是以，吳鐵城不僅洞察東北情勢，且與東北各界建立了良好關係。故 1930 年 3 月中旬，吳鐵城三度銜命赴瀋陽，積極聯絡東北高級將領；值得注意的是，吳氏運用其靈活的外交手腕，使南京蔣中正得以順利爭取張學良的支持。

首先，是對張學良訴諸於「國家統一」的要義，蔣中正曾透過吳鐵城明確告知張氏：

> 吾人革命首重主義，次論成敗。如果閻、馮觀望不前，竟立政府以成南北對峙之局，則中央為革命主義與政府立場計，皆不能不出於討伐之一途。否則統一既被破壞，國家立召分裂，外侮更必加烈。……想漢兄亦必共同一致，以救黨國也！但中深信，中央有漢兄之在東北，則馮、閻之在北方決不敢放肆異甚。故漢兄不贊成馮、閻有所組織，乃無異為黨國保障統一也。[34]

其次，是給予張學良充裕的財政支援。1929 年中、俄間發生「中東路事件」時，南京政府曾允諾可出兵十萬，撥軍費數百萬元，後因討伐西北，無暇兼顧，致一兵未出，一文未撥。[35]中東路事件期間，東北軍獨立抗俄數月，不但兵疲民困，財政上更是捉襟見肘。是以，充裕財政經費的挹注，對東北軍而言，無異久旱

---

[34] 〈蔣中正電吳鐵城等如馮玉祥閻錫山竟立政府則中央不能不出於討伐之一途〉，民國 19 年 3 月 29 日，國史館藏，《蔣檔》，〈革命文獻〉，統一時期，典藏號：002-020200-00007-044。

[35] 司馬桑敦，《張學良評傳》（臺北：傳記文學出版社，民國 78 年），頁 101-102。

逢甘霖。基於此，如何給予張氏充裕的財政支助，也是爭取東北軍的重要方式之一。當時，東北所出售的武器，價格高於日本一倍，但吳鐵城等人積極主張南京中央應向東北購買武器。於是，南京方面乃向東北兵工廠訂購重野砲、山砲，及砲彈、手槍等，透過武器的購置如同給予東北財政支助於無形。[36]

同時，蔣中正也承諾支持東北軍的軍隊開拔費用。1930 年 5 月，蔣、閻展開大戰前夕，蔣中正急電吳鐵城等表示：若奉張榆關部隊願出兵，將立即電匯 50 萬元，作為軍隊開拔費用。[37]後來，南京中央決定先匯款 200 萬元給東北做為出兵費用。[38]6 月 10 日，蔣中正即電告吳鐵城、李煜瀛等，東北出兵經費 200 萬元已匯出，並請張氏儘速出兵佔領平、津，進展石家莊，以斷晉閻歸路。[39]6 月 13 日，李煜瀛偕同胡若愚赴滬，胡氏對外宣稱係為了替張學良答謝致送壽禮者，且擬在滬就醫治病。[40]實際上，胡若愚南行完全

---

[36] 〈方本仁等電古應芬重野兩種大砲及砲彈請即轉陳蔣中正派員來瀋〉，民國 19 年 4 月 16 日，國史館藏，《閻檔》，〈蔣方 19 年 4 月往來電文錄存（二）〉，典藏號：116-010103-0054-073；〈劉光電吳鐵城蔣中正曾云已由先生訂妥七五砲彈五千與重砲三千〉，民國 19 年 4 月 26 日，國史館藏，《閻檔》，〈蔣方 19 年 4 月往來電文錄存（四）〉，典藏號：116-010103-0056-029；芝翁，〈吳鐵老二三事〉，載吳鐵城先生逝世十週年紀念會編，《吳鐵城先生逝世十週年紀念集》，頁 120。

[37] 〈蔣中正致吳鐵城方本仁江辰電〉，民國 19 年 5 月 3 日，載遼寧省檔案館編，《奉系軍閥密信選輯》（北京：中國檔案出版社，1993 年），頁 1092。

[38] 〈蔣中正電詢宋子文何日可匯張學良二百萬元並直電吳鐵城轉李煜瀛〉，民國 19 年 6 月 8 日，國史館藏，《蔣檔》，〈蔣總統籌筆〉，統一時期，典藏號：002-010200-00032-056。

[39] 〈蔣中正電吳鐵城等已匯二百萬元並轉張學良進佔平津石家莊〉，民國 19 年 6 月 10 日，國史館藏：《蔣檔》，〈蔣總統籌筆〉，統一時期，典藏號：002-010200-00032-060。

[40] 季嘯風、沈友益主編，《中華民國史料外編——前日本末次研究所情報資料》（桂林：廣西師範大學出版社，1993 年），第 38 冊，頁 324。

是擔心東北一經出兵，奉票金融將立生險象，才由李煜瀛陪同到上海與財政部長宋子文面洽。[41]由於此時南京中央軍在濟南城情勢危急，亟須東北軍入關援助。是以，蔣中正連續於 6 月 14 日、16 日致電宋子文，請宋氏切勿拒絕與李、胡會商，同時要宋允諾保障奉票金融，以促使張學良出兵。[42]1930 年 6 月東北出兵之舉，雖因內部意見不一而作罷；不過，南京中央在財政上的充裕支持，表現了一定誠意，也影響了張學良的態度。

此外，吳鐵城也充分掌握閻錫山、汪兆銘等人派員來瀋遊說的情形，並將此一訊息隨時回報蔣中正，俾於蔣氏的決策與因應之道。1930 年初，閻錫山決心起兵反蔣時，深切瞭解張學良舉足輕重的實力；是以，在與南京中央進行「電報戰」之前，即已先委派鄒魯攜帶通電（即後來致蔣之〈蒸電〉）原稿，赴瀋陽欲徵詢奉張意見。[43]此外，閻錫山又派代表梁汝舟赴瀋，2 月 18 日梁抵瀋謁張學良等東北各要人。[44]閻錫山方面為了拉攏張學良，不斷派遣代表赴瀋向張學良勸說，前後計有梁汝舟、張繼清、溫壽泉、門致中、孔繁霨、楊廷溥、鄧哲熙、孫傳芳、賈景德、薛篤弼、

---

[41] 〈李煜瀛等電蔣中正等張學良自易幟後即擁護中央鞏固統一〉，民國 19 年 6 月 13 日，國史館藏，《閻檔》，〈蔣方民國 19 年 6 月往來電文錄存（二）〉，典藏號：116-010103-0062-067。

[42] 〈蔣中正電宋子文如奉軍出兵金融將受影響請勿拒絕與李煜瀛詳商對策〉，民國 19 年 6 月 16 日，國史館藏，《蔣檔》，〈蔣總統籌筆〉，統一時期，典藏號：002-010200-00033-038。

[43] 19 年 2 月 14 日，張學良致電吳鐵城時云：「閻百川已派鄒海濱來瀋，弟尚未予接見。……」惟當時閻致蔣「蒸電」已發。見〈張學良電吳鐵城鄒魯來瀋尚未接見已分電蔣閻力求和平避免極端〉，民國 19 年 2 月 14 日，國史館藏，《閻檔》，〈雜派民國 19 年 2 月往來電文錄存（七）〉，典藏號：116-010107-0039-027。

[44] 國聞週報社輯，《一週間國內外大事述評》，《國聞週報》，第 7 卷第 7 期（民國 19 年 2 月 14 日至 2 月 20 日），總頁 2435。

郭泰祺、陳公博、覃振、傅作義等十餘人。[45]

　　此時，代表南京中央在瀋陽進行遊說的吳鐵城，不僅掌握閻錫山代表在瀋陽的活動情形，並立即致電南京中央，以便於蔣中正得以把握先機。如 1930 年 4 月，閻錫山收買各路工人，使南京中央在北方的許多工作難以展開，吳鐵城立電告古應芬。[46]又如汪兆銘的代表郭泰祺前往瀋陽面見張學良，試圖說服張氏支持閻、汪，吳鐵城也立即掌握情報，並於 4 月 12 日致電告知南京；[47]4月 18 日，有關於郭泰祺在瀋陽接洽的情形，吳氏又立即致電告知張羣。[48]此外，閻錫山代表孔繁蔚等人代表閻氏赴瀋請求援助，張學良於 4 月 18 日接見孔繁蔚等人的情形，吳鐵城也一一回報南京，以便蔣中正掌握瀋陽的情勢發展。[49]

---

[45] 參閱國聞週報社輯，《一週間國內外大事述評》，《國聞週報》，第 7 卷第 7 期（民國 19 年 2 月 14 日至 2 月 20 日）、第 7 卷第 10 期（民國 19 年 3 月 7 日至 3 月 13 日）、第 7 卷第 12 期（民國 19 年 3 月 21 日至 3 月 27 日）、第 7 卷第 14 期（民國 19 年 4 月 4 日至 4 月 17 日）、第 7 卷第 15 期（民國 19 年 4 月 11 日至 4 月 17 日）、第 7 卷第 19 期（民國 19 年 5 月 9 日至 5 月 15 日）、第 7 卷第 34 期（民國 19 年 8 月 22 日至 8 月 28 日），總頁 2435、2486、2514、2549、2559、2615、2783-2784。郭廷以，《中華民國史事日誌》，第 2 冊，頁 549、562、582、609、611、612、617、618。

[46] 〈吳鐵城電古應芬據報各路工人被閻錫山收買甚多工作極感困難〉，民國 19 年 4 月 10 日，國史館藏，《閻檔》，〈雜派民國 19 年 4 月往來電文錄存（二）〉，典藏號：116-010103-0054-020。

[47] 〈吳鐵城電余惟——汪兆銘代表郭泰祺來瀋駐馬紳家昨謁張學良〉，民國 19 年 4 月 12 日，國史館藏，《閻檔》，〈雜派民國 19 年 4 月往來電文錄存（二）〉，典藏號：116-010103-0054-041。

[48] 〈吳鐵城電張羣郭泰祺代表汪兆銘來瀋接洽結果沒趣而去〉，民國 19 年 4 月 18 日，國史館藏，《閻檔》，〈雜派民國 19 年 4 月往來電文錄存（二）〉，典藏號：116-010103-0055-024。

[49] 〈吳鐵城電蔣中正張學良十八日始接見孔繁蔚等閻錫山請求援助〉，民國 19 年 4 月 19 日，國史館藏，《閻檔》，〈雜派民國 19 年 4 月往來電文錄存（二）〉，典藏號：116-010103-0055-037。

吳鐵城除了掌握敵方動態的情蒐外,同時也觀察奉方的動靜,隨時回報蔣中正等。1930 年 7 月,閻錫山、汪兆銘等於北平召開擴大會議;4 日,張學良代表危道豐致電張氏表示:此間均一致尊重鈞座,擬懇加入擴大會議,並徵求意見暨磋商組織辦法。[50]同一時間,汪兆銘亦曾向張學良代表湯爾和表示,若奉張同意加入擴大會議,則東北不要黨治,國民黨亦可以旁觀,決不會為大局的障礙。[51]9 月 1 日,擴大會議通過「國民政府組織大綱」,推舉閻錫山、馮玉祥、李宗仁、汪兆銘、唐紹儀、張學良、謝持等七人為國府委員,以閻為主席。[52]到底張學良對於北平擴大會議的態度為何?南京蔣中正必須進一步瞭解,才能有所因應,吳鐵城就扮演著觀察者的角色,吳氏曾致電王正廷表示:東北對於擴大會議不重視,同時對於汪兆銘也非常的冷淡;[53]也曾致電蔣中正告知:顧維鈞回瀋向張學良報告北平擴大會議組織政府的情形。[54]吳氏上述電文內容,讓南京得以瞭解張學良並不贊成召開北平擴大會議與成立國民政府,也讓蔣氏可以進一步來爭取張氏的支持。

---

[50] 〈王樹翰轉危道豐致張學良虞電〉,民國 19 年 7 月 7 日;遼寧檔案館編,《中華民國史資料叢稿——奉系軍閥密電(1930 年 1 月-12 月)》,第 5、6 冊合集,頁 201。

[51] 〈湯爾和電王樹翰說明在平會晤賈汪等談話概略乞轉陳奉張〉,民國 19 年 8 月 4 日,國史館藏,《閻檔》,〈雜派民國 19 年 8 月往來電文錄存(七)〉,典藏號:116-010107-0087-060。

[52] 國聞週報社輯,《一週間國內外大事述評》,《國聞週報》,第 7 卷第 35 期(民國 19 年 8 月 29 日至 9 月 4 日),總頁 2793。

[53] 〈吳鐵城電王正廷東北對擴大會議不重視對汪兆銘亦甚冷淡〉,民國 19 年 8 月 1 日,國史館藏,《閻檔》,〈雜派民國 19 年 8 月往來電文錄存(一)〉,典藏號:116-010103-0069-012。

[54] 〈吳鐵城等電蔣中正顧維鈞昨回瀋向張學良報告北平組織為政府情形〉,民國 19 年 9 月 7 日,國史館藏,《閻檔》,〈雜派民國 19 年 9 月往來電文錄存(一)〉,典藏號:116-010103-0073-050。

吳鐵城長期駐節瀋陽，也成為蔣（中正）、張（學良）互相溝通的平臺，張學良有時會透露閻、馮活動予吳鐵城，再由吳氏致電南京中央注意。例如吳氏曾與張學良晤談，得知閻錫山處於騎虎難下之勢，終無好辦法等訊息。[55]又如 1930 年 6 月，馮玉祥派丁春膏在天津收買日本通訊社，就是由張學良告知吳鐵城，再由吳氏致電陳立夫注意；再則，吳鐵城也曾致電陳立夫，要特別注意靳雲鵬的活動等。[56]

　　由上述文電內容可知，1930 年中原大戰期間，在瀋陽的吳鐵城，因其與東北將領情感深厚，而能為南京中央扮演著多重角色，包括是瞭解東北軍態度的觀察者，又是刺探敵方情報的情蒐者，同時也但任蔣、張兩人聯絡平臺的溝通者。吳氏的積極性與靈活性角色，不僅可以讓南京蔣中正洞察先機，制定方案以因應，同時對於如何爭取奉張入關支持，也提供了許多良策。是以，若說吳鐵城於中原大戰期間，順利完成東北使命，促成奉張入關助蔣，應為公允之說。關於吳鐵城的東北使命，而一直為外人所津津樂道的是吳氏靈活的外交手腕，簡又文曾有一段很生動的描述，他說：

> 此次「中原大戰」之勝負，不決於疆場，卻決於沾壇上外
> 交手腕之間。方豫省大戰時，中央代表吳鐵城等在瀋陽與

---

[55] 〈吳鐵城等電蔣中正今晤談張學良甚久閻錫山勢成騎虎無好辦法〉，民國 19 年 5 月 2 日，國史館藏，《閻檔》，〈雜派民國 19 年 5 月往來電文錄存（一）〉，典藏號：116-010103-0057-025。

[56] 〈吳鐵城電陳立夫昨承張學良告馮玉祥派丁春膏在津收買日本通訊社〉，民國 19 年 6 月 1 日，國史館藏，《閻檔》，〈雜派民國 19 年 6 月往來電文錄存（一）〉，典藏號：116-010103-0061-010；〈吳鐵城電陳立夫靳雲鵬如到此活動當加注意〉，民國 19 年 7 月 6 日，國史館藏，《閻檔》，〈雜派民國 19 年 7 月往來電文錄存（一）〉，典藏號：116-010103-0065-060。

張學良磋商合作事。吳挈其擅長交際，善於辭令之愛妾及大量金錢與俱。二人施用闊綽的、機巧的外交手段，周旋於奉軍「少帥」張學良夫婦與高級文武幹部間，大奏奇效。聞有一次，張在一個公開場合私對其妾作戲言：「你倆膽敢來這裡作說客；假使我將吳鐵城槍斃了，又怎樣？」她面不改容、從容鎮靜的含笑答道：「少帥，別跟我開玩笑！像少帥這樣英雄人物，那會幹出這卑鄙狠毒的事呢！」張聽了，哈哈大笑道：「果然說得妙！來！乾一杯！」另一日，吳大排山珍海味最貴最盛的筵席，遍請張總司令高級人員與軍官赴宴。其妾周旋其間，恭敬招待。堂前設了十幾桌麻，請各人就席娛樂一下。每人面前抽屜內各置鈔票大洋二萬元，輸贏一計，勝者盡入私囊，負者也無所損失。於是人人樂不可支，與他都成為好朋友。同時閻、馮亦派代表賈景德與薛篤弼兩個「老實頭」到瀋極力運動，無如囊慳術鈍，與吳鐵城等相較，在在相形見絀，居於下風，即送禮三千元也要去電請示匯款方濟。[57]

簡又方係根據吳鐵城隨員所述而記，是否可信仍待考。不過，卻可以適度反映寧蔣和晉閻雙方代表遊說奉張時之經費、外交手腕的差別。

由於吳鐵城等人的遊說，與南京中央在財政經費上充裕地援助東北，張學良乃於 1930 年 9 月 18 日發表〈巧電〉，擁護南京中央；

---

[57] 簡又文，《馮玉祥傳》（臺北：傳記文學出版社，民國 71 年），下冊，頁 342-343；類似的情節在芝翁的回憶裡也曾提及，參閱芝翁，〈吳鐵老二三事〉，載吳鐵城先生逝世十週年紀念會編，《吳鐵城先生逝世十週年紀念集》，頁 119-120。

10月9日，在瀋陽就任全國陸海空軍副司令之職。[58]當張學良率東北軍入關助蔣，已預告中原大戰即將落幕，而反蔣集團則已趨於崩解。

四、結論

「不到東北，不知中國之博大；不到東北，不知中國之危機。」這是 1928 年吳鐵城在長春車站所發表的名言，代表吳氏對東北的重視與認識，也因而獲得東北要員的激賞。1928-1930 年，吳鐵城曾經三次出關前往東北，或勸說易幟、或宣撫將領、或說服助蔣，吳氏三次東北行，都對當時中國政治情勢的演變，發生了關鍵性的影響。以 1928 年東北易幟為例，吳鐵城運用其與許多東北將領的舊交，感以私誼，憑藉出色的協調交際才華，幾經折衝，終於說服了東北地方當局，莫德惠的回憶更證明了吳氏在東北易幟的貢獻。

再以 1930 年中原大戰為例，長期駐節瀋陽的吳鐵城，又透過其與東北將領情感，而為南京中央扮演著觀察者、情蒐者與謀士等多重角色。特別是吳氏的積極與靈活外交手腕，不僅可以讓南京蔣中正洞察先機，制定方案以因應；同時，對於蔣中正如何爭取奉張入關支持，也提供了許多良策。因此，吳鐵城於中原大戰期間，順利完成東北使命，促成奉張入關助蔣，使中原大戰得以順利落幕，應為公允之說。

比較遺憾的是，有關吳鐵城的文獻資料仍然不足，故本文未能深入分析吳氏與東北的關係，對於 1928-1930 年吳鐵城三次東北

---

[58] 有關張學良入關助蔣中正的分析，可參閱陳進金，《地方實力派與中原大戰》（臺北：國史館，2002 年），頁 175-197。

行的意義與貢獻，也還有許多待補充之處，期待藉由本文的拋磚，
而能引起學界更重視吳鐵城與民國的相關研究。

參、吳鐵城與東北黨務

陳立文[*]

一、前言

　　個人承陳三井教授指定要我撰寫「吳鐵城與東北黨務」這一題目，在調閱國史館相關的檔案，及閱讀手邊可得的材料後，發現實在沒有太多的資料可寫。尤其在這次會議中，既有人談吳鐵城與東北，又有人談吳鐵城與中國國民黨，把個人可以講的話題佔去了大半，因此本文只能以較少的篇幅，對吳鐵城與東北黨務這一小範圍，做一個簡單的介紹。

　　吳鐵城有一句名言：「不到東北，不知中國之博大；不到東北，不知中國之危機！」所以很多人談到吳鐵城就想到東北，想到東北問題就想到吳鐵城，事實上他曾在九一八事變之前四次奉派到東北：第一次在民國 17 年秋，北伐抵定平津，奉軍退回關外，他奉命出關，游說東北當局，遍訪各地，就在這一次在長春車站發表了上述名言。東北軍政領袖自張漢卿（學良）以下，對吳鐵城的印象良好，刮目相看。[1] 當時吳年齡不過 42 歲，但東北眾人咸以

---

[*]　國史館主任秘書。

[1]　沈雲龍，〈吳鐵城先生東北之行──鐵老百齡誕辰感言〉，《傳記文學》第 3 期第 15

「鐵老」稱之而不名，自此「鐵老」便成為吳鐵城的代號。[2]第二次在民國 18 年，中、俄發生中東路之戰，鐵老奉命到東北宣撫，激勵士氣，但此行缺乏公開之資料可資佐證。第三次是民國 19 年 3 月中旬，奉命赴瀋陽參加追悼東北邊防軍陣亡將士大會，代表國府授予張漢卿青天白日章及一等寶鼎章，同時說服張學良出兵入關，消弭中原大戰。第四次是在同年 11 月 12 日四中全會以後，奉蔣介石之命前往東北，除了宣慰東北軍隊、宣揚召開國民會議的意義外，更重要的是負責重建東北黨務，由秘密的地下活動改為公開，[3]這可說是吳鐵城與東北黨務發生關係的重要因緣。

吳鐵城的手段靈活，對張學良左右除多方交納，曉以國家民族大義外，交往酬酢亦皆能恰到好處。張學良在南京期間，下榻於宋子文鐵湯池公館，東北旅京同鄉在吳鐵城示意下，曾假宋子文公館，舉行了一項張副總司令蒞京歡迎大會，由吳煥章為歡迎會主席，頗得張學良好感，據說張學良曾親自交代吳煥章，希望吳常與其通信：「凡有重要函件，可交外交部新任次長王家楨，用火漆封好，轉交我親拆。」……事後中央即通過吳煥章轉告張學良，希望黨務工作能在東北展開，如此對國家、對東北，均有百利而無一害。[4]

　　卷（1987 年 3 月），頁 10-12。

[2]　王成聖，〈辛亥風雲人物──將軍外長吳鐵城〉，《中外雜誌》第 18 卷第 4 期（1975 年 10 月），頁 6-15。

[3]　鄭彥棻發言，張敏惠紀錄，〈「吳鐵城先生百年誕辰」口述歷史座談會紀實〉，《近代中國》第 58 期（1987 年 4 月），頁 156-176。

[4]　金鐸，〈吳鐵城先生的事蹟與風範〉，《生力月刊》第 10 卷第 113-4 期（1977 年 3 月），頁 19-20。

吳鐵城於民國 19 年年底到東北時，先與張學良數度磋商，張
學良很豁達，立即允諾了中央的要求，吳鐵城乃參照東北當局的
意見，擬具了進行建立東北黨務意見與東北黨務負責人的名單，
這項名單立蒙中央核准，計任用了張學良、邢士廉、彭濟群等為
遼寧省黨務指導委員，任用張作相、顧耕野、石九齡、譚介生等
為吉林省黨務指導委員，任用萬福麟、王憲章、王秉鈞、吳煥章
等為黑龍江省黨務指導委員。東北三省黨務指導委員，原擬分別
在各省選定日期宣誓就職，嗣中央決定三省黨務指導委員在瀋陽
舉行聯合宣誓典禮，並派吳鐵城為監督員，至此，東北與中央關
係又跨進了一大步。[5] 1931 年 2 月 26 日，國民黨東北黨務指導委
員會正式成立，由張學良擔任主任委員，但東北黨務真正的發展，
是在九一八事變以後，由於東北淪陷在日本手中，因此中央將東
北黨務交給「東北協會」接辦，黨務辦事處設在平津地區，做為
黨員聯繫之場所，在中央推動東北黨務的是朱霽青和傅汝霖等人，
而真正在日本佔領區內實際執行地下黨務工作以及抗日工作的前
後有齊世英、梁肅戎、羅大愚、石堅等人，[6] 從九一八一直到戰後
接收東北，東北黨務是一段艱苦的歷程，有太多值得書寫的內容，
但是由於吳鐵城後來榮膺其他重任，事實上對於東北黨務並沒有
進一步的參與，因此不適合在本文中多談。

---

[5]　陳嘉驥，〈吳鐵城張羣東北之行〉，《中外雜誌》第 20 卷第 3 期（1976 年 9 月），頁
　　21-26。

[6]　高純淑，〈九一八事變後中國國民黨的東北黨務〉，《國史館館刊》第 20 卷第 3 期
　　（1976 年 9 月），頁 21-26。另參考《齊世英先生訪問錄》，訪問／沈雲龍，林泉，
　　林忠勝，紀錄／林忠勝，中央研究院近代史研究所出版，1990 年。

二、吳鐵城的個人作風

在「吳鐵城與東北黨務」實在沒有太多可以討論的不得已之際，本文希望轉換成「吳鐵城的個人作風」，提出一些心得與感想，與在座的前輩分享。由於個人這一年多來有幸擔任國史館的主任秘書，於參贊館務之際，感受到許多為人處世的難處，因此在看吳鐵城相關資料的過程中，對吳鐵城的為人作風感受甚深。而真正讓我想提出這一方向的關鍵，是看了梁子衡〈永懷吳鐵城先生〉一文。

梁子衡用關尹子的語錄形容吳鐵城：「利害心愈明，則親不睦；賢愚心愈明，則友不交；是非心愈明，則事不成；好惡心愈明，則物不契；是以聖人渾之。」並加以詮釋：

我認為這個聖人之「渾」，用於鐵老的性格，亦頗為恰當。我認為無學問者不能「渾」，無氣量者亦不能「渾」，無愛心者更不能「渾」，鐵老以此聖人之「渾」，瞻矚到東北的形勢，判斷了東北的前途，亦以此聖人之「渾」，而化解了東北政治上的困局，軍事上的危機，人事上的誤會。鐵老更以此聖人之「渾」，以配合先總裁蔣公之英明與果斷，而完成了黨中許多艱困的任務。[7]

個人在看到這段文字的時候，有一種「醍醐灌頂」的感覺，覺得真是抓到了吳鐵城的個人風格。在中國現代史上，一直面臨外侮內憂、國步維艱的困境，中央與地方分分合合，各派各系間擾擾嚷嚷，就以東北而言，這樣一個紛擾的局面，吳鐵城是以怎

---

[7] 梁子衡，〈永懷吳鐵城先生〉，《中外雜誌》第 34 卷第 2 期（1983 年 8 月），頁 53。

樣的姿態面對問題，怎樣的方式達成使命？其重點就在於「調和折衷」，也就在這一個「渾」字。

吳鐵城第一次奉使東北，派頭很大，他沿京奉路搭乘「藍鋼花車」，由南京浦口經濟南、山海關直駛瀋陽，正是這種豪壯的排場，讓東北官員刮目相看，肅然起敬，因此之後的事情辦起來事半功倍，這種作風不管在當時還是在日後的民國人物中，有幾人做得出、做得到，實在是一個很有意思的問題。

吳鐵城曾自我調侃，提到中央有一次開常會，一位委員做打油詩評比人物：「輕顰淺笑洪蘭友，巧小玲瓏陳立夫，長短不齊雷與邵，咱家劉瑾鐵城吳」，用戲臺上的劉瑾形象取笑他的身軀高、嗓門大、派頭足。張九如對此提出他的說法：

> 凡是同志間有所爭執，尤其是黨團之間的問題，爭氣不下時，最後雙方不約而同的都說：「我們找鐵老去。」他也真像「法門寺」的劉瑾，能聽同志們訴苦，給他們伸怨消災，總裁便是「法門寺」的老太后，總相信他會辦好各事，就是尚須陳報總裁的大事，只要鐵老一點頭也就滿意，如釋重負，不管其事是否能解決，及如何解決。當年上清寺鐵老的辦公室，好像不特設看門工友，要找他的人可以不需通報直接進去，他如有空都予接見，你跟他吵架抬槓都無妨，他決不會怪罪，一個小小的助理幹事甚至一個工友，都可以當面對他直陳意見，他只要有暇都能傾聽，立予處理，毫無官僚架子，更不推三阻四，所有同志都能見到他，又都愛來見他，他自比秘書長的職位如管燈火香油的廟祝，他曾說：「國民黨的秘書處猶如一個大祠堂、大宗祠，總裁

是族長，我是祠堂中管燈火的，使祠堂的燈不缺油，能長明不熄，使族人都願意到祠堂來崇敬祖宗，加愛族人，發揚家風，濟助困難。」[8]

將吳鐵城的自我調侃做了另一個層次的解釋，頗為貼切而動人。

這段描述主要說的是吳鐵城出任中央黨部秘書長時期，那是在民國 30 年，時值抗日戰中最艱苦的階段，黨內黨外暗潮時起，糾紛尤多，而從抗戰期中的黑暗階段，到抗戰勝利復員以至行憲前後，他擔任中央黨部秘書長 7 年，參與國共協商，各黨各派之協調，以及黨內黨外同志參加選舉的指導與幹旋，工作繁重，頭緒紛雜，當年和吳鐵城同為政治協商代表之一的陳立夫，即曾感慨萬千的說過：

> 無日無夜的開會，舌敝唇焦的討論，黨內的意見要不憚辭費的求溝通，黨友的意見要接納要讓步，共產黨的意見要爭辯要駁斥，國際友人的意見要尊重要解說，直到國民大會開會的前夕，我和鐵城先生，簡直到了日夜不得休息，身心交瘁的境況，這一段經過，真令人感慨繫之。[9]

可以想像其中業務之繁鉅，加上如前所述的人人都愛找吳鐵城訴苦請託，其公私忙碌，自在意中。他的秘書曾描述其中的巧妙：

（吳鐵城）終年在身上帶有兩本小筆記簿，一本日記簿記的是將要辦的公私事務，例如要約見人員，交辦事項，到了辦公室即分

8　張九如，〈我對鐵老的體認〉，《傳記文學》第 29 卷第 4 期（1976 年 10 月），頁 18-19。

9　王成聖，〈辛亥風雲人物——將軍外長吳鐵城〉，《中外雜誌》第 18 卷第 4 期（1975 年 10 月），頁 6-15。

別將承辦人找來，面囑辦理，並要求承辦人也立時筆記下來，有時他自己也寫便條交給你。鐵老曾說：「你們不要自恃記憶力強，應該要將上級交辦的事，一一立時記下，免得遺漏。」「不要自恃聰明，最笨的辦法，才是最聰明的辦法。」接見賓客，都是先行估計的談公務所需的時間，指定何日何時何分到達，一次十人八人的連續談話，不會令賓客久候，偶或指定時間發生緊急公務，未能踐約，他就抽暇赴旅舍拜訪（那時賓客以各省市來的較多），或定期簡單餐敘。談話要點他另用一本筆記簿摘記，談畢即交承辦人或機要人員處理、答覆，任何請求，不感厭煩，承辦人辦理之後，他認為可告結束，就用紅藍鉛筆將筆記簿上的話劃去，表示完畢。

當然這只是一種技巧與方式，但從其中可以看出他的行事作風，條理分明，面面俱到。

吳鐵城的另一個長處是知人善用，尤其是無人不可用。

他有一語很妙，他說：「我的許多朋友和同事精神很好，打牌可以連打兩天，過去在上海和南京可以在窰子裡打牌，能賭嫖，能吃花酒，也能用錢，這種人還是頗有用處。錢要能用，若給他錢而不能用，等於無用，若沒有精神賭嫖，這人也沒有什麼用，我之愛人才，三教九流還不足，還有十流。[10]

所以當時他的幕僚網羅了各方俊彥，個中人才，有能執筆桿的，有善於口才的，有善於奔走的，無不具備，鐵老都運用得非常妥洽。[11]

---

[10] 張九如，〈我對鐵老的體認〉，《傳記文學》第 29 卷第 4 期（1976 年 10 月），頁 18-19。

[11] 金軺，〈吳鐵城先生的事蹟與風範〉，《生力月刊》第 10 卷第 113、114 期合刊（1977 年 3 月），頁 19-20。

三、結語

追隨吳鐵城多年的汪公紀曾形容吳鐵城「軒昂的氣宇，魁梧的身材，英武的步伐，修飾整齊的儀容，說起話來，洪亮而略帶嘶啞的聲音，好像裝模作樣，確確實實有一種威嚴。」對吳鐵城的形象有相當深入的描述，而更多的是形容他從容不迫的氣度，尤其是兼容並蓄的風範，「他總是以十分同情的神情來聽你的控訴，替你解決困難，安慰你，鼓勵你，不管你是那一派，那一系的同志，他都一視同仁，吐露他真誠的心聲，這就是他六年間負責抗戰期間中國國民黨中央黨部秘書長的態度。」[12]總統府前秘書長張羣也曾說：「他對本黨同志，一切可以寬容假借，惟對於革命的主義和行動絕不放鬆，他的取人不拘一格，於黨務、政務、財務、警務、軍事、吏事、文事有一長的，無不善善從長，優加獎進。」[13]從這些文字中，不難勾勒出一位「望之儼然，即之也溫」的長者形象。

而難能可貴的是，吳鐵城出使東北成名，但他從未以東北的成就謀求自己的進一步發展；他廣攬群賢，用人為才，但從沒有為自己建立黨羽；他從事黨務，開創外交，但從來不曾站在幕前張揚，鄭彥棻曾稱道他「大公無私的胸懷與調協各方的長才」：

> 鐵老早歲獻身革命，便立定了以身報國的志向；參加了同盟會和追隨國父，更以實行主義完成革命為終身職志，因

---

[12] 汪公紀，〈懷吳鐵老〉，《中外雜誌》第 34 卷第 3 期（1983 年 9 月），頁 14。

[13] 王成聖，〈辛亥風雲人物──將軍外長吳鐵城〉，《中外雜誌》第 18 卷第 4 期（1975 年 10 月），頁 6-15。

此他無論做什麼事，都是為黨為國，沒有一己的私念，大家都知道，鐵老喜歡交朋友，喜歡培植人才，但他並不是為自己交朋友，而是為國家交朋友，為革命交朋友，他並不是為自己培植人才，而是為國家為革命培植人才。而正因為他是為國家為革命交朋友和培植人才，所以他什麼朋友都可以交，什麼人才都可以用。也因為他是為國家為革命交朋友和培植人才，本乎大公而出自至誠，所以無論什麼人都願意和他交朋友，都樂於為他所用。[14]

今天的座談會是以學術的角度研究吳鐵城與民國，不是對他個人的紀念，但歷史上的事不出於人事，在介紹「吳鐵城與東北黨務」之外，從東北黨務為出發點，對吳鐵城的個人風格略作探討，就教於各位在座的專家學者與前輩。

---

[14] 鄭彥棻，〈懷念鐵老的生平和風範〉，《傳記文學》第 29 卷第 4 期（1976 年 10 月），頁 6-11。

肆、吳鐵城與戰時國民黨在港澳的黨務活動[*]

李盈慧[**]

一、前言

　　吳鐵城清末加入同盟會，民國建立後，在國民黨內歷任要職，抗戰時期曾經先後擔任廣東省政府主席、國民黨駐港澳總支部主任、海外部長及黨中央秘書長，其對於海外黨務工作多所規劃，頗有建樹。

　　香港自從清末被割讓給英國後，發展自由貿易，成為優良商港，經濟獲得巨大發展。[1]而澳門從 16 世紀中葉開始，葡萄牙人即前來定居，17 世紀中期，澳門的對外貿易迅速發展，成為明代最

---

[*] 本文首次發表於「吳鐵城與近代中國」學術研討會，感謝華僑協會總會理事長陳三井教授的邀請與會，本文的修改，特別感謝評論人陳鴻瑜教授給予指正，以及吳鐵城先生的孫女吳美雲女士和會中一些學者提供寶貴意見。本文寫作期間得到暨南國際大學歷史學系畢業生莊景雅及宋冠美的協助收集史料，在此一併致謝。在出版前，本文又增補了大約兩千多字。

[**] 國立暨南國際大學歷史學系教授、東南亞研究所合聘教授、通識教育中心主任。

[1] 楊奇主編，《英國撤退前的香港》（廣東人民出版社，1995 年 3 月二刷），頁 264-265。行政院大陸委員會編，《港澳事務手冊》（台北：編者自印，民國 82 年 5 月），頁 1-2。

大外貿港口廣州的外港。鴉片戰爭後，香港崛起，使澳門的國際貿易地位一落千丈。19 世紀時期的澳門，賭業、妓業、鴉片煙業得到畸形發展。[2]港澳兩地居民主要是華人，以廣東人居多。[3]

抗戰爆發後，香港、澳門對於中國的意義，不僅是通商大港，更重要的是其軍事及對外交通的功能。抗戰時期香港對中國的重要性，從國民黨的一份文件之描述可以大略得知：「香港為華南交通樞紐，無稅市場，工商業均極繁盛，我僑胞之人口與資產為數至鉅，抗戰軍興以來，我物資之輸出，軍需之運入，空航之聯繫，均以此為中心。」[4]

1938 年春，廈門被日軍佔領，10 月廣州亦淪陷，[5]中國東南沿海失去對外通路，香港、澳門的地位更形重要。

在此形勢下，執政的國民黨開始籌劃加重港澳的黨務工作，而負責此一重責的便是吳鐵城。1939 年吳鐵城奉命主持國民黨港澳黨務，開啟其對於港澳黨務工作的經營與籌劃。

太平洋戰爭爆發後不久，香港即於 1941 年 12 月 25 日淪陷，國民黨的活動也只能轉入地下，雖然此時吳鐵城已轉任國民黨中央秘書長，但是他仍持續關注港澳總支部的動態。

關於吳鐵城的研究，迄今幾乎只有回憶性文章，而無專論發表。

---

[2] 澳門大學澳門研究中心編，《澳門地理》（澳門：澳門基金會、中國友誼出版公司，1993 年 10 月），頁 1-7。鄧開頌、陸曉敏主編，《粵港澳近代關係史》（廣東人民出版社，1996 年 3 月一版），頁 16-17，28-35。

[3] 鄧開頌、陸曉敏主編，《粵港澳近代關係史》，頁 93-95，99-100。

[4] 〈請向英政府切實交涉將香港新行之移民例從速撤銷 1941/3〉，國民黨黨史館藏，檔案號碼：會議記錄 5.2/60.66。

[5] 郭廷以編著，《中華民國史事日誌》，第四冊（台北：中央研究院近代史研究所，民國 74 年 5 月初版），頁 31，62。

至於抗戰時期香港、澳門的國民黨黨務活動，相關的論文有：劉維開的〈淪陷期間中國國民黨在港九地區的活動〉、王正華的〈抗戰前期香港與中國軍火物資的轉運（民國 26 年至 30 年）〉、老冠祥的〈國民政府與香港抗戰〉、金以林的〈戰時國民黨香港黨務檢討〉、朱德蘭的〈從日本軍方檔案資料看日軍占領香港及破獲諜報組織之經過〉、筆者的〈淪陷前國民政府在香港的文教活動〉等。[6]以上各論文，多半未著眼於吳鐵城的努力；而與本文最相關的，當屬金以林及筆者的論文，金以林的論文強調國民黨在香港的黨務活動由於內部鬥爭而沒有什麼成果，筆者對此持保留看法，[7]詳情需要較多的討論，在此暫時擱置。

---

[6]　劉維開，〈淪陷期間中國國民黨在港九地區的活動〉，《港澳與近代中國學術研討會論文集》（台北：國史館，民國 89 年 9 月），頁 477-499。王正華，〈抗戰前期香港與中國軍火物資的轉運（民國 26 年至 30 年）〉，《港澳與近代中國學術研討會論文集》，頁 393-439。老冠祥，〈國民政府與香港抗戰〉，《香港抗戰──東江縱隊港九獨立大隊論文集》（香港：香港歷史博物館，2004 年 3 月），頁 88-123。金以林，〈戰時國民黨香港黨務檢討〉，《抗日戰爭研究》2007 卷 4 期（北京：近代史研究雜誌社，2007 年 11 月），頁 83-106。朱德蘭，〈從日本軍方檔案看日軍占領香港及破獲諜報組織之經過〉，收於中華檔案暨資訊微縮管理學會編，《1996 年海峽兩岸檔案暨微縮學術交流會論文集》（台北：國史館，民國 86 年），頁 69-84。李盈慧，〈淪陷前國民政府在香港的文教活動〉，《港澳與近代中國學術研討會論文集》，頁 441-476。

[7]　金以林，〈戰時國民黨香港黨務檢討〉，《抗日戰爭研究》2007 卷 4 期（北京：近代史研究雜誌社，2007 年 11 月），頁 83-106。文中討論到：「港澳總支部成立之初，國民黨在香港的黨務工作即陷於各種人事糾紛之中。……主要是來自港澳總支部主任委員吳鐵城與時任中央秘書長朱家驊之間的矛盾。一方面吳鐵城不甘屈就總支部主委一職；另一方面，朱家驊又極力想加強對總支部控制，以增強自己的勢力範圍。他們之間的矛盾從當時國民黨在香港設置的秘密機構或許可以看出些端倪。」筆者對此說法並不認同，更詳細的討論則有待日後再加說明。而會議中，吳鐵城先生的孫女吳美雲女士針對此點，表示她很訝異金以林文章的見解，她說：「在我祖父過世前，朱家驊是我家的常客，他每週二來我家，我小時候認為朱家驊是我祖父最要好的朋友之一。」因此她並不認為吳鐵城與朱家驊之間有什麼矛盾或衝突。

本文即以抗戰時期吳鐵城在港澳主持黨務工作為主軸，兼及吳氏離開香港後對港澳黨務的籌劃，藉以探討抗戰時期國民黨在港澳動員黨員及僑胞的活動，以及吳氏對港澳的黨務工作在中國抗戰史中的意義。

二、吳鐵城生平及抗戰前期港澳黨務概況

　　本節首先介紹吳鐵城的生平事跡，其次說明抗戰開始後，以迄於太平洋戰爭爆發為止（1937-1941），國民黨在香港澳門的黨務概況。

　　吳鐵城（1888-1953），廣東香山人，生於江西九江。幼年學習經史及英文，稍長進入江西九江同文書院就讀，後認識林森，遂加入同盟會。1911 年武昌起義後，11 月被推舉為江西省代表，出席南京各省代表會議，組織臨時政府。1913 年參加二次革命，失敗後出走日本，入明治大學攻讀法律。1914 年加入中華革命黨。1915 年奉孫中山之命前往檀香山主持黨務，並任華僑報《自由新報》主筆。南北分裂後，1917 年 9 月回國，歷任南方政府軍政要職，1925 年任國民革命軍獨立一師師長，1926 年任第六軍十七師師長兼廣州衛戍司令。1930 年遊說張學良支持中央政府，使中原大戰得以結束。1931 年 6 月任國民政府委員。1932 年 1 月，任上海市市長兼淞滬警備司令，隨即爆發日本侵華的「上海一二八事變」，吳鐵城應付變局，配合作戰。1937 年 5 月，調任廣東省政府主席，1938 年 10 月，廣東被日軍攻陷，脫險抵達重慶。1939 年奉命主持國民黨港澳黨務，兼指導閩粵兩省抗戰宣傳工作。1939 年 12 月出任國民黨中央海外部長。1941 年春擔任國民黨中央秘書

長，直到抗戰勝利。抗日戰爭勝利後，吳鐵城任最高國防委員。1947年6月，任國民政府立法院副院長。1948年12月任行政院副院長兼外交部部長。1949年10月赴香港，後轉赴臺灣，任總統府資政。1953年11月19日在臺北病逝，享年65歲。[8]

抗戰前夕，香港和澳門各有一個直屬支部。國民黨三中全會的組織部報告顯示，1936年7月至1937年2月，香港直屬支部有特派員陳汝超，無幹部名單，其下有六個分部，未有黨員人數之統計。[9]

不過，到了1937年4月，國民黨中央組織部提議並獲得中央執行委員會第41次常務會議通過，將香港直屬支部黨務特派員陳汝超調回，另以陳素為特派員，加派賴文清、李尚銘、王淑陶為設計委員，許國荃為書記長。[10]

澳門方面，1936年7月至1937年2月，澳門直屬支部的執行委員包括：劉紫垣（常委）、盧季瑞、許業樵、趙祥、謝國興等五人，以劉紫垣為常委，監察委員有陳尚廉、歐植森、李初等三人，至1937年1月15日為止，澳門直屬支部有四個分部，黨員199人，預備黨員127人。當時澳門直屬支部主要幹部名冊，請參考表一。[11]

---

[8] 張震西，〈吳鐵城先生生平事略〉，收於《吳鐵城先生紀念集（一）》（台北：出版資料不詳），頁1-10。秦孝儀主編，《中國現代史辭典——人物部分》（台北：近代中國出版社，民國74年6月初版），頁162-163。百度百科網站 http://baike.baidu.com/view/463002.htm，2010年7月1日閱讀，此網站之記載略有錯誤，筆者已予修正。

[9] 林養志編，《中國國民黨黨務發展史料——組織工作》下冊（台北：中國國民黨黨史會，民國82年），頁112附表二及附表四。

[10] 〈香港直屬支部組織人事任免案1937/4〉，中國國民黨黨史館藏，檔案號碼：會議記錄5.3/41.25。

[11] 林養志編，《中國國民黨黨務發展史料——組織工作》下冊，頁112附表二及附表四。

表一　1936 年 7 月至 1937 年 2 月澳門直屬支部幹部

執行委員	劉紫垣（常委）、盧季瑞、許業樵、趙祥、謝國興
候補執行委員	李伯廉、張衍日、陳平康
執行委員會書記長或秘書	趙祥（兼）
監察委員	陳尚廉、歐植森、李初
候補監察委員	何桂邦

資料來源：林養志編，《中國民黨黨務發展史料——組織工作》下冊（台北：
　　　中國國民黨黨史會，民國 82 年），頁 112，由筆者整理列表。

　　香港從 1937 年 7 月抗戰爆發以來，以迄於 1938 年 10 月廣州
失守前，一向是軍火輸入中國最重要的渠道。軍事委員會委員長
蔣中正特別任命廣東財政廳長宋子良主持西南運輸處，統一負責
軍火轉運工作。從 1937 年 7 月抗戰開始至 1938 年 7 月間，外國
輸入中國的軍火，75%是經過香港轉運的，[12]因此香港對於中國抗
日戰爭的重要性，至為明顯。

　　抗戰爆發後，為了因應戰時需要，1938 年 3 月 29 日至 4 月 1
日國民黨在武昌召開臨時全國代表大會，繼之，第五屆中央執行
委員於 1938 年 4 月 6 日至 8 日舉行第四次全體會議，決議增設海
外部，掌理海外黨務及宣傳等事宜，海外部旋即成立，海外部首
任部長即由當時的僑務委員長陳樹人兼任。[13]此舉顯示戰時海外黨
務至關重要，而僑務委員長兼任海外部長，則意味著黨務與僑務
同時並進，互相配合，為抗戰而爭取僑民及海外黨員的支持。

---

[12] 王正華，〈抗戰前期香港與中國軍火物資的轉運（民國 26 年至 30 年）〉，《港澳與近
　　代中國學術研討會論文集》（台北：國史館，民國 89 年 9 月），頁 394-401, 414。
[13] 劉維開編，《中國國民黨職名錄》（台北：中國國民黨中央委員會黨史委員會，民國
　　83 年 11 月 24 日初版），頁 115，149。

抗戰初期，吳鐵城擔任廣東省政府主席，1938 年 10 月，廣東被日軍攻陷，吳氏隨即辭去廣東省政府主席職位。當廣州淪陷時，流傳一句話「鐵城無城，漢謀無謀」，即諷刺當時的廣東省政府主席吳鐵城與廣州守將余漢謀。[14]

　　廣州失守後，香港仍發揮作為中國戰略物資轉運地的作用，透過國際航運，援華物資由國外運到香港，輾轉運至緬甸仰光或越南海防，再通過緬甸公路或滇越鐵路運到中國內地。[15]

　　有鑑於廣州淪陷後，中國東南沿海失去對外通路，軍火的運輸更加依賴香港；而廣州及附近地區的學校因戰事而遷移至港澳者為數不少，[16]逃離廣州的學校教員及青年學生也大都轉赴港澳，因而亟需安頓，遂使國民黨對此變局不能不審慎處理。

　　1939 年 3 月國民黨海外部提出〈改進香港黨務綱要〉案，經第五屆中央常務委員會第 117 次會議修正通過。此案的重要改革內容在於：（一）充實組織機構：將香港、澳門兩直屬支部合併，組織港澳總支部，由中央特派大員一人為主任委員，另派執行委員五人至七人，書記長一人。（二）增撥經費：由黨中央按月撥給國幣一萬元。（三）與有關之部局密切合作：港澳總支部黨務之指

---

[14] 張發奎口述，夏蓮英訪談，鄭義譯註，《蔣介石與我：張發奎上將回憶錄》（香港：香港文化藝術出版社，2008 年 5 月一版），頁 270。

[15] 王正華，〈抗戰前期香港與中國軍火物資的轉運（民國 26 年至 30 年）〉，頁 430。

[16] 周雍能，〈三十五年來我與鐵老〉，收於《吳鐵城先生逝世十週年紀念集》（台北：出版資料不詳），頁 58-59，廣州淪陷後，中等以上學校多遷至澳門，學生數萬人，難民亦不少。韓劍鋒，《香港華人教育之研究》（台北：中國文化學院民族與華僑研究所碩士論文，民國 68 年 7 月），頁 26，「在民國二十八年（1939 年）中國對日抗戰正殷，沿海有志而熱心教育事業之人士，多暫時遷移香港，繼續辦理大學或專上學院、中學、小學及各種職業學校，使香港之教育事業，一時至為蓬勃。」

導，以中央海外部為主體，關於宣傳機關及書局之設立，另交主
管機關主持，惟須保持密切之聯繫。至於香港黨務的工作重心在
於：（一）吸收優秀份子；（二）溝通海外僑胞情緒；（三）促進香
港僑民文化；（四）策動捐款獻金等運動；（五）防止漢奸敵探活
動。此案在後來的會議通過時，修正為每月撥給五千元經費。[17]

　　以上這份文件即成為此後港澳黨務的指導原則。1939年香港、
澳門兩個直屬支部合併改組為駐港澳總支部。同年 5 月間，國民
黨中央第 121 次常會決議委派吳鐵城為駐港澳總支部主任委員，
高廷梓為書記長。[18]

　　吳鐵城之被選派擔負重任，絕非偶然。在廣州淪陷前，他
是廣東省政府主席，此時他已與香港當局有所接觸。1938 年 7
月 21 日英國殖民地部准許香港總督羅富國爵士（Sir Geoffry
Alexander Stafford Northcore），到廣州作非正式拜訪，廣東省政
府主席吳鐵城代表政府，對於香港政府在中國非常時期予以一
切便利及友誼的協助，表示感謝。雙方均願在職權範圍內儘量
互助，增進粵、港兩地聯繫上的密切關係。羅富國表達了對中
國抗戰的同情，並表示中國如遇有需要幫助的地方，可以隨時
派員磋商。[19]

　　吳氏轉往香港主持黨務，當然希望為自己雪恥，掃除失去疆
土的惡名，因此他積極籌辦各種活動。

---

[17] 〈改進香港黨務綱要案 1939/3/9〉，國民黨黨史館藏，檔案號碼：會議記錄 5.3/
117.8。

[18] 劉維開編，《中國民黨黨務發展史料──海外黨務工作》（台北：中國國民黨黨史會，
民國 87 年），頁 143。

[19] 王正華，〈抗戰前期香港與中國軍火物資的轉運（民國 26 年至 30 年）〉，頁 406。

吳鐵城履任時所面對的港澳形勢是非常嚴峻的。後來主持澳門黨務的周雍能[20]對於港澳總支部成立的原因有坦率的解釋：「重慶中央以香港地當要衝，派吳鐵城先生駐港組織國民黨駐港澳總支部，以策動港澳同胞暨南洋華僑共赴國難。那時廣州已淪入日軍之手，各種學校學生遷至澳門者為數達二、三萬人，難民亦不少。中央的決策要在澳門設立黨部，組織學生與僑胞，為免敵人和漢奸所用，自屬一樁急務。」[21]換言之，港澳總支部的成立是為了與日本及漢奸對抗，爭取南洋及港澳的僑胞和學生對重慶國民政府的支持。

　　吳鐵城以國民黨駐港澳總支部的活動不便公開，乃在香港成立「榮記行」，秘密主持港澳黨務。[22]

　　港澳總支部在主任委員吳鐵城的主持下，於 1939 年 7 月正式開始運作。1939 年 7 月港澳總支部成立時的主要幹部詳見表二。

---

[20] 周雍能，江西鄱陽縣人，曾參與晚清革命，後來加入中華革命黨，1920 年前往古巴成立古巴國民黨總支部並創辦「民聲日報」，回國後擔任孫中山的秘書，北伐時期擔任國民革命軍司令部秘書，抗戰前受吳鐵城之邀，參與上海市政及任廣東省政府顧問。參考沈雲龍訪問，《周雍能先生訪問紀錄》（台北：中央研究院近代史研究所，民國 73 年 6 月初版），前言頁 1-3。

[21] 沈雲龍訪問，《周雍能先生訪問紀錄》，頁 150。

[22] 陳立夫，〈氣度恢宏的吳鐵老〉，收於《吳鐵城先生逝世廿週年紀念集》（台北：出版資料不詳），頁 2。謝永光的《香港抗日風雲錄》（香港：天地圖書公司，1995年），頁 44 稱吳鐵城以「海外部長」的身份主持「海外部駐港辦事處」，這是不正確的，吳鐵城當時的職稱是「國民黨駐港澳總支部主任委員」，其後吳氏才轉任「海外部長」。

表二　戰時國民黨港澳總支部第一屆執行委員會委員
（1939 年 7 月正式成立）[23]

主任委員	吳鐵城
委員兼書記長	高廷梓
委員	陳策（1941 年 4 月起代理主任委員）、俞鴻鈞、歐陽駒、簡又文、區芳浦、陳劍如、陳素、吳子祥（1941 年 4 月到任）、陳耀垣（1941 年 4 月到任）

資料來源：中國國民黨中央委員會第三組編印，《中國國民黨在海外（下篇）
　　　　　——中國國民黨在海外各地黨部史料初稿彙編》（台北：編者自印，
　　　　　民國 50 年 11 月 12 日），頁 204，由筆者整理列表。

　　當時海外部的工作重心其實是在港澳，國民黨駐港澳總支部不
啻是海外部的「海外司令部」，吳鐵城以高廷梓為委員兼書記長，
又邀請陶百川出任香港《國民日報》社社長，都給予充分的信任。[24]
澳門方面，吳鐵城委請周雍能主持黨部，又呈請黨中央加派周氏兼
任廣東僑務處處長。[25]廣東僑務處處長和國民黨的澳門支部委員都
是周雍能，可能是為了使周氏能兼顧廣東與澳門的黨務及僑務。

　　據日本方面的調查，在港澳的國民黨人員，除了上述的海外
部駐港澳總支部外，另有國民黨中央執行委員會調查統計局（簡

---

[23] 中國國民黨中央委員會第三組編印，《中國國民黨在海外（下篇）——中國國民黨在海外各地黨部史料初稿彙編》（台北：編者自印，民國 50 年 11 月 12 日），頁 204-205。

[24] 黎晉偉，〈鐵老風範使我終生不忘〉，收於《吳鐵城先生逝世廿週年紀念集》，頁 78-79。

[25] 沈雲龍訪問，《周雍能先生訪問紀錄》（台北：中央研究院近代史研究所，民國 73 年 6 月初版），頁 150-155。周雍能，〈三十五年來我與鐵老〉，收於《吳鐵城先生逝世十週年紀念集》，頁 58-59。

吳鐵城與近代中國

稱「中統」）交通處電訊科的香港無線電台和澳門無線電台、調查統計局交通處運輸科的香港站、調查統計局調查統計室香港站和澳門站、組織部中華海員特別黨部香港辦事處。[26]

三、吳鐵城對港澳黨務的興革

本節探討吳鐵城主持港澳黨務時期的重要活動，以及其對於黨務僑務的興革。

香港與澳門兩個黨部合併後，黨務活動是否因此而較為活躍？不妨先從黨員人數的變化來觀察。

1938 年 4 月國民黨中央海外部成立，7 月海外部頒發黨員總報到辦法，通告海外各黨部辦理黨員總報到，以健全海外黨部下層組織，限令兩個月內完成，但因各種情況而延期，香港、澳洲兩個直屬支部於 1939 年 5 月底辦理完竣，此時香港的黨員原有人數是 294 人，已報到者為 262 人，佔原有人數的 89.11%。澳門的國民黨黨員原有人數是 419 人，已報到者為 267 人，佔原有人數的 63.72%。[27]這是港、澳黨部合併前澳門及香港的黨員人數。

除了辦理黨員總報到之外，國民黨還積極徵求新黨員，1938年 10 月國民黨中央飭令海外各黨部徵求新黨員，至 1939 年下半年，港澳總支部只徵得 236 人。其後，港澳總支部徵求新黨員的成績逐漸好轉。駐港澳總支部在 1940 年 6 月至 1941 年 2 月之間徵求新黨員並且呈繳入黨申請書 3,800 份，亦即此時港澳有新黨員

---

26 姬田光義解說，《重慶中國國民黨在港秘密機關檢舉狀況》（東京：不二出版，1990年 2 月 28 日二刷），頁別表一。

27 劉維開編，《中國民黨黨務發展史料──海外黨務工作》，頁 150,153。

3,800 人。1941 年在徵求新黨員方面,海外部認為表現最優者,是駐港澳及菲律賓、緬甸、美國等四個總支部及幾個直屬支部。1941年 3 月以前,港澳總支部徵得新黨員 1,517 人,1941 年 3 月至 9月徵到新黨員 4,930 人,兩者合計 6,447 人。1941 年 10 月至 1942年 9 月徵到新黨員 459 人,兩者合計 6,906 人。[28]

1941 年國民黨又辦理了黨員補報到手續,1941 年 3 月以前,港澳總支部黨員報到數為 531 人,1941 年 3 月至 9 月報到黨員為1 人,兩者合計 532 人。[29]

根據上文的說明,從黨員人數來看,1939 年 5 月澳門和香港的國民黨黨員人數各自都只有數百人,至 1942 年兩地共計有新進黨員將近七千人,及補辦報到手續的數百人,顯示合併後的港澳總支部,在吸收新黨員及掌握舊黨員動態方面,確實比過去有效果。

改組後的港澳總支部,雖然面臨日本、汪精衛黨羽、共產黨的競爭活動,但工作進行甚為活躍,自 1939 年 7 月至同年底,致力於徵收新黨員,且港、九、澳三處由原有的 12 個分部,增至 41個分部,181 個小組。該處黨部下設文化運動、僑工福利、僑商事業、調查統計、海外黨務聯絡、教育事業、青年指導、婦女團體等八個委員會,並建立中國文化協進會、西南圖書公司、華僑圖書館等外圍組織。1940 年 1 月又成立港澳賑濟委員會,由該部委員兼任委員,並聘港紳為委員,由國民黨中央指撥賑款,實施救

---

[28] 劉維開編,《中國民黨黨務發展史料——海外黨務工作》,頁 156-157,263,286-287,320。老冠祥以戰後香港黨員數推估戰時香港黨員人數是超過一萬人,這是高估了,參見〈國民政府與香港抗戰〉,《香港抗戰——東江縱隊港九獨立大隊論文集》(香港:香港歷史博物館,2004 年 3 月),頁 106-107 及註 142。

[29] 劉維開編,《中國民黨黨務發展史料-海外黨務工作》,頁 292-294。

濟，藉社會服務事業推展黨務。其後，為聯絡當地金融經濟界起見，由該部組織經濟問題座談會，及籌設經濟圖書館，對於爭取僑心，成效頗著。1941 年以後，海外部商得中央組織部的同意，將廣州灣區黨部劃歸該總支部管轄，直到 1946 年抗戰勝利後為止。[30]

大多數紀念吳鐵城的文章在談到吳氏與香港的淵源時，一定會談到他前往主持港澳黨部，還兼指導閩、粵兩省宣傳，發動民眾與海外僑胞，和友邦人士的各種力量，以支持抗戰。[31]因此文化宣傳是吳鐵城在港澳的重要工作。

從上文所列的港澳總支部之下層組織，有不少教育、文化、圖書機構，可以推想，吳鐵城認為港澳的最重要工作，應是文化宣傳、教育僑民、拉攏青年及婦女、藉社會服務事業推展黨務，而其推動文教工作的目的是，對海外宣傳抗戰建國的國策、打擊日本和漢奸組織、對抗中共的宣傳、鼓勵華僑參加抗戰陣營、協助僑胞回國。[32]

戰時國民政府在香港的文化組織如下：海外部所屬港澳總支部香港辦事處的榮記、中央通訊社香港分社、中央宣傳部香港專

---

[30] 《中國國民黨在海外（上篇）——中國國民黨海外黨務發展史料初稿彙編》（台北：編者自印，民國 50 年 11 月 12 日），頁 191。中國國民黨中央委員會第三組編印，《中國國民黨在海外（下篇）——中國國民黨在海外各地黨部史料初稿彙編》，頁 204-205。

[31] 陳恩成，〈吳故理事長在國民外交方面的貢獻〉，《吳鐵城紀念文集》（台北：出版資料不詳），頁 23-24。谷正綱，〈鐵城先生對國民外交的成就與影響〉，《吳鐵城先生逝世二十週年紀念集》（台北：出版資料不詳），頁 7。鍾正君，〈豁達大度的吳鐵城先生〉，《吳鐵城先生逝世二十週年紀念集》，頁 158-159。

[32] 關於吳鐵城對於港澳文教的重視，以及其文教工作與抗日之關聯，可參考拙文〈淪陷前國民政府在香港的文教活動〉，《港澳與近代中國學術研討會論文集》，頁 441-476。

員辦事處（後改為中央宣傳部駐港辦事處）、國民日報、英文中國半月刊、中國文化協進會、中國文化服務社總社香港辦事處、西南圖書印刷公司、華僑圖書館等。[33]

　　吳鐵城擔任港澳總支部主任委員時，也兼指導閩、粵兩省宣傳工作的責任，他以香港榮記行作為活動地點，邀請陶百川出任香港《國民日報》社社長，又在香港發行英文中國半月刊，和各種抗日雜誌書刊。1939 年底吳氏出任國民黨中央海外部部長，以港澳一帶為根據地，積極展開文化宣傳活動，建立海外通訊社。[34]榮記行內設「編審室」，利用津貼款項，招攬滯留香港的文化人，派他們任委員，寫些海外社論，又出版一些定期刊物，每人薪水一百元。這編審室中的委員包括：嚴既澄、張孤山、祝秀俠、龍大均、陸丹林、祝百英等。他們常在《國民日報》發表政見。[35]

　　1939 年 7 月代表國民政府立場的《國民日報》在香港創刊，由陶百川主持，1940 年陶氏奉調返重慶，改由陳訓悆接任。陳訓悆主持該報時期，渡過了左右兩派漢奸的圍攻，也渡過了日軍的圍城。在日軍圍攻香港時期，該報與香港政府合作，立論方針在鼓勵士氣、鎮定人心，每日出刊，從未間斷，1941 年 12 月 25 日香港淪陷才停止。[36]國民日報社設在香港擺花街，日軍進攻香港時，

---

[33] 《中國國民黨在海外（下篇）──中國國民黨在海外各地黨部史料初稿彙編》，頁 204-205。

[34] 陳立夫，〈氣度恢宏的吳鐵老〉，谷正綱，〈鐵城先生對國民外交的成就與影響〉，莊心在，〈吳鐵老與抗戰期中的南洋〉，黎晉偉，〈鐵老風範使我終生不忘〉，收於《吳鐵城先生逝世廿週年紀念集》（台北），頁 2，6，62，78-79。

[35] 盧瑋鑾，《香港文縱──內地作家南來及其文化活動》（香港：華漢出版社，1987 年），頁 42。

[36] 林友蘭，《香港報業發展史》（台北：世界書局，民國 66 年 7 月初版），頁 60-61。 馮愛群編著，《華僑報業史》（台北：台灣學生書局，民國 65 年 9 月再版），頁 25，

編輯部搬到中華樓，繼續出刊，總主筆王新命在 12 月 26 日拂曉時還買到自己前一天編印的《國民日報》。[37]

據 1940 年僑委會的調查，海外僑報社共計 128 所，與 1935 年相比，新設者 49 所，停辦者 15 所，實增 34 所。以地區論，香港與南洋最多，其次是美洲，而其他地區很少。其中香港增加最多，比戰前多出一倍以上。[38]這正足以說明戰時國民黨中央特別派員前往香港主持宣傳工作的根本原因，同時日本、汪精衛政權、中共也都在此地進行各項宣傳活動。

1939 年 6 月吳鐵城還投資了英國商人在 1857 年所創辦的香港孖剌西報，並且推定俞鴻鈞為該年度的董事長，決定該報之宗旨為（一）擁護中華民國及國民黨；（二）促進中、英兩國邦交；（三）擁護國民政府外交政策；（四）居間促成西南各省與香港之經濟商業及其他種種關係。此事在國民黨第五屆中央常務委員會第 126 次會議中，以密件加以討論，決議准予備案。吳鐵城在會議

此處將陳訓念記為陳訓畬，將《國民日報》創刊時間記為 27 年 8 月，但該報創刊應是在 28 年改組駐港總支部以後的事，故應是林友蘭的記載較正確。姬田光義解說，《重慶中國國民黨在港秘密機關檢舉狀況》（東京：不二出版，1990 年 2 月 28 日二刷），頁 361-362，此處記為陳訓憲，是陳布雷的從弟。莊心在，〈吳鐵老與抗戰期中的南洋〉，收於《吳鐵城先生逝世廿週年紀念集》（台北），頁 62，此處也記為陳訓念。祝秀俠，〈抗戰期間鐵老訪問南洋瑣記〉，收於《吳鐵城先生逝世三十週年紀念集》，頁 47，此處也記為陳訓念。冷若水主編，《中央社六十年》（台北：中央社六十週年社慶籌備委員會，民國 73 年 4 月 1 日），頁 293-294，此處對陳訓念有較詳細的介紹，他是中央社第二任總編輯，是陳布雷的弟弟，在其擔任香港《國民日報》社長期間，曾與中央社香港分社人員常有聯繫。

[37] 王新命，《新聞圈裡四十年》（台北：海天出版社，民國 46 年 9 月初版），頁 444，464，466-467。

[38] 〈海外文化團體概況〉，僑務委員會編，《十年僑務特刊》（重慶：編者自印，民國 31 年 4 月 16 日），頁 23-25。

中報告此事時指出，他開始籌備此事是在其擔任廣東省政府主席任內，但因廣州淪陷，稽延至他擔任港澳總支部主任委員後才完成此事。[39]可見這是吳鐵城先斬後奏的作為，不過，該報由英國商人的報紙，一變而改為「擁護中華民國及國民黨」，當然是國民黨所樂見的。從這個例子不難理解吳鐵城在黨中的份量及得到層峰的信任，才會如此迅速秘密地採取行動。

吳鐵城擔任港澳總支部主任委員時，以榮記行作為活動處所，內部還設有函授學校。[40]函授學校的目的，一面使海外黨務工作人員獲有深造機會，一面使海外僑胞了解國民黨的三民主義，及其一般政策，俾能擁護政府，支持國策。該校聘請對華僑問題素有研究者及國民黨高級幹部授課，編印講義寄發海外。國民黨海外部於 1939 年 5 月 10 日開始有函授課程，至 12 月底畢業，海外參加學員共計 1,434 名。[41]

海外部還推行小組訓練，至 1940 年 6 月止，以駐港澳總支部推行最力。至 1941 年，駐港澳和菲律賓兩總支部均已舉辦組長訓練班。[42]

大約在 1940 年，吳鐵城已留意日本可能發動對英開戰，而香港必首當其衝，因此吳氏即多方設計，預定應付緊急時期的規劃，

---

[39] 〈吳鐵城報告投資香港孖剌西報案，1939/7〉，國民黨黨史館藏，檔案號碼：會議記錄 5.3/126.15。

[40] 陳立夫，〈氣度恢宏的吳鐵老〉，莊心在，〈吳鐵老與抗戰期中的南洋〉，收於《吳鐵城先生逝世廿週年紀念集》，頁 2，62。

[41] 《中國國民黨在海外（上篇）——中國國民黨海外黨務發展史料初稿彙編》，頁 201。余超英，〈海外黨務的發展與組訓問題〉，《華僑先鋒》七卷二、三期合刊（民國 34 年 3 月 30 日），頁 26。

[42] 劉維開編，《中國民黨黨務發展史料——海外黨務工作》，頁 399。

秘密召集港、九兩支部的國民黨幹部同志，指示應付戰局的辦法及潛伏退出的方法，並且曾經兩度演習。而陳策於 1941 年代理駐港澳總支部主任委員後，仍賡續前規，精密籌備應付戰局。[43]這也是後來太平洋戰爭爆發後，陳策得以帶領國民黨員及一部份英軍安全撤退的重要背景。

吳鐵城主持港澳黨務為時並不長，1939 年 11 月 20 日國民黨五屆六中全會通過任命吳鐵城為海外部長。12 月吳氏與俞鴻鈞被調返中央服務。[44]但是吳氏仍暫兼港澳黨務，1941 年 4 月吳鐵城調任中央執行委員會秘書長。[45]至此，港澳總支部主任委員出缺，且吳鐵城及俞鴻鈞兩位委員離去，於是在 1941 年 4 月以陳策代理主任委員，並加派吳子祥及陳耀垣為委員。[46]

四、抗戰後期吳鐵城對港澳黨務的籌劃

本節說明香港淪陷後，吳鐵城身為國民黨秘書長，仍持續對於港澳黨務有所籌劃及指示。

---

[43] 陳策，〈中國國民黨駐港澳總支部工作報告書，民國三十一年十月三十一日〉，國民黨黨史館藏，檔案號碼：會議記錄 5.2/251。

[44] 劉維開編，《中國國民黨職名錄》，頁 149。

[45] 劉維開，〈淪陷期間中國國民黨在港九地區的活動〉，《港澳與近代中國學術研討會論文集》（台北：國史館，民國 89 年 9 月），頁 480。

[46] 《中國國民黨在海外（下篇）——中國國民黨在海外各地黨部史料初稿彙編》，頁 205。陳策是廣東海軍的首領人物，曾追隨孫中山先生從事護法大業，全國統一後，任海軍第四艦隊司令。駐港澳總支部成立後，任執行委員，同時任國民政府駐港軍事代表，負責與香港政府和駐港的英國海陸軍聯繫，參考劉維開，〈淪陷期間中國國民黨在港九地區的活動〉，頁 480。陳策將軍當時的軍階是海軍中將，參看姚奇木、陳兆一，《香港華僑概況》（台北：正中書局，民國 80 年 10 月台初版），頁 39。

1941 年 12 月太平洋戰爭爆發後，香港華民政務司暨戰時督察處主任羅旭和爵士，特地拜訪駐港澳總支部主任委員陳策將軍，請其策動僑胞協助英軍防守，12 月 10 日在陳策主持下，組成「中國駐港各機構臨時辦事處」，宣示中國正式對日、德、意宣戰，並發動僑胞協助香港政府保衛香港，參與抵禦日軍入侵，除擔任運輸、聯絡、救傷、消防、維持社會秩序等工作外，更與英軍並肩作戰。12 月 25 日香港總督向日軍投降，陳策被迫於次日率同僚屬及英軍軍官多人，冒日軍炮火，突圍出險，返回中國。[47]國民黨的文獻指出，駐港澳總支部主任委員陳策同志當香港危急之際，領導當地僑胞英勇抗敵，為友邦人士所敬仰。[48]陳策和其隨從兼港澳總支部秘書徐亨都因協助英軍而得到英皇喬治六世的勳位和勳銜。[49]

　　香港淪陷後，大批原本滯留香港的中國知名人士，都在中共及國民黨駐香港地下工作人員的安排下逃回後方，[50]

　　港九淪陷後，海外部為了明瞭港澳黨務實際情況起見，在 1941 年 12 月至 1942 年 11 月間派員由廣州灣密赴澳門、香港等地視察。[51]

---

[47] 《中國國民黨在海外（下篇）——中國國民黨在海外各地黨部史料初稿彙編》，頁 205。《中國國民黨在海外（上篇）——中國國民黨海外黨務發展史料初稿彙編》，頁 186。

[48] 劉維開編，《中國民黨黨務發展史料——海外黨務工作》，頁 343。

[49] 陳策曾撰寫其率領英軍突圍的報告呈交黨中央，此一遺稿現收錄於徐亨口述、林秋敏紀錄，《徐亨先生訪談錄》（台北：國史館，民國 87 年 6 月初版），頁 27, 163-182。

[50] Chan Lau Kit-ching, China, Britain and Hong Kong,1895-1945 (Hong Kong：The Chinese University Press,1990), pp.265-266. 此處列舉了不少中國知名之士，日本正設法拘禁他們。關於中共如何營救滯港知名人士，已有非常多的文章和書籍詳細記載，但是關於國民黨的營救活動卻很少人強調和撰寫，不能不說是學界研究的偏差。

[51] 劉維開編，《中國民黨黨務發展史料——海外黨務工作》，頁 330。

劉維開認為香港淪陷後的黨務重點在於情報工作，[52]而老冠祥則稱，香港是中、日兩國暗地進行「外交」和「情報」角力的「隱閉戰場」。[53]筆者在拙著《華僑政策與海外民族主義（1912—1949）》中也談到國民黨長期以來都是以「黨務、外交、僑務、情報四者連環交叉運用」[54]，最明顯的時期和例子可謂是抗戰時期的香港和澳門。

　　香港淪陷後，孤島澳門對國民黨的黨務及情報都更加重要。國民黨港澳總支部所屬的澳門支部常務委員兼廣東僑務處長周雍能，此時遂發揮相當大的作用。1941年底香港淪陷後，國民黨在香港所設的電台悉遭日軍搗毀，吳鐵城隨即指示周雍能在澳門設立電台，周氏乃利用與澳門總督的友好關係，搜集日方情報，並將困在香港的黨員動態報告中央黨部。當時吳鐵城已轉任中央執行委員會秘書長，其透過周氏之報告成為各種消息的總匯，向其問訊者踵趾相接。香港一淪陷，澳門的地位愈形重要，周雍能的工作也更加積極。澳門漢奸乃決定暗殺周雍能，周氏被迫化裝逃回重慶。[55]

　　由於香港受日本控制，1941年12月以後，港九黨務陷於停頓，作為前任港澳總支部主任委員及現今黨中央秘書長的吳鐵城，對於港澳事務仍持續關注。

---

[52] 劉維開，〈淪陷期間中國國民黨在港九地區的活動〉，頁484。

[53] 老冠祥，〈國民政府與香港抗戰〉，《香港抗戰——東江縱隊港九獨立大隊論文集》），頁88-123。

[54] 李盈慧，《華僑政策與海外民族主義（1912—1949）》（台北：國史館，1997年5月初版），頁633-634。

[55] 沈雲龍訪問，《周雍能先生訪問紀錄》，頁153-155。周雍能，〈三十五年來我與鐵老〉，收於《吳鐵城先生逝世十週年紀念集》，頁58-59。

為因應香港淪陷後的情勢發展，秘書長吳鐵城於 1942 年 1 月12 日，在總裁官邸會報中，向總裁蔣中正報告「香港陷落後情形以及今後工作重新佈置，集中經費，指揮統一，設法救濟潛伏在內及脫險同志」，經口頭指示照辦。3 月 2 日吳鐵城再於總裁官邸會報中，報告香港今後工作方針，為建立工作據點，以及原駐港各單位採取分工合作，統一指揮，其內容如下：

一、就香港、澳門、廣州灣、惠陽建立 4 個工作據點，仍由陳策同志主持。

二、各單位分工合作，統一指揮。港澳總支部分布幹練同志於各階層，秘密組訓，分化並破壞敵偽奸黨行動，並收集情報，供給同盟國；青年團吸收優秀青年，協助赴內地升學，其留港者，加強其革命意識及鬥爭情緒；宣傳專員辦事處協助戰區司令，著重於淪陷區民眾及敵偽奸黨之宣傳。[56]日後大致上均依照此方針所訂的原則執行。

為了維繫港澳黨員和僑胞，及搜集情報、搶救物資，1942 年7 月吳鐵城與海外部長劉維熾[57]聯名，呈請蔣總裁同意改組駐港澳總支部，獲得同意。改組後的駐港澳總支部之成員如下：主任委員陳策、執行委員兼書記長陳素、執行委員陳劍如、沈哲臣、劉世達、王蒼雨、袁良驊、黃劍菜、林卓夫。[58]以上各位委員於 10

---

[56] 劉維開，〈淪陷期間中國國民黨在港九地區的活動〉，頁 482-483。

[57] 劉維熾繼吳鐵城為海外部長，自 1941 年 4 月 2 日通過任命至 1943 年 10 月 4 日卸任，參考劉維開編，《中國國民黨職名錄》（台北：中國國民黨中央委員會黨史委員會，民國 83 年 11 月 24 日初版），，頁 149-150。

[58] 〈會商香港今後工作原則及方針結果 1942/3/21〉，國民黨黨史館藏，檔案號碼：會議記錄 5.3/188.11。劉維開編，《中國民黨黨務發展史料——海外黨務工作》，頁332。

月 1 日在桂林就職，是為港澳總支部第二屆執行委員會。[59]

　　港澳總支部第二屆執行委員會暫時以曲江為辦事處，並分設惠陽、廣州灣工作站，改組港、九、澳三支部組織直屬分部於曲江，積極聯絡港九各工會為工作據點，並設戰時工商文化各種委員會於曲江，聯絡港九灣各地工商文化潛伏人員，工作正開展之際，而廣州灣被敵佔據，港九工作據點又為敵偵破，各種工作之進行均受阻礙。[60]

　　1942 年 12 月底港澳總支部主任委員陳策請假，其職務由陳素代理。1943 年 5 月陳策辭職照准，遺缺由陳素升充，並改派該部委員黃劍菜為書記長，另又派黃令駒、陳子木為委員。不久，委員陳劍如辭職，遺缺由胡友椿接任。此為該總支部第三屆執行委員會。直到抗戰勝利時，該總支部未再改組。這一時期，該總支部工作備極艱困，機構屢遭破壞，港九黨務特派員李蘇雲等先後殉職。[61]

　　戰時國民黨駐港澳總支部歷任委員名單，請參考表三。

[59] 《中國國民黨在海外（下篇）——中國國民黨在海外各地黨部史料初稿彙編》，頁205-206。《中國國民黨在海外（上篇）——中國國民黨海外黨務發展史料初稿彙編》，頁 188，191。以上史料均未列出駐港澳總支部有林卓夫委員，但是〈會商香港今後工作原則及方針結果 1942/3/21〉，國民黨黨史館藏，檔號：會議記錄 5.3/188.11，則有林卓夫。

[60] 劉維開編，《中國民黨黨務發展史料——海外黨務工作》，頁 354。

[61] 《中國國民黨在海外（下篇）——中國國民黨在海外各地黨部史料初稿彙編》，頁206。李蘇雲，本名邱清猗，化名李蘇雲、蘇子樵、尤思靜，福建人，職業是罐頭雜貨商，實是國民黨中央黨部調查統計局交通處香港站長、海外部港澳總支部調查統計室香港站長、港澳總支部香港黨務特派員，其地位之重要可想而知。請參考朱德蘭，〈從日本軍方檔案資料看日軍占領香港及破獲諜報組織之經過〉，收於中華檔案暨資訊微縮管理學會編，《1996 年海峽兩岸檔案暨微縮學術交流會論文集》（台北：國史館，民國 86 年），頁 77。

表三：戰時歷任國民黨港澳總支部委員名單

第一屆執行委員會（1939 年 7 月正式成立）	
主任委員	吳鐵城
委員兼書記長	高廷梓
委員	陳策、俞鴻鈞、歐陽駒、簡又文、區芳浦、陳劍如、陳素
第二屆執行委員會（1942 年 10 月 1 日在桂林就職）	
主任委員	陳策
委員兼書記長	陳素
委員	陳劍如、沈哲臣、劉世達、袁良驊、黃劍棻、王蒼雨、林卓夫
第三屆執行委員會（1943 年 5 月？）	
主任委員	陳素
委員兼書記長	黃劍棻
委員	沈哲臣、劉世達、袁良驊、王蒼雨、黃令駒、陳子木、胡友椿

資料來源：中國國民黨中央委員會第三組編印，《中國國民黨在海外（下篇）
——中國國民黨在海外各地黨部史料初稿彙編》（台北：編者自印，
民國 50 年 11 月 12 日），頁 204-206，由筆者整理列表。

　　1943 年 9 月至 1944 年 5 月間，駐港澳總支部徵求新黨員，計
有 32 人。[62]新黨員的人數如此少，顯示國民黨港澳的黨務工作很
難開展。

　　1943 年，國民黨中央執行委員會調查統計局（即「中統」）的
徐恩曾[63]致函中央黨部秘書長吳鐵城，報告中統在香港所設置的電

---

[62] 劉維開編，《中國民黨黨務發展史料——海外黨務工作》，頁 369。

[63] 徐恩曾，浙江吳興人，畢業於南洋大學，留美返國後，曾任中統局副局長、局長，
　　參見柴夫主編，《中統頭子徐恩曾》（台北：新銳出版社，民國 83 年 10 月一版），〈編
　　者的話〉頁 1。

台，已於 4 月 10 日與澳門電台試通成功，此後如有電報，請直接交由該局轉發，但是因環境困難，對外仍然保持秘密。[64]可見國民黨在港澳的黨務工作正在逐漸恢復。

五、結語

吳鐵城早年加入同盟會，抗戰初期擔任廣東省政府主席，廣州卻在其任內淪陷，喪失國土的恥辱，使他在後來擔任港澳總支部主任委員時積極作為。

香港和澳門在抗戰前已設有獨立的直屬支部。抗戰爆發後，軍火經由香港輸入中國者，常佔 75%，故而香港對於中國抗戰的重要性不言而喻。1938 年 10 月廣州淪陷，香港、澳門的地位更形重要。國民黨開始籌劃擴展在港澳的黨務及僑務工作。1939 年將澳門與香港兩個直屬支部合併改組為駐港澳總支部，同年 7 月正式成立。黨中央委派吳鐵城擔任港澳總支部主任委員。

此時，在吳鐵城的強力主導下，港澳黨部變得非常活躍，徵求新黨員有長足的進步。改組後的港澳總支部，雖然面臨日本、汪精衛黨羽、共產黨的競爭活動，但工作進行甚為活躍，自 1939 年 7 月至同年底，致力於徵收新黨員，且港、九、澳三處由原有的 12 個分部，增至 41 個分部，181 個小組。至太平洋戰爭爆發時，港澳黨員人數合計，由數百人增至將近七千人的規模。

吳鐵城於 1939 年底轉任海外部長，但是吳氏仍暫兼港澳黨務，至 1941 年 4 月吳鐵城調任中央執行委員會秘書長。在秘書長任內，

---

[64] 〈徐恩曾致吳鐵城函〉，民國卅二年四月十四日，國民黨黨史館藏，檔案號碼：特030/277。

港澳黨務依然是吳鐵城重視及關注的事務。

太平洋戰爭前，港澳總支部的工作，主要是對海外宣傳抗戰建國的國策、拉攏青年及婦女、藉社會服務事業推展黨務、打擊日本和漢奸組織、對抗中共的宣傳、鼓勵華僑參加抗戰陣營、協助僑胞回國。

1941 年底太平洋戰爭爆發，不久，香港淪陷，港九黨務陷於停頓。澳門未被日軍佔領，成為「孤島」，國民黨駐港澳總支部人員陸續撤退，只有澳門支部的周雍能繼續留在當地搜集情報。此時周雍能的情報發揮相當大的作用，時任中央執行委員會秘書長的吳鐵城，透過周氏的報告，成為當時情報的總匯。孤島澳門對國民黨的黨務及情報都更加重要。

港九黨務陷於停頓後，吳鐵城在黨中央秘書長的職位上，仍與海外部密切合作，籌劃重新改組港澳總支部，1942 年 7 月進行改組，港澳總支部第二屆執行委員會於 10 月 1 日在桂林就職。港澳總支部以曲江為辦事處，在曲江、惠陽、廣州灣等地活動，但已失去其向海外宣傳抗戰及吸引僑胞支援的功能。唯有情報工作，仍在港澳秘密進行中。

吳鐵城任職港澳黨部的時間雖然不長，但是抗戰期間吳鐵城持續關注港澳的黨務、僑務工作，在加強對外宣傳及拉攏僑胞，以促使僑胞支持國民黨抗戰建國方面，有所建樹，港澳的國民黨黨員人數有所增加，而抗戰宣傳、文化建設及情報工作亦有作為。

伍、吳鐵城的南洋之行（1940-1941）：
以在馬來亞的活動為討論中心

陳是呈（Tan Chee Seng）[*]

摘要

吳鐵城 1939 年 11 月 20 日被提名出任中國國民黨海外部部長，至 1941 年 4 月 2 日才卸任的約一年半任期內，最為顯著的工作是代表蔣介石，以專使的身份奉派宣慰南洋各地僑胞。吳 1940 年 9 月末啟程到南洋至隔年 2 月初重返重慶，歷時達五個月，分別造訪了菲律賓、荷屬東印度、新加坡、馬來亞和緬甸，遍歷大小城市一百五十餘處。本文專注的馬來亞在當時不僅是國民黨在海外的重要據點，也是南洋抗日救亡運動的中心，在新加坡更設立了由陳嘉庚領導的南洋華僑籌賑祖國難民總會。吳到訪馬來亞不僅要復興馬來亞中國國民黨，對抗外敵日本，也要抑制內敵馬來亞共產黨勢力。因此，吳有為此與英殖民地政府接洽商討。此外，

---

* 新加坡國立大學中文系（中國研究）博士候選人。
  本文承蒙新加坡國立大學（National University of Singapore）和新加坡教育部學術研究基金（Ministry of Education, Academic Research Fund）提供研究生會議經費，謹此致謝。該文也得到了淡江大學亞洲研究所陳鴻瑜教授的評論，在此致謝。

吳在當地也要重新啟動籌款，成立新華僑社和鼓勵海外僑教。另一方面，吳鐵城在該次參訪中與馬來亞僑領陳嘉庚發生糾紛。這當中吳是否從事挫折陳嘉庚之領導及影響的宣傳工作，以至有和時任中華民國駐新加坡總領事高凌百進行污衊陳嘉庚的運動以及"聯胡文虎，倒陳嘉庚"的策略，還是試著爭取陳對國民政府的支持，皆有待進一步去考證。本文正是要通過吳在南洋，尤其馬來亞之旅的過程和發展了解真正情況。同時分析這次參訪在抗戰時期對國內尤其黨政和國外特別是馬來亞的海外黨務和僑務所帶來的影響。

關鍵詞：吳鐵城、陳嘉庚、高凌百、蔣介石、馬來亞、馬來亞中
　　　　國國民黨

一、前言：吳鐵城簡介

吳鐵城（1888-1953），原籍廣東香山縣（今中山縣）平湖鄉，生於江西九江。他于 1909 年經林森介紹加入同盟會。1911 年武昌起義後至 1930 年代初期，分別在九江軍政府、孫中山軍政府、廣東革命政府、香山縣、廣州市、廣東省、國民政府、國民黨等出任諸多黨國要職，如孫中山護法大元帥府參軍、總統府參軍和廣州市公安局局長兼警務處長等。吳在這期間不僅受到孫中山的信任和器重，也因忠心擁護蔣介石而開始得到蔣的重視。

1930 年代至 1949 年期間，吳鐵城的政治生涯和地位逐步攀上了高峰。他在不同時段裡，先後在黨國的市、省以至中央層級出掌當時舉足輕重的要職。他在 1932 年 1 月 6 日任上海市市長兼淞滬警備司令（1932-1937），接著在 1937 年 3 月 24 日被調任廣東省政府主席兼民政廳廳長和保安司令（1937-1938）。廣州被日軍攻陷後，吳鐵城在 1939 年春到港澳地區負責國民黨黨務，並指導閩粵兩省抗戰宣傳工作。1939 年 11 月 20 日被提名出任國民黨海外部部長（1939-1941）。接著，他在 1941 年 4 月 2 日出任國民黨中央黨部秘書長（1941-1948）。隔年，吳也被選為「南洋華僑協會」理事長和「中國國民外交協會」理事長。抗戰勝利後，吳將「南洋華僑協會」改組為「華僑協會總會」，為全球華僑服務，並在 1946 年當選為制憲國民大會代表，也參加了政治協商會議（簡稱「政協會議」）。他在隔年的 6 月 20 日出任國民政府立法院副院長（1947-1948），1948 年 12 月 22 日則在孫科內閣任行政院副院長兼外交部長（1948-1949），直到 1949 年 3 月辭職。他于同年 7 月

間在廣州任中央非常委員會委員，後經香港到臺灣，轉任總統府資政和國民黨中央評議委員，並恢復「華僑協會總會」、「中國國民外交協會」等民間團體工作，致力國民外交活動。吳於 1953 年在臺北逝世，享年 66 歲。[1]

二、抗戰初期南洋之行前的吳鐵城（1937-1940）

吳鐵城出任廣東省政府主席時，中國國民黨於 1938 年 3 月 29 日至 4 月 1 日在武漢召開臨時全國代表大會並決定了抗戰建國方針。接著國民黨五屆四中全會在 4 月舉行，該會通過了「改進黨務及調整黨政關係案」，首先對國民黨中央指導海外黨務工作的組織機構作了較大的調整，取消海外黨務計劃委員會，改設海外部來負責海外黨務及宣傳事宜。海外部成立後，立即開始加強駐港澳機構的設置，以期最大限度地調動香港的人力、物力，並利用香港在戰時的特殊地位，為抗戰建國服務。[2]

---

[1] 以上吳鐵城簡介，參考張震西撰，〈吳鐵城先生事略〉，國史館編印《國史館現藏民國人物傳記史料彙編：第五輯》（臺北縣新店市：國史館，民 80），頁 74-89；陳秀芳，〈吳鐵城〉，朱漢國、楊群主編《中華民國史第七冊：傳二》（成都：四川人民出版社，2006），頁 148-153；中國社會科學院臺灣研究所編，《中國國民黨全書：下》（西安：陝西人民出版社，2001），頁 891-892；朱傳譽主編，《吳鐵城傳記資料》（臺北市：天一出版社，民 68），頁 1-5；張明凱，〈吳鐵城傳〉，《國史館館刊》，復刊第 11 期（民國 80 年 12 月），頁 239-243；黃百里，〈吳鐵城的生平〉，《中外雜誌》，第 34 卷第 2 期（總第 198 號）(1983 年 8 月)，頁 22；陳士誠，〈吳鐵城（一八八八至一九五三）〉，《中外雜誌》，第 59 卷第 1 期（總第 347 號）(1996 年 1 月)，頁 106-107；蔣永敬撰，本刊資料室收錄〈中華民國七十六年屆滿百齡先烈先進事略——吳鐵城〉，《近代中國》，第 57 期（民國 76 年 2 月），頁 198-199。

[2] 金以林，〈戰時國民黨香港黨務檢討〉，《抗日戰爭研究》，2007 年第 4 期，頁 85。

1939 年 5 月 4 日，國民黨中常會第 120 次會議通過《駐港澳總支部組織條例》；5 月 18 日，中常會第 121 次會議通過吳鐵城為駐港澳總支部主任委員、高廷梓為書記長。[3]根據李盈慧之文章，當時黨中央以香港地當要衝，須派幹員前往，於是派吳鐵城主持國民黨港澳支部，聯合港澳僑胞，並策動南洋華僑共救國難。[4]吳此前雖然丟失了廣東，並在 1938 年末從該省主席一職退下，但在形式上在香港通過其職務和親信，不僅掌控港澳黨務和文宣工作，也兼管廣東。李盈慧更指出吳在任期內，國民黨在港澳的文宣活動相當活躍。[5]吳可從該地點開展僑務工作，對內是港澳僑胞，對外是南洋華僑，從而開始建立面對海外的人際關係網絡和與海外互動的「走廊」。[6]

吳鐵城於 1939 年 11 月 20 日被提名出任中國國民黨海外部部長，至 1941 年 4 月 2 日才卸任，為期約一年半。國民黨中央海外部的成立其實開啟了國民黨在海外發展另一里程碑，顯示了國民黨在抗戰時刻有意加強其在海外的活動力，要在僑務和黨務有一番作為，更要動員和凝聚僑胞與海外黨員，增進抗戰力量。處事積極的吳鐵城從偏於一隅的港澳負責人升任到掌管海外黨務和僑務的領導，在推行和增強黨在海外的力量更是不遺餘力，也進而擴展自己的人際關係網絡和勢力。因此，鄭彥棻稱他為「華僑導師」，是繼國民政府主席林森後，國民黨最關心海外黨務僑務的人物。[7]

3　金以林，〈戰時國民黨香港黨務檢討〉，頁 86-87。

4　李盈慧，〈淪陷前國民政府在香港的文教活動〉，港澳與近代中國學術研討會論文集編輯委員會《港澳與近代中國學術研討會論文集》（臺北縣新店市：國史館，民 89），頁 450。

5　李盈慧，〈淪陷前國民政府在香港的文教活動〉，頁 471。

6　有關「走廊」的詮釋，見附註 18。

7　鄭彥棻主講，〈「每月人物專題座談會，專題人物：吳鐵城先生」──憶念鐵老的生

伍、吳鐵城的南洋之行（1940-1941）：以在馬來亞的活動為討論中心

吳首先在 1940 年 2 月及 6 月間，對於增強黨在海外的力量，分別提呈了與三民主義青年團（簡稱「三青團」）處長康澤擬訂的海外部與三民主義青年團工作聯繫辦法以及海外總支部直屬支部增設青年及婦女運動委員會，以期與抗戰力量相配合。[8]他更在同年 7 月間的五屆七中全會臨時動議上提出應即致電海外僑胞表示嘉慰以彰忠義。[9]這舉動顯示吳要爭取華僑對國民黨的支持與好感。此外，吳為了要在海外尤其南洋地區建立情報工作和網絡，也同樣在該全會中，提出〈應付南洋局勢發展海外黨務辦法綱要〉，主張「設立海外調查統計機構，佈置南洋情報路線，以為本黨海外之特務機關」。[10]吳鐵城似乎要在海外成立一個獨立於中統與軍統之外的情報系統和組織。

　　實際上，吳在海外部部長一年半的任期內，最為顯著的工作是代表蔣介石，以專使的身份奉派宣慰南洋各地僑胞。吳於 1940 年 9 月末啟程到南洋至隔年 2 月初重返重慶，歷時達五個月，分別造訪了菲律賓、荷屬東印度（今印尼）、新加坡、馬來亞和緬甸，遍歷大小城市一百五十餘處。正如前所述，吳在僑務方面一貫展現其積極性和拓展性。因此，他到訪南洋之前已先對於南洋各地華僑的文教工作，進行相當的部署，如分派中學教師前往南洋各中學任教，又擇各地重要僑報，增加其經費設備，分派總主筆前

平和風範〉，《傳記文學》，第 29 卷第 4 期（總第 173 號）（民國 65 年 10 月），頁 6。

[8]　《會議記錄》（簡稱「會」），黨史館藏，檔號：會 5.3/151.6；《會議記錄》，黨史館藏，檔號：會 5.3/151.4；《會議記錄》，黨史館藏，檔號：會 5.3/153.20。

[9]　《會議記錄》，黨史館藏，檔號：會 5.2/55.4。

[10]　《五屆七中全會黨務報告》，海外，頁 18b，轉引自劉維開，〈淪陷期間中國國民黨在港九地區的活動〉，港澳與近代中國學術研討會論文集編輯委員會《港澳與近代中國學術研討會論文集》（臺北縣新店市：國史館，民 89），頁 482-483

往主持筆陣。他在這其中也被指派組織華僑投入抗戰。[11]此外，他在未前往南洋的 9 月間，更致函中央秘書處轉陳外交部，希望該部審慎考慮，以便不實施海外各地使領館職員不得兼任黨部職務的政令，以繼續增強黨領導僑民力量。[12]

三、吳鐵城南洋之行的時代背景

在此，吳鐵城南洋之行，尤其在馬來亞活動時所處的時代背景對其參訪有著一定的影響。顏清湟指出當時外來的壓力激起了海外華人民族主義，尤其是 1930 年代日本侵略中國更引起激烈的愛國回應。[13]顏進一步指出反日的運動在 1937-1942 年間達到了高峰期，當中其重要作用是體現在各種組織，尤其是籌賑的如「南洋籌賑總會」。另一個在海外華人民族主義後期激進的反應是抵制日貨。[14]這裡可看出海外華人民族主義在中國抗戰初期達到了高峰並以多種形式出現。李盈慧把華僑與中國政府及海外民族主義放入兩種框架來分析，也就是涉內因素（華僑參與華僑政策的程度）和涉外因素（中國政府、華僑和僑居地所面對的敵人）。李總結到：「國民黨主政的各個時期，華僑參與決策的程度高，僑務政策都

---

[11] 祝秀俠，〈吳鐵城戰時訪南洋〉，《中外雜誌》，第 31 卷第 2 期（總第 180 號）（1982 年 2 月），頁 22；丁慰慈，〈中國首位民選縣長——吳鐵城傳奇〉，《中外雜誌》，第 67 卷第 3 期（總第 397 號）（2000 年 3 月），頁 110。

[12] 《特種檔案》（簡稱「特」），黨史館藏，檔號：特 5/28.4。

[13] Yen Ching Hwang, "Overseas Chinese Nationalism: A Historical Study", in *Studies in Modern Overseas Chinese History* (Singapore: Times Academic Press, 1995), p. 137.

[14] Yen Ching Hwang, "Overseas Chinese Nationalism: A Historical Study", pp. 144-148.

較有成效，華僑的中國民族主義意識正逐漸形成。而其中尤以抗戰時期最能凝聚華僑的中國民族主義意識，使中國政府與華僑休戚與共，而華僑政策的推行效果也最為顯著。」[15]這顯示抗戰成功把華僑、中國政府和僑居地政府聯繫在一起，並配合達高峰時期的海外民族主義。從這點來看，吳鐵城前往南洋時正是中國政府與華僑關係的"黃金時代"。至於當中的事件可從新、馬華僑處於愛國高峰時期，最令人矚目的抗日救亡運動略見一斑。Stephen Leong Mun Yoon 研究 1937-1941 年馬來亞海外華人民族主義的來源、機構和體現中點出當地海外華人民族主義最終真正體現在 1937-1941 年的抗日救亡運動上。[16]

另一方面，美國學者孔飛力（Philip A. Kuhn）提出了一個新的概念：「國家製造的走廊」（state-made corridors）。孔飛力在《他者之中的華人：近代以來的移民》（*Chinese Among Others: Emigration in Modern Times*）論到二十世紀初期國民黨意識到東南亞是個適當的地域來通過其海外僑民擴張影響力。南洋成為國民黨激起效忠祖國（中國）的場地而 1930 年代這地區則是中國對抗日本的經濟戰場。但孔飛力有一值得關注的觀點是抗戰之前，國民黨並不十分有效地掌控東南亞華人，而日本對中國侵略才看到了新客熱衷參與籌賑。作者也提出另一個看法，抗戰期間不論對中國有多少熱情，社會的「獨特性」（particularistic）結構是「群

---

[15] 李盈慧，《華僑政策與海外民族主義（一九一二－一九四九）》（臺北縣新店市：國史館，民 86），頁 639。

[16] Stephen Leong Mun Yoon, *Sources, Agencies and Manifestations of Overseas Chinese Nationalism in Malaya, 1937-1941*（PhD diss., University of California Los Angeles, 1976), pp. xxiv-xxv.

眾積極主義」(public activism)的根基，尤其是獨特的陳嘉庚。[17]陳在吳的到訪時就和他發生了糾紛，似乎會影響著華僑對中國的熱情。此外，值得一提的是，孔飛力貫穿其著作主軸的「走廊」(corridors)在國民黨及其黨代表被派到全球的華人社會以動員籌款或監督教育可被看作是形成「國家製造的走廊」。[18]這點顯示此關鍵詞可應用在國民黨和海外華僑建立起的聯繫，而吳鐵城在這時段南巡宣慰華僑也可說正逐步建構這「國家製造的走廊」。

四、吳鐵城馬來亞之行（1940-1941）

本研究將專注吳鐵城參訪的馬來亞當時不僅是國民黨在海外的重要據點，也是南洋抗日救亡運動的中心，在新加坡更設立了由陳嘉庚領導的南洋華僑籌賑祖國難民總會（簡稱「南僑總會」）。吳鐵城前下屬莊心在指出當時吳奉派宣慰南洋各地僑胞，執行兩大任務，也就是整飭各地黨部黨報和推廣愛國公債。[19]有些學者對吳的南巡宣慰華僑尤其到訪的馬來亞地區頗為關注。楊進發和 R.B. McKenna 提到吳這次到訪是自 1912 年以來，多位國民黨黨政高官訪問新、馬的其中一次，也有貢獻在復興馬來亞中國國民黨運動。[20]Stephen Leong Mun Yoon 認為吳的到訪是復興當時正和馬來

---

[17] Philip A. Kuhn, *Chinese Among Others: Emigration in Modern Times* （Lanham, Maryland: Rowman & Littlefield, 2008), pp. 268, 272.

[18] Kuhn, *Chinese Among Others: Emigration in Modern Times,* p.372.

[19] 莊心在，〈難忘的長官：朱家驊與吳鐵城〉，《中外雜誌》，第 33 卷第 3 期（總第 193 號）（1983 年 3 月），頁 15。

[20] Yong, Ching Fatt and R. B. McKenna, *The Kuomintang Movement in British Malaya 1912-1949* (Singapore: Singapore University Press, 1990), p. 226.

亞共產黨（簡稱「馬共」）在抗日救亡運動上競爭的馬來亞中國國民黨，Leong 甚至以吳鐵城到訪前為兩黨在這運動競爭的第一期，而到訪後為這競爭的第二期，分別是 1937 年 7 月至 1940 年 10 月和吳鐵城到來後的 1940 年 11 月至 1941 年 12 月。這顯示吳到訪對這競爭有著重要的轉折作用。實際上，馬共在吳鐵城到訪時已形成一股不容忽視的力量。英國殖民地政府自 1936 年起就察覺馬共將是馬來亞內部主要的威脅而更集中精力箝制馬共的政治勢力。[21]此外，楊進發也提到，星（新加坡）華左翼運動的第三階段開始于 1937 年的中日戰爭。當時隨着國共兩黨統一陣線的再度成立，馬共與左翼人士亦參與了星華社會抗日救亡的統一陣線運動。馬共及其外圍（諸如抗敵後援會等組織）的實力隨着抗日運動的高漲而增強。[22]總而言之，吳鐵城當時的任務不僅要復興當地國民黨，對抗外敵日本，也要抑制內敵馬共的勢力。這再加上他也要重新啟動籌款，成立新華僑社和鼓勵海外僑教。[23]外交部的檔案則指出吳此行也是與英國殖民地政府商討有關馬來亞中國國民黨在當地公開活動事宜並指導改善黨務。[24]

吳鐵城於 1940 年 11 月 14 日抵達新加坡，先在當地參訪，過後一路北上，途經柔佛（Johor）、馬六甲（Malacca）、森美蘭（Negeri

---

[21] Yong and McKenna, *The Kuomintang Movement in British Malaya 1912-1949*, pp. 191-192.

[22] 楊進發著，《戰前星華社會結構與領導層初探》（新加坡：新加坡南洋學會，1977），頁 71。

[23] 見 Stephen Leong Mun Yoon, *Sources, Agencies and Manifestations of Overseas Chinese Nationalism in Malaya, 1937-1941*, pp. v-vi, 379-401, 608-609.

[24] 參〈我派員赴馬來亞（馬來西亞）指導黨務〉，《外交部檔案》，國史館藏，典藏號：020-010699-0003，入藏登錄號：020000000318A。

Sembilan）、雪蘭莪（Selangor）、彭亨（Pahang）、霹靂（Perak）、檳城（Penang）和吉打（Kedah）各大城小鎮，行程約二千英里，所過約六十餘埠，出席了諸多歡迎會，接見了當地國民黨、社團和會館僑領，並發表演說約百五十次。吳抵達新加坡後在各僑團歡迎會上的訓詞中除了恭讀蔣介石的手諭和聲明他南來使命的兩要點：敦睦邦交以及宣慰僑胞，更強調了國家統一的重要性和在抗戰下仍能建國進步的實況。[25]吳於 1940 年 12 月 21 日到北馬的檳榔嶼（Penang Island），於檳華歡迎會上的訓詞除了重申南來任務為敦睦邦交和宣慰僑胞，也感謝檳城華僑出錢出力，襄助祖國抗戰，尤其獻金數目達二三百萬元之多。[26]吳過後從檳城返回新加坡，並在 1941 年 1 月中旬離新赴緬甸仰光（Rangoon）。另一方面，吳在〈告英屬馬來亞僑胞書〉也說明此次奉命南行主要是敦睦邦交和宣慰僑胞，離馬前則在〈告別馬來亞僑胞書〉提出贈言四要點，分別是自強爭存；團結復興；敦睦邦交；和建設祖國。[27]

　　吳風塵僕僕，不辭勞苦走遍馬來亞各大城小鎮，並親歷親為接見各地國民黨領袖、華僑以及當地各界人士，還發表演講訓詞，這不僅可在馬來亞樹立個人聲望，更可藉此建立和開拓自身人際關係網絡，並在國民黨和馬來亞華僑之間建構「國家製造的走廊」，

---

[25] 孫碧峯主編，〈吳專使演講集〉，《吳專使宣慰南僑特輯》（新加坡：南洋印務公司，1941），頁 2。

[26] 孫碧峯主編，〈吳專使演講集〉，頁 45-46。

[27] 孫碧峯主編，〈告英屬馬來亞僑胞書〉，《吳專使宣慰南僑特輯》，頁 1；孫碧峯主編，〈告別馬來亞僑胞書〉，《吳專使宣慰南僑特輯》，〈宣慰餘聲〉頁 129-130。該專刊為吳鐵城宣慰馬來亞的特輯，而霹靂也有另出版吳鐵城參訪該地的紀念刊，見〈霹靂華僑歡迎吳專使紀念刊〉（民國 29 年 8 月），《國民政府檔案》，中國第二歷史檔案館藏，檔號：－(5)/930，縮微號：16J-2963。

將華僑導向祖國，進而對吳和國內外黨政帶來深遠影響。值得一提的是，吳鐵城宣慰華僑之際，也拜會了當地馬來統治者。他在1940 年 12 月 26 日抵達吉礁（現稱吉打）後，先接見各坡僑界代表，後偕一行人拜會英參政司（Advisor），繼而赴吉礁王宮謁見吉礁攝政王東姑嘉森（Tunku Kassim），受到攝政王特別在宮內設筵款待。[28]這顯示吳不僅和華僑聯繫，也開展了國民外交和當地馬來人領袖建立關係，以便達成南來使命另一目標：敦睦邦交，以期也能對國內黨政有所影響。這也說明吳鐵城在出任黨部秘書長和中國國民外交協會理事長前，已開始投入國民外交的活動中。[29]

值得注意的是，吳鐵城在當時也積極鼓勵當地華僑回國參戰或深造，而讓後來成為「一三六部隊（Force 136）」成員的陳崇智留下深刻的印象。[30]陳回憶到吳鐵城 1940 年南來宣慰華僑之時，他和幾位青年被派充當陪侍員，有緣認識吳鐵城及其隨行長官，吳等人「很親切鼓勵我們（陳崇智一行人）回國深造，就更增強了我們回重慶的信心。」[31]接著，當陳和友人聽聞滇緬公路的驚險報導以致影響原定計劃，臨時放棄回國志願之際，因後來接到吳鐵城覆函，他和友人便改變初衷，毅然抱著「不到陪都心不甘」

---

[28] 孫碧峯主編，〈各埠歡迎動態〉，《吳專使宣慰南僑特輯》，頁 107。

[29] 據石源華指出，抗日戰爭期間，中國官方實行特殊的外交政策，由外交部主管建交國家的外交事務，而由國民黨中央黨部主管非建交國家外交事務，主要是援助周邊國家的民族獨立運動。吳鐵城時任國民黨中央黨部秘書長、國民外交協會理事長等職，成為中國官方推行國民外交，援助周邊國家民族獨立運動的主管官員，見石源華，〈吳鐵城：周邊國家獨立運動之友〉，《世界知識》，第 23 期（2007 年），頁 60。

[30] 有關一三六部隊詳情，參許雲樵主編、蔡史君編修，《新馬華人抗日史料 1937-1945》（新加坡：文史出版私人有限公司，1984），頁 631-634。

[31] 陳崇智，《第二次世界大戰中英聯軍反攻馬來亞敵後抗日紀實：我與一三六部隊》（新加坡：海天發行與代理中心，1994），頁 13-14。

的心情出發到重慶。[32]這裡進一步說明了吳對海外華僑的關注和呼召他們回國抗戰，並通過南來宣慰華僑，將中國與海外的華僑聯繫起來。

另一方面，吳鐵城和當時「海峽殖民地（Straits Settlements）」總督湯姆士爵士（Sir Shenton Thomas）有關給予馬來亞中國國民黨合法地位和鼓勵當地三青團發展的事件上沒達成任何共識。[33]綜合以上所述，吳鐵城不僅宣慰華僑，也和英殖民地政府官員洽商，更和當地馬來人領袖建立關係。因此，吳回國後在〈宣慰南洋報告書〉中提到政府應對南洋華僑，宜因勢利導，善為運用，以謀國力的海外發展，另提到宜發動國民外交，結合土人，並組織僑眾，以發揚國家王道文化的精神，建立三民主義的共存共榮的國際關係。[34]

五、吳鐵城馬來亞之行棘手的人物和任務：陳嘉庚

其實，吳鐵城馬來亞活動之行也並非一路風光、一帆風順，而卻和馬來亞僑領陳嘉庚發生糾紛。陳嘉庚指吳鐵城的南行除了「誣余（陳）受共產黨包圍，到處宣傳謗毀」，還「屢投稿報館，譏刺〔陳〕擁護蔣委員長是假的，及口是心非等言論。」[35]楊進發

---

[32] 陳崇智，《第二次世界大戰中英聯軍反攻馬來亞敵後抗日紀實：我與一三六部隊》，頁14。

[33] Stephen Leong Mun Yoon, *Sources, Agencies and Manifestations of Overseas Chinese Nationalism in Malaya, 1937-1941*, p. 609; Yong and McKenna, *The Kuomintang Movement in British Malaya 1912-1949*, p. 193.

[34] 祝秀俠，〈抗戰期間鐵老訪問南洋簡記〉，《吳鐵城先生逝世三十周年紀念集》（台北市：華僑協會總會，民72），頁57。

[35] 陳嘉庚著，《南僑回憶錄》（River Edge, NJ: 八方文化企業公司，1993），頁365-367。

伍、吳鐵城的南洋之行（1940-1941）：以在馬來亞的活動為討論中心

說明吳鐵城南來其中一個目的，就是從事挫折陳嘉庚之領導及影響的宣傳工作。在這點上，陳嘉庚與當時國民政府間的裂痕益愈擴大是顯而易見的。[36]明石陽至（Yoji Akashi）則點出吳鐵城和當時中華民國駐新加坡總領事高淩百進行污衊陳嘉庚的運動，以阻止陳重新當選為南僑總會主席，但因南洋華僑不要受到國民黨的控制而遭遇失敗。[37]但是，吳前下屬李樸生卻指出是陳嘉庚誤信了一些意見和受中共的影響後就開始攻擊國民政府，進而和代表蔣介石和國府的吳鐵城發生糾紛，但吳並沒有如傳聞中「聯胡文虎，倒陳嘉庚」，反而時時不忘爭取陳嘉庚對國民政府的支持。[38]

如果進一步追溯，吳鐵城南來的目的正如前所述，主要是敦睦邦交以及宣慰僑胞，更期望華僑能繼續擁護和協助祖國抗戰建國。吳鐵城南行前的 1940 年 7 月 31 日便發函外交部，針對中華民國駐新加坡總領事館所呈各項應付敵人（汪偽政權）破壞馬來亞華僑擁護抗戰之辦法，在當中補充的一點為「設法制止陳〔嘉庚〕胡〔文虎〕兩系報紙（《南洋商報》和《星洲日報》），每藉事端，即互相抨擊，招致敵奸及異黨之從中挑撥離間」。[39]因此，從

有關陳嘉庚敘述吳鐵城來馬時他和吳的糾葛以及吳在當地的活動，參該書，頁363-368。

[36] 楊進發著、李發沉譯，《陳嘉庚——華僑傳奇人物》（Teaneck：八方文化企業公司，1990），頁 296。

[37] Yoji Akashi, *The Nanyang Chinese National Salvation Movement, 1937-1941* (Lawrence: Center for East Asian Studies, The University of Kansas, 1970), p. 163.

[38] 詳文見李樸生，〈吳鐵城與陳嘉庚間一段僑務公案〉，朱傳譽主編《吳鐵城傳記資料》（臺北市：天一出版社，民 68），頁 54-55。

[39] 〈汪政權海外活動破壞抗戰〉，《外交部檔案》，國史館藏，典藏號：020-010114- 0007，入藏登錄號：020000001497A。

這裡可看出吳來馬前已有意要設法協調馬來亞兩位對立的僑領，尤其彼此在所掌控報章上的論戰，而並不致於和陳嘉庚對立或聯合胡文虎對付陳，以致讓敵方，尤其是汪偽政權有機可乘，從中取利。但是，吳鐵城訪馬期間也適逢陳嘉庚自中國慰勞軍民歸來，政治立場已開始改變。陳目睹了重慶腐敗和延安勤苦愛國的兩極狀況，還了解到閩省陳儀苛政情況，進而出現政治轉向，開始對中國共產黨（簡稱「中共」）頗有好感，卻苛評國民黨，回馬開始討伐陳儀，另外則爭取國共團結的工作。雖說如此，吳、陳兩人在 1940 年末同時參訪檳城之際，還是於 12 月 21 日會晤面談，談話在平和的氣氛下進行，而討論重點在於閩省政治問題。吳最後告知當他再次回新加坡時，會與陳在當地從長討論關於閩省之種種改善問題。[40]楊進發指出這陳、吳第一次交鋒是「文雅」的，但接下來所引發開的鬥爭，卻是尖銳的、殺傷力強及曠日持久的。[41]楊進發也論述吳在馬時對陳發動數輪攻勢，其中有囑咐其英籍秘書高咸（Morris A. Cohen）向政府提出要求禁止新加坡華社為陳嘉庚開歡迎會，另外通過報章和召見記者不指名攻擊陳嘉庚以及最後聯合高凌百挑戰陳在 1941 年 3 至 4 月間南僑總會第一次大會和南洋閩僑大會的領導權。[42]但是，這些論據並非求證自雙方，而只是片面之詞：陳嘉庚的《南僑回憶錄》和《南洋商報》，似乎有待進一步去考證。如果根據《蔣中正總統檔案：事略稿本》，吳鐵城並沒將陳嘉庚的陳情擱置一旁，而確實轉陳有關陳所提出的弊端，從新加坡電函蔣介石相關事項。蔣介石對此頗為重視，於 1941 年

---

[40] 《南洋商報》1940 年 12 月 26 日。

[41] 楊進發著、李發沉譯，《陳嘉庚——華僑傳奇人物》，頁 297。

[42] 楊進發著、李發沉譯，《陳嘉庚——華僑傳奇人物》，頁 298-300。

1月5日電令陳儀切實改善閩省秕政、體察民情、宣布真相，以釋誤會，以慰僑情為要。[43]

其實，吳鐵城和陳嘉庚之關係的真實情況和發展在吳離開馬來亞，未升任中央黨部秘書長之前，才逐漸浮上檯面。這當中的糾葛可從國民黨黨史館《特種檔案》、國史館《外交部檔案》以及《蔣中正總統檔案：事略稿本》，尤其當中蔣介石、高凌百和吳鐵城的電稿、信函及文件有所了解。檔案顯示外交部曾分別電函中央海外部、僑務委員會以及侍從室第二處，並轉陳蔣介石核示有關高凌百1941年1月29日以駐新加坡總領事館名義函告關於南僑總會定3月29日至31日連續三日召集第二次代表大會，討論會務、改選職員，繼之以南洋閩僑大會。高擔心陳嘉庚在此會中提出攻擊陳儀主席，因此請政府早籌應付或緩和之計。[44]陳嘉庚也有先見之明，提到他發出這些開會通告，國民黨會對此不安，積極運動，力圖破壞，因為疑忌他會在閩僑大會做出不利於陳儀之事。[45]但似乎只有高凌百頗為不安，請中央代想辦法對付陳。蔣介石看似給予正面回應，2月1日電復高凌百有關陳嘉庚歷次電呈各情，酌復嘉勉可以採納之見，至於越軌無法應允之要求只有暫置不復，但其所陳意見涉及到的主管人員要切實研究改進。蔣甚至指出中央是竭誠接納這些忠言，對陳如往常般重視，更無任何成見，希望高能找機會勸導陳。[46]至於高是否有勸導陳，仍待進一步

---

[43] 蔡盛琦編輯，《蔣中正總統檔案：事略稿本45，民國二十九年十二月至三十年三月》（臺北市：國史館，2010），頁210-211。

[44] 〈南洋華僑籌賑總會召開第二次代表大會〉，《外交部檔案》，國史館藏，典藏號：020-010607-0017，入藏登錄號：020000001589A。

[45] 陳嘉庚著，《南僑回憶錄》，頁370。

[46] 蔡盛琦編輯，《蔣中正總統檔案：事略稿本45，民國二十九年十二月至三十年三月》，

考證。蔣在三日後（2月4日）還電復陳嘉庚「元月巧日電悉先生盡力僑捐愈久愈奮，至感忠誠，除賑款英方即允每月保持預定匯額外，請匯積款一節，已飭外交部向英方繼續交涉矣。」[47]與此同時（4日），陳嘉庚卻以南僑總會主席身份電國民參政會轉全國主張團結息爭，在這抗戰之初國共統一對外，華僑定會高興。[48]蔣介石對陳的主張有何反應尚不得而知。檔案顯示蔣二天後卻急於見吳鐵城而在2月6日電令身在香港的吳，請他即日回渝面敘。[49]

　　如果往前追溯，蔣於1940年7月28日在重慶與陳午餐後就認為陳「受共黨之麻醉已深，不勝惋惜。」足見蔣當時就意識到陳已傾向中共。[50]但是，蔣介石對陳嘉庚最大的不滿似乎是陳回新加坡後馬不停蹄向新、馬華僑重點述說陳儀禍閩事項，而陳本身也意識到：「民三十年（1941）春初，余回到新加坡已月餘，見蔣委員長及蔣夫人，對余因陳儀禍閩事，已生惡感無法挽回……。」[51]在此，楊進發分析陳蔣關係後列出了陳嘉庚和蔣介石、國民黨與國府的矛盾，不能圓滿解決主要有五大原因，特別是親共、陳儀事件和對陳嘉庚的敵對策略，並進一步指出1940年的慰勞團與陳氏中國一行，促成陳蔣交惡和決裂，種下了陳嘉庚在戰後親共、祖

頁420。

[47] 蔡盛琦編輯，《蔣中正總統檔案：事略稿本45，民國二十九年十二月至三十年三月》，頁437。

[48] 《南洋商報》1941年2月5日。

[49] 蔡盛琦編輯，《蔣中正總統檔案：事略稿本45，民國二十九年十二月至三十年三月》，頁447。

[50] 薛月順編輯，《蔣中正總統檔案：事略稿本44，民國二十九年七月至十一月》（臺北市：國史館，2010），頁112。

[51] 陳嘉庚著，《南僑回憶錄》，頁369。

共的政治路線的苗種。[52]吳鐵城也正是在這非常時期南來宣慰華僑。因此，外交部檔案也顯示蔣介石在直接或間接回應陳嘉庚之外，也對高凌百 1 月 29 日所提應付或緩和陳嘉庚之計，令海外部及僑務委員會洽商辦理，雙方便擬具辦法四項呈奉蔣介石核准後電令駐新加坡總領事館遵照辦理，而接下來即由吳鐵城和高凌百函電商討進行。[53]這麼說，吳在蔣的指令下根據擬好的辦法處理這件事情，而吳又身在國內，只能由在新加坡的高凌百執行。

從數份無註明日期（1941 年 2 月後）的電稿中，高凌百發函吳鐵城覺得吳所提在籌賑大會打倒陳嘉庚之事恐怕會不利中央，而「上策」是使大會展期而後閩會時將隨後推翻陳。[54]如此看來應付或緩和陳嘉庚之計似乎是不讓陳嘉庚繼續領導這些在南洋僑界具有影響力的組織。但陳隨之卻發表不繼續當籌賑會主席，當致力於辦僑教華僑師範。高凌百在探虛實下，曾前去挽留，覺得陳態度尚好，不致於走極端，並請吳和蔣介石來電勉慰陳和派人來新加坡指導大會。[55]陳嘉庚則認為吳鐵城宣慰華僑，其實在於提高黨權，增樹黨力，致有黨與無黨分裂，意見日深，加以陳嘉庚發表陳儀禍閩事，國民黨人不滿，通過報紙攻擊他，而陳不欲爭辯，不願第二次競選南僑總會主席，希望南洋僑胞不在抗戰期間鬥爭。[56]吳

52　楊進發著，《楊進發卷：新馬華族領導層的探索》（新加坡：新加坡青年書局，2007），頁 134-135。

53　〈南洋華僑籌賑總會召開第二次代表大會〉，《外交部檔案》，國史館藏，典藏號：020-010607-0017，入藏登錄號：020000001589A。該信函並未列出蔣介石下令的日期，也沒列出有關的四項辦法。

54　《特種檔案》，黨史館藏，檔號：特 18/3.44。

55　《特種檔案》，黨史館藏，檔號：特 18/3.47。

56　陳嘉庚著，《南僑回憶錄》，頁 372-373。

鐵城身為海外部部長掌管國民黨海外黨務僑務，因此有責任增強黨在海外的力量。陳嘉庚又指吳鐵城派國民黨常委兼菲律賓代表王泉笙運動南僑總會副主席莊西言勿選陳為主席，但不為其所動。[57]

　　3月末的南僑三天大會，高凌百報告陳仍任主席，並覺得無能為力改變局勢而要返重慶面告蔣介石。[58]值得注意的是，高凌百和陳嘉庚的交惡在這次大會正式公開化，一發不可收拾。陳指妄自尊大和狂謬的高凌百亂罵一場，斥責華僑和無黨無派人士。接下來第二天大會陳不請高出席並開始發言攻擊高，繼而抨擊吳棄廣東省而逃、在重慶建豪宅、惡意對待新加坡中正中學校董以及逍遙法外。[59]高凌百未受邀出席也引起在場國民黨黨員和支持陳嘉庚一方激烈爭辯，最終才邀請高出席監誓時被高所拒。楊進發指這是拒絕總領事高凌百一事，是籌賑總會中一件戲劇性大事。[60]高凌百3月末的電稿中便通知吳有關陳嘉庚在南僑總會攻擊吳鐵城貪污，前次南來有打倒陳嘉庚企圖，但因見到陳勢力太大而未成，只為顧全其代表委員長地位故未予以攻擊，而陳還誣告高凌百。[61]陳嘉庚繼而在4月2日南洋各屬福建同鄉會代表大會（也就是閩僑大會）之演詞指吳鐵城貪瀆誤國，丟省（廣東省）且為貪官，而高凌百擁汪（汪精衛）親德（德國）。陳還電呈國府主席林森和蔣介石有關吳鐵城鼓煽分裂、高凌百破壞團結，並將電稿登載在4

---

[57] 陳嘉庚著，《南僑回憶錄》，頁 373-374。

[58] 《特種檔案》，黨史館藏，檔號：特 18/3.52；《特種檔案》，黨史館藏，檔號：特 18/3.53。

[59] 陳嘉庚著，《南僑回憶錄》，頁 380-383。

[60] 楊進發著，《戰前星華社會結構與領導層初探》，頁 126。

[61] 《特種檔案》，黨史館藏，檔號：特 18/3.4。

伍、吳鐵城的南洋之行（1940-1941）：以在馬來亞的活動為討論中心

月 7 日的《南洋商報》。[62]遠在重慶的吳鐵城因陳、高兩人公開的激烈鬥爭和爭鋒相對，也被捲入這場罵戰中。因此，吳鐵城非常不滿陳大肆攻擊他，對此曾致函南洋僑領莊西言和黃樹芬等人，提到非常氣憤陳在南僑總會誣告其貪污，並為自己辯白。[63]但是，另一項說法也顯示吳還是以大局為重，儘量不讓這場糾紛影響華僑的籌賑工作，以免對抗戰建國帶來衝擊。有關這點，楊進發指出蔣介石對陳嘉庚之蟬聯盛怒不已，恫言解散南僑總會，吳鐵城極力勸阻始息。[64]值得注意的是，陳、高公開爭鋒相對已達白熱化之際，也適逢吳鐵城升任國民黨中央黨部秘書長，可說成了吳在海外部長任內未解決，還延續到上任秘書長之初棘手亟待解決的難題。

六、吳鐵城馬來亞活動之影響和後續發展

最後，吳鐵城此次南洋之行尤其馬來亞的活動，在抗戰時期對國內黨政和馬來亞的海外黨務和僑務所帶來的影響，在他 1941 年 4 月 2 日升任國民黨中央黨部秘書長後更為明顯。這當中分別是陳嘉庚事件與海外黨務高級幹部會議。首先是吳鐵城與陳嘉庚之間的關係和後續發展。吳與陳的糾葛並不隨著吳升任秘書長而有所停歇。正如前所述，陳在吳卸任海外部部長和上任秘書長之際，對吳和高凌百大肆攻擊，引起吳和高極度不滿。高凌百為此

---

[62] 《特種檔案》，黨史館藏，檔號：特 18/3.48；《特種檔案》，黨史館藏，檔號：特 18/3.55。

[63] 《特種檔案》，黨史館藏，檔號：特 18/3.54。

[64] 楊進發著、李發沉譯，《陳嘉庚——華僑傳奇人物》，頁 300。

常向吳報告陳及其追隨者之舉動，也提出應對方法。南洋各地黨
務負責人也因上級遭受誣告而紛紛表示不滿。馬來亞檳城莊心在
和荷屬東印度巴達維亞（Batavia）祝秀俠有上函懇請糾正陳嘉庚
造謠一事。[65]這樣看來陳嘉庚提到「南洋各屬黨人及各報等，自
被吳鐵城鼓動，國內及香港黨機關，時常從後推促"對付他並非
如此，反而陳繼而提到"高凌百及諸黨人，往往藉端向余尋事」
更為貼近事實。[66]南洋另一位與陳嘉庚不和的僑領胡文虎在 1941
年 9 月更寫信給吳鐵城及僑務委員長陳樹人辯駁陳嘉庚污衊吳和
高凌百之舉動，還提議將籌賑會取消並在掌控的《星島日報》為
他們闢謠。[67]在此之前，高凌百已於 5 月 1 日電函吳鐵城，進言
為了政府之威信以及繼續獲得海外僑民之尊重，建議各處籌賑會
逐漸自動退出南僑總會，而政府同時對陳的行動加以制裁，則大
局可挽回。[68]接著，國民黨中央執行委員會 5 月 7 日開會聚談關
於南洋籌賑總會問題後，僉議應策動各屬分會脫離該總會關係。
議決先由外交部、僑務委員會和海外部妥商辦法，並由海外部派
幹員前往南洋秘密辦理。[69]吳也在當天電高凌百請其秘密策動辦
理。[70]從這裡可看出高凌百的建議獲得黨中央採納，而後交由他
親自處理。

---

[65] 《特種檔案》，黨史館藏，檔號：特 18/3.62；《特種檔案》，黨史館藏，檔號：特
18/3.63。

[66] 陳嘉庚著，《南僑回憶錄》，頁 394。

[67] 《特種檔案》，黨史館藏，檔號：特 18/3.58；《特種檔案》，黨史館藏，檔號：特
18/3.59。

[68] 《特種檔案》，黨史館藏，檔號：特 18/3.7。

[69] 〈南洋華僑籌賑總會召開第二次代表大會〉，《外交部檔案》，國史館藏，典藏號：
020-010607-0017，入藏登錄號：020000001589A。

[70] 《特種檔案》，黨史館藏，檔號：特 18/3.31。

國民黨與陳嘉庚的糾葛卻因一事件而有了新的發展。1941 年 9 月間，胡文虎兄弟檢查銀行帳目，揭發了陳嘉庚多年前領導的山東濟南慘案籌賑會帳目不清並有侵吞挪移嫌疑，將給予起訴，但經其他僑領調停才告和解。[71]在此，楊進發指出山東籌賑會加深了陳嘉庚與胡文虎之交惡，奠下了三十年代陳、胡在華族社會領導權的競爭與分裂。[72]如此看來陳、胡之糾葛在四十年代初也達白熱化的階段。吳鐵城 10 月在上蔣介石的報告中認為如果陳嘉庚能公開表示自認（對國民黨及吳鐵城、高凌百）失檢，或可息事寧人，否則應乘此機會取銷南僑籌賑總會。但是，陳並不對此有所妥協。[73]因此，吳 11 月初主持的會商南洋僑務問題的會議上決定了要查陳嘉庚侵吞濟案賑款和籌賑會帳目，至於南洋各屬籌賑款項將直匯中央並改設或改組籌賑會。11 月末擬定呈蔣介石的行政院指導南洋籌賑工作，就是要實施以上所列事項，並改組南僑籌賑會為馬來亞籌賑會。[74]

該項方案似乎隨著太平洋戰爭的爆發，日軍進攻馬來亞而無下文，反而趨向於和解。吳在 1942 年 1 月 14 日電駐新加坡的鄭介民，指示注意陳嘉庚的態度，要使他服從中央與助英抗戰，尤其須使陳與共黨決絕。[75]1 月 17 日的鄭介民電函以及 20 日，鄭介民與高凌百共同報告吳關於陳嘉庚因數件事，對共黨已厭惡，不再與共黨合作，而向國民黨表示好感，願在該黨指導之下工作，

---

[71] 《特種檔案》，黨史館藏，檔號：特 20/1.40。

[72] 楊進發著，《戰前星華社會結構與領導層初探》，頁 164。

[73] 《特種檔案》，黨史館藏，檔號：特 20/1.37；《特種檔案》，黨史館藏，檔號：特 18/3.32。

[74] 《特種檔案》，黨史館藏，檔號：特 20/1.49；《特種檔案》，黨史館藏，檔號：特 20/1.3。

[75] 《特種檔案》，黨史館藏，檔號：特 18/2.11。

他們正設法讓陳脫離共黨之包圍。吳認為如果真有此事，實屬幸事。[76]吳鐵城與陳嘉庚之間的糾葛也隨著陳到荷屬東印度躲匿日軍而暫告休止。另外，李樸生更指出當陳嘉庚公子逃難回國，吳即刻匯款接濟，並接到重慶，妥為招待。[77]這也透露出吳最終只要陳嘉庚不偏向共黨，與國民黨合作，他傾向於化敵為友，不計前嫌接受他。

總的來說，一生為黨國奔波效力的吳鐵城南來不僅要宣慰華僑和敦睦邦交，更要擴展國民黨在海外的力量，以期能凝聚海外華僑，在抗戰非常時期發揮最大的作用，最終達致勝利。因此，如果說吳一開始就要打倒南洋重要僑領陳嘉庚似乎不符合他的意願。綜合一些紀念吳鐵城的文章來看，吳不僅是位腳踏實地，不結黨立派的務實政治家，更具備協調團結各方，容納「五湖四海」人士為其效力的愛才領袖。[78]在一些論述吳來馬針對陳嘉庚的情況還有待進一步求證下，我們看到的是吳更像一位協調者。吳初期希望能進行協調，調解在南洋僑界具有巨大影響力但已偏向中共的陳嘉庚和蔣介石、國民黨與國府之間的糾紛，以期不影響馬來

---

[76] 《特種檔案》，黨史館藏，檔號：特 18/2.29；《特種檔案》，黨史館藏，檔號：特 18/2.26。

[77] 李樸生，〈吳鐵城與陳嘉庚間一段僑務公案〉，頁 55。李樸生並未說明陳嘉庚那位公子逃難回國。

[78] 詳文見黃少谷，〈懷念吳鐵城先生〉，《吳鐵城先生逝世三十周年紀念集》（台北市：華僑協會總會，民 72），頁 2-3；鄭彥棻，〈我所崇敬的鐵城先生〉，《吳鐵城先生逝世三十周年紀念集》，頁 5；余建中，〈鐵城先生之勳業〉，《吳鐵城先生逝世三十周年紀念集》，頁 37；梁子衡，〈我心目中的吳鐵老——為紀念吳鐵城先生逝世三十周年而作〉，《吳鐵城先生逝世三十周年紀念集》，頁 80；潘衍興，〈哲人日遠——為紀念鄉前賢吳鐵城先生逝世三十周年而作〉，《吳鐵城先生逝世三十周年紀念集》，頁 90。

亞以至整個南洋華僑正如火如荼通過籌賑和其他方式支持中國的抗戰。吳在馬來亞時，就主動找陳嘉庚面敘，而後上呈蔣介石有關陳的訴求。但事與願違，這些事項仍未完全解決，吳就得回國，而之後當地總領事高凌百上呈的報告卻顯示陳往後的舉動會對黨國有所威脅。因此，吳以黨國為重和抗戰為前提，蔣介石也認同得對陳採取行動下，唯有設法不讓陳繼續領導南洋僑界。可是事情的發展卻因高凌百趨向和強悍的陳嘉庚對立之不當處理方法，使問題未克解決，雙方敵意加深，爭鋒相對更為激烈，還連累吳也成為被陳攻擊的對象。[79]吳因此也對陳感到氣憤，這是可以理解的。此外，遠在重慶的吳無法再次重臨馬來亞親自調解矛盾和敵對狀態，更無法準確了解實況，只好根據當地，尤其高凌百的報告策劃進一步的行動。至於事情發展到難以轉圜的地步時，也就是南洋黨要也群起聲討陳嘉庚，國府實在難以和陳嘉庚合作下，加上吳發覺到陳在籌賑上出現問題，也唯有找其他替代南僑籌賑會的方案。但是，我們還是注意到吳盡量不使糾紛惡化，點到為止，如陳嘉庚自認失檢，可息事寧人。事情最後陳嘉庚可能願意與國民黨合作時，吳感到欣慰，還不避前嫌招待陳回國的公子。值得深思的是，如果吳較早前在一些關鍵時刻如南僑大會和閩僑大會時親自前來處理，結果是否會不一樣呢？因此，以上事件發展顯示吳鐵城在黨國和抗戰為出發點之下，以大局為重，公私分明，對事不對人，處事得體穩重，也寬宏大量，希望能調解糾紛，化敵為友，以期陳嘉庚回心轉意，和南洋僑界心向國民黨，共同抗戰。

---

[79] 楊進發指陳嘉庚或可說是一位最強悍，最無私及最具公眾意識的華僑人物，見楊進發著、李發沉譯，《陳嘉庚——華僑傳奇人物》，頁389。

第二方面則是海外黨務高級幹部會議。蔣介石在 1941 年 7 月致電吳鐵城有關海外黨務工作極應建立一高級幹部負責統籌辦法並指定吳等十三人為委員，由吳負責召集。[80]此工作定名為海外黨務高級幹部會議，每月開會一次，必要時召集臨時會議。會議的範圍有四項，分別是決定海外黨務之原則及方針、決定海外黨務一般工作計劃、海外黨部組織人事發生糾紛事項之商討與處理及溝通各方意見。[81]這說明了蔣介石認可吳之前執掌涉及海外黨務僑務的港澳黨務和海外部之能力與成績，進而讓他處理和統籌海外黨務工作。值得注意的是，該海外中央高層會議在 1942 年 3 月破例邀請了新加坡僑領林慶年、王吉士、林謀盛、胡少炎和莊惠泉參與，而林慶年則在 4 月的會議上參與籌備發起南洋華僑協會。[82]這顯示了吳對曾經到訪的南洋華僑事務給予高度重視，並和南洋華僑尤其新加坡僑領建立起良好的關係，進而邀請他們參與討論及決策海外黨務工作。

七、結論

　　綜合以上論述顯示，吳在參訪和進行活動的馬來亞不僅建立起良好的人際關係網絡，也建構孔飛力所提的「國家製造的走廊」。吳使用人際關係網絡，配合架構起互動的「走廊」，於抗戰艱難時期在互相通報、互相支援、互利互惠中持續與海外如馬來亞地區國民黨和華僑保持聯繫，並維繫黨國和個人影響力，以期能加強

80　《特種檔案》，黨史館藏，檔號：特 8/3.59。

81　《特種檔案》，黨史館藏，檔號：特 8/3.58。

82　《特種檔案》，黨史館藏，檔號：特 8/3.84；《特種檔案》，黨史館藏，檔號：特 8/3.87。

黨政的力量。縱觀吳參訪馬來亞對國民黨、國民政府、抗戰、海外黨務和僑務有其正面意義，更能助吳以及黨國進一步擴展在海外尤其南洋的人際關係網絡和勢力，建立中國和南洋的「走廊」，但吳與陳嘉庚之間的糾紛不免對這些事項帶來一些衝擊和影響，可能也是吳所預料不到的。正如前所述，吳鐵城南巡時正是中國政府與華僑關係的「黃金時代」，無奈僑界雙雄在馬來亞的相遇無法進一步建立友誼，攜手將這關係攀上更高峰，進而對抗戰建國有所助益，無疑成了這獨特時代一大缺憾。

參考文獻

1. 中文書目

第一手史料（原始檔案和文獻）：

臺北國史館藏外交部檔案。

蔡盛琦編輯，《蔣中正總統檔案：事略稿本 45，民國二十九年十二月至三十年三月》（臺北市：國史館，2010）。

薛月順編輯，《蔣中正總統檔案：事略稿本 44，民國二十九年七月至十一月》（臺北市：國史館，2010）。

臺北中國國民黨黨史館，會議記錄、特種檔案。

南京中國第二歷史檔案館，國民政府檔案。

專書：

《吳鐵城先生逝世三十周年紀念集》（台北市：華僑協會總會，民 72）。

中國社會科學院臺灣研究所編，《中國國民黨全書：下》（西安：陝西人民出版社，2001）。

朱傳譽主編，《吳鐵城傳記資料》（臺北市：天一出版社，民 68）。

吳鐵城，《吳鐵城回憶錄》（臺北：三民書局，民 82）。

李盈慧，《華僑政策與海外民族主義（一九一二－一九四九）》（臺北縣新店市：國史館，民 86）。

李樸生，〈吳鐵城與陳嘉庚間一段僑務公案〉，朱傳譽主編《吳鐵城傳記資料》（臺北市：天一出版社，民 68），頁 54-55。

金以林，〈戰時國民黨香港黨務檢討〉，《抗日戰爭研究》，2007 年第 4 期，頁 83-106。

孫碧峯主編，《吳專使宣慰南僑特輯》（新加坡：南洋印務公司，1941）。

祝秀俠等編，《吳鐵城先生紀念集》（臺北：文海出版社，民 64）。

張震西撰，〈吳鐵城先生事略〉，國史館編印《國史館現藏民國人物傳記史料彙編：第五輯》（臺北縣新店市：國史館，民80），頁74-89。

許雲樵主編、蔡史君編修，《新馬華人抗日史料1937-1945》（新加坡：文史出版私人有限公司，1984）。

陳秀芳，〈吳鐵城〉，朱漢國、楊群主編《中華民國史第七冊：傳二》（成都：四川人民出版社，2006），頁148-153。

陳崇智，《第二次世界大戰中英聯軍反攻馬來亞敵後抗日紀實：我與一三六部隊》（新加坡：海天發行與代理中心，1994）。

陳嘉庚著，《南僑回憶錄》（River Edge, NJ: 八方文化企業公司，1993）。

楊進發著，《楊進發卷：新馬華族領導層的探索》（新加坡：新加坡青年書局，2007）。

楊進發著，《戰前星華社會結構與領導層初探》（新加坡：新加坡南洋學會，1977）。

楊進發著、李發沉譯，《陳嘉庚──華僑傳奇人物》（Teaneck：八方文化企業公司，1990）。

論文

丁慰慈，〈中國首位民選縣長──吳鐵城傳奇〉，《中外雜誌》，第67卷第3期（總第397號）（2000年3月），頁107-111。

石源華，〈吳鐵城：周邊國家獨立運動之友〉，《世界知識》，第23期(2007年)，頁60-61。

余建中，〈鐵城先生之勳業〉，《吳鐵城先生逝世三十周年紀念集》（台北市：華僑協會總會，民72），頁35-38。

李盈慧，〈淪陷前國民政府在香港的文教活動〉，港澳與近代中國學術研討會論文集編輯委員會《港澳與近代中國學術研討會論文集》（臺北縣新店市：國史館，民89），頁441-476。

祝秀俠，〈吳鐵城戰時訪南洋〉，《中外雜誌》，第31卷第2期（總第180號）（1982年2月），頁21-26。

祝秀俠，〈抗戰期間鐵老訪問南洋簡記〉，《吳鐵城先生逝世三十周年紀念集》（台北市：華僑協會總會，民72），頁47-57。

張明凱，〈吳鐵城傳〉，《國史館館刊》，復刊第 11 期（民國 80 年 12 月），頁 239-243。

梁子衡，〈我心目中的吳鐵老——為紀念吳鐵城先生逝世三十周年而作〉，《吳鐵城先生逝世三十周年紀念集》（台北市：華僑協會總會，民 72），79-81。

莊心在，〈難忘的長官：朱家驊與吳鐵城〉，《中外雜誌》，第 33 卷第 3 期（總第 193 號）（1983 年 3 月），頁 14-16。

陳士誠，〈吳鐵城（一八八八至一九五三）〉，《中外雜誌》，第 59 卷第 1 期（總第 347 號）（1996 年 1 月），頁 106-107。

黃少谷，〈懷念吳鐵城先生〉，《吳鐵城先生逝世三十周年紀念集》（台北市：華僑協會總會，民 72），頁 2-3。

黃百里，〈吳鐵城的生平〉，《中外雜誌》，第 34 卷第 2 期（總第 198 號）（1983 年 8 月），頁 22。

劉維開，〈淪陷期間中國國民黨在港九地區的活動〉，港澳與近代中國學術研討會論文集編輯委員會《港澳與近代中國學術研討會論文集》（臺北縣新店市：國史館，民 89），頁 477-499。

潘衍興，〈哲人日遠——為紀念鄉前賢吳鐵城先生逝世三十周年紀念而作〉，《吳鐵城先生逝世三十周年紀念集》（台北市：華僑協會總會，民 72），89-92。

蔣永敬撰，本刊資料室收錄〈中華民國七十六年屆滿百齡先烈先進事略——吳鐵城〉，《近代中國》，第 57 期（民國 76 年 2 月），頁 198-199。

鄭彥棻，〈我所崇敬的鐵城先生〉，《吳鐵城先生逝世三十周年紀念集》（台北市：華僑協會總會，民 72），頁 4-9。

鄭彥棻主講，〈「每月人物專題座談會，專題人物：吳鐵城先生」——憶念鐵老的生平和風範〉，《傳記文學》，第 29 卷第 4 期（總第 173 號）（民國 65 年 10 月），頁 6-11。

報紙

《南洋商報》。

2. 英文書目

專書和論文

Akashi, Yoji, *The Nanyang Chinese National Salvation Movement, 1937-1941.* Lawrence: Center for East Asian Studies, The University of Kansas, 1970.

Kuhn, Philip A., *Chinese Among Others: Emigration in Modern Times.* Lanham, Maryland: Rowman & Littlefield, 2008.

Leong, Stephen Mun Yoon, *Sources, Agencies and Manifestations of Overseas Chinese Nationalism in Malaya, 1937-1941.* PhD diss., University of California Los Angeles, 1976.

Yen, Ching-hwang, *Studies in Modern Overseas Chinese History.* Singapore: Times Academic Press, 1995.

Yen, Ching Hwang, "Overseas Chinese Nationalism: A Historical Study", in *Studies in Modern Overseas Chinese History.* Singapore: Times Academic Press, 1995, pp. 135-156.

Yong, Ching Fatt and McKenna, R. B., *The Kuomintang Movement in British Malaya 1912-1949.* Singapore: Singapore University Press, 1990.

下篇

紀念論文

陸、吳鐵城與南洋華僑協會的成立

陳三井[*]

一、楔子

南洋華僑協會（後易名為華僑協會總會）自民國卅一年（一九四二年）五月十日成立，倏忽已將屆滿一甲子。一個協會或學會（今統稱人民團體）能夠橫跨兩個世紀，從重慶到南京而後台北，數遷會址，堂堂進入六十壯年，雖不敢說絕後，殆為空前，撫今追昔，令人備覺珍惜。

南洋華僑協會因何成立？當年成立的背景如何？協會之名為何要冠上「南洋」兩個字？提起協會，又不能不追憶吳鐵城先生。鐵城先生究竟是何樣人物？他的華僑觀如何？他對南洋的看法如何？以上這些問題，老一輩的資深會員固然知之甚詳，而新會員或恐較為陌生。筆者以中國近代史的專業，雖然目前檔案文獻不足，仍不揣固陋，披閱當年報刊，查考前人回憶傳記等資料，撰成本篇，一者或可略釋眾疑，一者也順祝本會花甲之慶。

---

[*] 華僑協會總會理事長。

二、吳鐵老的華僑觀

夙有「華僑之母」、「華僑導師」、「華僑之友」等美稱的吳鐵城先生（1888-1953），人稱吳鐵老。早歲加入同盟會，追隨革命，曾任報社總主筆、民選縣長，歷任軍政府參軍、上海市長兼淞滬警備司令、廣東省主席、中央海外部部長、中國國民黨秘書長、立法委員、行政院副院長、外交部長等要職。他最膾炙人口的兩句名言是：「不到東北，不知中國之博大；不到東北，不知中國之危機！」他最為人稱道的事功之一便是，說服少帥張學良易幟，促成和平統一的大業。[1]

吳鐵老與海外接觸，淵源甚早，總理對海外僑胞的聯絡，即多由鐵老翊贊。[2]鐵老自少年時即僑居海外，兼因親受國父的啟發，對於華僑寄人籬下的心情最為瞭解，處處想為他們解決身受的痛苦。華僑熱心贊助革命，雖被譽為「革命之母」，但是他們所希望於祖國的，無非是祖國能富強，使他們在海外不再受蹂躪和歧視而已！因此，鐵老逢人便說，「我們愛護華僑的唯一辦法，不在恭維他們的愛國熱誠，而在積極使中國富強，使他們在海外不致受弱國的待遇」。[3]

---

[1] 有關吳鐵城先生的生平，主要請參閱：1.吳鐵城著，《吳鐵城回憶錄》，台北三民書局，民國 82 年 10 月 3 版；2.蔣永敬撰，〈吳鐵城〉，《中國現代史辭典，人物卷》，近代中國出版社，民國 74 年 6 月，頁 162-3；3.《民國人物小傳》，第一冊，傳記文學出版，民國 64 年 6 月，頁 93-4。

[2] 柯俊智，〈憶吳鐵老〉，《吳鐵城先生紀念集》（一），頁 219。

[3] 黃朝琴，〈悼華僑之友吳鐵老〉，《吳鐵城先生紀念集》（一），頁 161。

在「洞明僑隱，熟悉僑情」之餘，鐵老對華僑事業有一個基本的見解，那就是，華僑事業是國家事業重要的一部份，不可認為只是私人事業。[4]因此，他反對視華僑為搖錢樹，他常說，我們應該注意「與」，而不能計劃「取」。他最瞭解華僑辛苦營謀之不易，他知道華僑沒有祖國庇護的艱困，所以他積極的想法使華僑有發展的機會，消極的想法使華僑減輕負擔。[5]

正因為對於華僑有這一層情深意重的想法，所以綜鐵老一生，無論身居何職，處身何地，無不注意華僑問題，以愛護僑胞、服務僑胞，為推進海外工作的重心，並熱心為他們解決困難，故被稱為「華僑導師」。[6]有耕耘才有收穫，有付出而不計較回饋，就是這個緣故，「在僑胞中間，鐵老起著師保的作用；在僑胞的心裡，鐵老有其不拔的地位」。

三、南洋之旅的意義

民國廿八年十二月，吳鐵老就任中央海外部部長，翌年八月，五屆七中全會閉幕以後，他即以最高統帥軍事委員會蔣委員長代表的身份，銜命到南洋去宣慰僑胞。鐵老此行有兩大任務：積極方面，在於加強華僑必勝必成的信念暨擁護領袖的忠貞，獎勵華僑已往對祖國抗戰大業的貢獻，鼓勵其加強團結奮鬥，出錢出力，同時並訪問當地政府主腦，促進同盟國陣線的緊密聯結，以使僑

---

[4] 李樸生，〈在我腦中還活著鐵老〉，《吳鐵城先生紀念集》（一），頁 199。

[5] 汪公紀，〈悼念鐵老〉，《吳鐵城先生紀念集》（一），頁 201。

[6] 鄭彥棻，〈我所崇敬的鐵城先生——紀念鐵老逝世卅週年〉，《吳鐵城先生逝世卅週年紀念集》，頁 6。

胞努力愛國工作的環境更為有利；消極方面，在於闢斥共匪散播的謬論，揭發共匪破壞團結統一，啟釁作亂的陰謀，勸誡爭取陳嘉庚，並疏釋其言論的偏見，使僑胞正視是非，明辨邪正，以免海外抗戰心力的渙散抵銷。[7]

鐵老此行歷時幾達半載，主要為菲律賓、荷印、星馬三站，經歷七十餘埠，大小城一百五十餘處，演講凡三百次，所獲致的重大影響，真可說是「德威深被，四海歸心」。[8]回國後，鐵老曾撰有《宣慰南洋報告書》，約十餘萬言。其結論說：

> 華僑之於南洋，實係南洋社會重心的主力。微華僑，不能有南洋社會之存在；微華僑，不能有南洋社會之進步，不能有南洋社會之繁榮安定。由於社會的進步及國力伸展，華僑在南洋之力量將十百倍於今日，今後政府對此南洋的主力，亟宜因勢利導，善為運用，以謀我國力的海外發展。

抗戰後的中國，將為東亞最大的強國，南洋為我國的外衛，基於國防上的關係，將日見重大。為今之計，亟宜發動國民外交，結合土人並組織僑眾，以宣揚我國王道文化的精神，建立三民主義的共存共榮的國際關係。一以增進弱小民族的福利，一以奠定世界和平的基礎。中國富強之後，將為世界和平的主力，但欲安定世界，必先安定亞洲，欲安定亞洲，必先安定南洋，欲安定南洋，必先建立三民主義的共存共榮國際關係，是則三民主義的王道中國，為民族的、世界的、歷史的使命。[9]

---

[7] 莊心在，〈吳鐵老與抗戰期中的南洋〉，《吳鐵城先生逝世廿週年紀念集》，頁65。

[8] 同前註，頁74。

[9] 祝秀俠，〈抗戰期間鐵老訪問南洋簡記〉，《吳鐵城先生逝世卅週年紀念集》，頁57。

透過這份報告書，我們深切瞭解到，南洋在吳鐵老心目中的重要性，以及南洋在國防上與祖國的密切關係，今後組織僑眾，發動國民外交既如此重要，那麼第一個華僑協會的成立，冠上「南洋」兩字，也就順理成章了。

四、南洋華僑協會成立

吳鐵老自遍訪南洋，宣慰僑胞歸國後，鑒於南洋地位重要，為加強南洋華僑與祖國之聯繫，乃創立南洋華僑協會。該會成立大會於民國卅一年五月十日下午三時，假重慶中央黨部大禮堂舉行，出席者有：吳鐵城、陳立夫、潘公展、劉紀文、洪友蘭、余俊賢、王正廷、王雲五、徐恩曾、許世英、劉維熾、甘乃光、魏永銘、貝淞蓀、陳策等二百餘人，共推吳鐵城、許世英、陳立夫、陳樹人、朱家驊、劉維熾、康兆民、林慶年、黃樹芬等九人為主席團，吳鐵城為總主席。行禮如儀後，首由吳主席致開會詞，繼由谷正綱（社會部長）、陳立夫（組織部長）、劉維熾、林慶年（新加坡商會主席）分別致詞，致詞畢，即開始討論。大會通過恭請蔣中正為名譽理事長，敦聘孔祥熙為名譽副理事長，吳稚暉、戴季陶、孫科等十八人為名譽理事；王正廷等卅七位會員為名譽理事；臨時動議，全場一致通過向蔣總裁致敬電文，並電慰海外僑胞及前方戰士。[10]

是日，大會並一致推選吳鐵城等卅一人為理事，陳訪先等十五人為候補理事，陳果夫等九人為監事，王吉士等四人為候補監

---

[10] 《重慶中央日報》，民國 31 年 5 月 11 日，第三版。

事，並由大會提交理事會，聘請王志華、劉政芸、徐國懋、黃元彬、沈宗濂、陶桂林、刑雲岑等四十九人為經濟事業委員會委員，聘請葉溯中、郭威白、鄧公玄、浦薛鳳、周演明、吳文藻、羅杏林等四十二人為設計委員會委員。[11]

南洋華僑協會的成立，在戰時陪都似未引起太大的注意。由中央通訊社發佈的一則約四、五百字的新聞稿，僅有中央日報、大公報兩大報刊出，地位並不顯目，大公報且予以刪節，更形精短。值得慶幸的是，兩日後，中央日報登出一篇以〈南僑協會之成立〉為題的社論相互呼應，指出「這一個團體在這個時間成立於陪都，意義非常重大，希望協會針對僑胞如何對國家貢獻其力量，以及僑胞自身如何發展其生存兩大問題，提出適當的解決辦法，並對協會所扮演的角色以及未來的發展，深致期許。社論說：「協會的將來，必能包括大多數僑胞的代表，僑胞自身各種問題，只有自身知道得最清楚，政府與社會過去要想盡力而無從下手，現在都可透過南僑協會的組織而洞明真相。所以，「南僑協會」的組織，既是幫助政府，也同是幫自己。希望這一個組織是歸國僑胞人力、財力的大本營，這一個組織成立後，僑胞對於祖國的貢獻，比較過去在海外還要重大！」。[12]

時隔六十週年，重溫這篇社論，不僅令人心有戚戚焉的感覺，復增加「捨我其誰」，任重道遠的一份使命感！

---

[11] 《重慶中央日報》，民國 31 年 5 月 12 日，第三版。
[12] 同前註，第二版。

五、一份重要文獻大會宣言

協會成立當日，全體出席人員並一致通過大會宣言。這是華僑協會深具歷史價值的一份重要文獻。惟全文甚長，不便照錄，茲將其內容分類摘錄如下：

（一）中國與南洋關係

「中國與南洋，壤地相接，誼切唇齒，歷史關係，淵源尤久。先民篳路藍縷，肇啟遐方，徙居南邦，遠在秦漢。自後戀遷往返，通婚修好，史籍記載，斑斑可考。其間尤以明之鄭和，自永樂三年迄宣德八年，南船七次，足跡遍呂宋、暹羅、爪哇、巨港、婆羅洲、麻六甲，自西經印度、阿拉伯遠及非洲東部之竹步，宣揚德威，名震南島，其珍聞軼事，今猶膾炙人口，流傳於南洋民間。」

（二）僑胞對開發南洋之貢獻

「南洋之開發，尤以十九世紀以後之繁榮，大都得力於我僑胞之刻苦奮鬥，而最難能可貴者，華僑經營南洋，只知服務，不尚征取；只事經濟的墾殖，不懷政治的慾望，奮其血汗，立業異鄉，崇禮尚法，矢信尚義，其和平中正之德性，崇高偉大之精神，實已為研究南洋問題之世界學者所公認，初非吾人主觀的自炫。故華僑之於南洋，不僅為其經濟開發之動力，不僅為其社會生活之重心，而尤為其政治安定之因素，於此益徵我中華民族文化之精神，實為人類共存之道德。」

（三）華僑對祖國之貢獻

「華僑久居異邦，眷懷祖國，其情彌殷，民族意識發皇強毅，故晚近以來，華僑對於祖國之貢獻，厥功獨偉。初則贊助革命，創造民國，國父曾譽為『革命之母』。抗戰以來，輸財輸力，爭先恐後，其忠愛祖國、擁護國策之精神，尤予舉國上下莫大之興奮，增益民族抗戰無限之生力。至其數十年來源源匯款，彌補入超，酌盈補虛，富國裕民，猶其餘事。故華僑之於祖國，實又為我民族生命強化上亢進之『生素』。」

（四）南洋民風

「南洋民風敦厚，氣候溫和，資源豐饒，面積遼闊，僅荷印一部，其東西之長已同我國上海至西藏。華僑之赴南洋，自始並非由於有計畫之移殖，亦非有賴於政府之協助，而乃本其自強不息之精神，用能堅苦卓絕，以開草莽，出其血汗，灌溉南島，以造其今日之盛。今日之南洋，實已遍佈我華僑之事業，即於窮鄉僻壤、叢山峻嶺之間，亦可見我僑胞之蹤跡，我炎黃華胄生架之冒險犯難，堅苦掙扎而弘揚於海外。」

（五）華僑企業精神

「華僑以在外生存競爭之劇烈，益以西方文化直接之薰陶，科學智識較易吸收，經濟技能較易進步，企業精神亦較宏偉。僑胞事業家經數十年之艱苦奮鬥，苦心經營，其經驗豐富、技術精湛、氣度宏大者，均實為祖國今後建設之主力；而其事業之現代化、組織之科學化，不特足供祖國今後建設之借鑑，且其天才之

表現、事功之成就，益使吾人對於民族富強康樂之前途，增益莫大之希望與信心焉！」

（六）日軍南侵與南洋地位之重要

「惟南洋已慘遭敵寇之蹂躪，我炎黃子孫二千年來，在海外慘淡經營苦心所得之地位與所建之事業，亦已慘遭空前之摧殘；而我千數百萬之僑胞，則正陷於水火，顛沛流離，驟失憑藉。……吾人觀此現象，……亟宜妥謀方案，付諸實施，以慰萬千僑胞喁喁之望。……誠以華僑事業即為國家事業，華僑事業之發展即為國家事業之發展，華僑事業之盛衰實繫整個國運之隆替。吾人必須喚起國人之注意，合全國人民之心思，研究南洋，合全國人民之力量，協助華僑，以共挽南洋之危機，進謀南洋之繁榮。」[13]

這真是一篇擲地有聲、充分反映時代脈動的珍貴文獻，將南洋華僑與祖國源遠流長、血脈相連、休戚相關、榮辱與共、桴鼓相應的密切關係與永恆民族感情，表露無遺，即使在今日看來，仍有它顛撲不破的道理在。在此不禁要呼籲國人，多關心華僑，多盡力幫助華僑，多花心思研究華僑問題，方始不辜負吳鐵老等先賢，當年創立華僑協會的一番苦心！

（本文原載於《僑協雜誌》第 76 期，民國 91 年 5 月，頁 5-9。）

---

[13] 同前註，第三版。

柒、吳鐵老與抗戰期中的南洋

莊心在[*]

中山吳鐵城先生，時人皆尊之為鐵老，開國元勳，功業彪炳。綜其平生，四項德政，特著輝煌：（一）東北易幟；（二）疏解內部加強團結；（三）折衝樽俎，協和萬邦；（四）領導僑胞促成勝利。凡此均足垂蔭後世，遺愛廣被，令人思念無涯。

可惜鐵老自述回憶錄，甫及開篇，未克終帙，而其他記載，亦復簡佚，因此我們對於這些迥邁羣倫的皇皇偉跡，難以悉明梗概。就祇以領導僑胞促成勝利一項而言，拿星洲南洋商報 1951 年所出版的「南洋年鑑」來說，蒐羅鉅帙，因主編者觀念左傾，有意將國民黨有關的部份大加刪略，而於鐵老宣慰南洋一段，竟付之闕如。即我中央委員會所編印的中國國民黨在海外上下兩大冊，也止於在第八章十一節內略誌三四行。南洋為我僑胞薈萃之中心，尚且資料難覓，其他各區自更散失，言念及此，能無悵憾。

筆者於鐵老抗戰時期中宣慰南洋，曾參末議，於馬來亞一段，尤身預其事，雖資料搜集不易，尚幸記憶猶新，為敢不憚譾陋，謹就鐵老與抗戰中的南洋一片段，抒述成篇，期為整理此方面史料之嚆矢。尚祈海內外賢哲，多賜補正。

---

[*] 本文作者曾任本會理事、副秘書長。

一、壯行前的形勢

鐵老於民國 28 年 12 月回渝就任中央海外部長，民國 29 年 8 月，七中全會閉幕以後，即以最高統帥軍事委員會 蔣委員長代表的身份，銜命到南洋宣慰僑胞。在此以前有兩件事情，不能不加敘述。

第一，鐵老在就任中央海外部部長以前，原任中國國民黨港澳總支部主任委員，港澳當時的地位，居海外各地與中國沿海各重要港口，對中國內地戰時陪都重慶間的樞紐，非常重要。為適應時勢，港澳總支部不便露面，而另設崇記行於皇后道，頗具規模，內設有海外通訊社（由朱家讓主持），函授學校等以與海外各地聯繫。當時我方在香港的報紙有《國民日報》，由陳訓念主持，這兩個機構，在抗戰時期海外工作上，發揮了極大的作用。

當然，那時候共匪早在積極策動「南進」，所以香港正是各方面明爭暗鬥的要衝，各種機關林立，本文不及詳誌。

另一樁事，是陳嘉庚以南洋華僑籌賑總會主席的身份率團回國勞軍（副團長為印尼忠貞僑領莊西言）。當時南洋各地僑團，為響應支援祖國抗戰，聯合組織了南洋華僑籌賑總會，總會設於新加坡，推陳嘉庚為主席。而共匪在積極策動南進陰謀之下，盡力爭取陳嘉庚，陳是一位個性剛愎執拗，自以為是不容違忤，易為煽惑的人，共匪運用了打進核心四面包圍的手段，使李鐵民成為陳左右的秘書，而且在陳比較接近的同鄉友好大做功夫，用盡了種種煽騙的技倆，陳嘉庚已經有些先入為主地迷惑了。加上他回到故鄉福建，聽了許多同鄉逞私攻訐的閒話，對當時閩省主席陳

儀，建設廳長徐學禹所做若干措施大為不滿，因此他到了重慶，言語之間，都已先懷成見。及至到了延安，共匪已有充分的時間，像佈景演劇似地大耍一套，更把這老頭兒捧得迷迷糊糊，搞得渾渾噩噩，一個心眼兒認為「前進」的好，而把國民政府的施政，大加指責。再過仰光又聽了些華僑機工訴說滇緬路運輸機關的毛病，就對記者大放厥詞，逞情抨擊，不知不覺使共匪在一旁拍手大笑。

陳老兒是閩南耆宿，曾創辦集美師範，且興辦廈大，在馬來亞辦樹膠園及橡膠事業有年，門生故舊散佈各方，加以已往持己亦頗廉正樂善，而我僑胞，又多篤於故誼，往往情感重於理智，所以他在南洋，確是有些號召力量。

由於他這一次回國，迷非惑邪，左右前後，皆非薛居州，對南洋華僑團結工作上，就此種下了深遠的影響。

此外，那時的大局形勢，也應略予提及。那時國民參政會第五次大會和本黨七中全會剛才開過，中央政府正向勵行法治加強經濟管制全盤努力，行政三聯制便在那時候創立了基礎。對日抗戰桂南戰役正克服崑崙關、南寧，粵北則克服英德從化，鄂中、襄陽、棗陽迭傳捷訊；美國羅斯福當選三任總統宣佈對日禁運汽油、廢鐵；英國邱吉爾繼張伯倫組閣，滇緬公路，封而又開。日本加入了德義軍事同盟，要進兵海防佔據河內；汪精衛已在南京成立偽組織，日方予以承認，我方明令正式通緝。而共匪卻在抗戰大局正趨有利的情勢之下，破壞團結發動叛亂，第十八集團軍猛攻冀察戰區鹿鍾麟、孫良誠、朱懷冰等部，侵及魯豫；江南新四軍在蘇渡江襲擊韓德勤駐區，到處槍口內向，暴露出叛離作亂的陰謀。

二、任重道遠

在這種情況之下，吳鐵老宣慰南洋，可以看出有兩大任務：

積極的方面是：加強華僑必勝必成的信念，暨擁護領袖的忠貞，獎勵已往對祖國抗建大業的貢獻，鼓勵其加強團結奮鬥，出錢出力；同時並訪問當地政府的當軸，促進同盟國陣線的緊密聯結，以使我僑胞努力愛國工作的環境更轉有利。

消極的方面是：闢斥共匪散播的謬論，揭發共區破壞團結統一，啟釁作亂的陰謀；勸誠爭取陳嘉庚並疏釋其言論的偏見，使僑胞正視是非，明辨邪正，以免海外抗戰心力的渙散抵銷。

為期達成這項任務，必待先有相當的部署。當時鐵老認為宣傳教育工作最關重要，除了教育方面分派中學教員前往南洋各中學任教以外，並事先就各地選擇若干忠貞報紙，協助其設備，分派總主筆前往主持言論，並賦予海外工作的任務，俾得以當地報社工作人員地位，推展抗戰號召暨各項政策，茲誌名單如次：

地區	地點	報社	總主筆	原任聯務
菲律賓	岷尼拉	新聞日報	童行白	中央海外部主任秘書
馬來亞	檳城	檳城日報、光華日報	莊心在	中央秘書處科長
同上	吉隆坡	新國民日報	周寒梅	中央宣傳部科長
同上	怡保	霹靂日報	梁華炎	留英博士
印尼	吧城	天聲日報	注秀俠	廣州市教育局
緬甸	仰光	仰光日報	廖崇聖	

以上人員均先出發，約於鐵老宣慰到埠時分別會合。

鐵老宣慰團隨行人員則為：

章淵若　名教授名學者

馬仲（德人）　曾任國父中山先生隨從武官

黃天爵　中央海外部處長

李炳瑞　英文秘書，曾任王寵惠先生秘書，英文著述頗負時譽

電務人員等

另外戴副部長愧生、中央海外部處長李樸生等，也分別奉派赴各地區視察，約期會合。越南則另派孫甄陶駐彼工作。

三、遠逾三寶太監下西洋

這樣一個堂堂陣營，益以今　總統蔣公（當時是蔣委員長）的崇高德威感召，及鐵老歷任上海特別市長、廣東省政府主席的積望，揚國聲、振國譽，此行在南洋華僑的心目中，其隆盛遠逾於明代三寶太監下西洋，不但是空前，抑亦為幾千年史所未有。

鐵老宣慰團由渝經港，第一站是菲律賓的岷尼拉，奎松總統與鐵老為故交，親款於馬拉干鄒官，邦交私誼，融洽無間。全菲各地僑胞歡迎熱誠，直到今日，旅菲僑胞與祖國關係最為密切，還是那時奠定了深厚的基礎。

10月中旬由菲轉印尼孟加錫、泗水以達巴達維亞（即今之雅加達）。當時印尼尚在荷蘭人支配之下，向不歡迎中國政府有關人員，一方面由於鐵老的聲望，以及上海市長任內與荷蘭人士之交誼，剛巧又適值日荷談判破裂，因此得以順利地展開了在印尼的全盤活動，也更激起印尼僑胞的向心崇本意識。

老鐵一行由印尼轉向新加坡，已為 29 年的 12 月。那時星、馬還未分家，新加坡為馬來亞首埠，可是我華僑份子，却最為複雜，地域幫派紛歧，黨有幾位老同志如李振墊、鄭古悅等，已都漸歸衰颯，因此黨在當地僑社中，起不了如何領導作用；同德書報社和晚晴園，只成了一塊老招牌。但是吳鐵老到了星洲，駐在地總督盛會款接，以中國銀行為辦公處，各幫派第一流僑領（以經濟實力來衡量）都踴躍參予歡迎，駐當地各國外交使節，紛相款接，竟導致了史乏前例的華僑大團結愛國熱潮，籌賑成績躍達驚人數額，把我駐星洲領事館（總領事為高齡百）的地位，無形中提高了很多。

四、鐵老與陳嘉庚一席談

這裡要特別寫一下鐵老宣慰團在檳榔嶼的一段。

那時陳嘉庚已先鐵老由祖國返抵星馬。鐵老於啟程後電約陳嘉庚在檳城晤談，陳嘉庚那時是南洋華僑籌賑會主席，鐵老宣慰團到星洲，身為南僑籌賑會主席的陳嘉庚不能不率先款接，這在當時陳嘉庚搖擺心理上，不無內窘，因此吳鐵老行旌抵星埠時，陳嘉庚已離星去檳。

當時筆者因為要趕上編印《光華日報》和《檳城新報》的國慶特刊，所以也已抵達檳城，正參予籌備歡迎吳鐵老宣慰團的工作。鐵老抵檳的前一天，陳嘉庚在檳城惠安公會對他的歡迎會中，發表回國勞軍的經過。當時大會主席為劉玉水，原亦為國民黨黨員，但以曾隨陳共事膠園，私誼特厚，陳演說係用閩南語（不會國語），當時對中央政府與中共雖已呈左右袒，但尚不太露骨，惟

對施政，尤其是閩省省政，評責甚苛，用「腐化」、「貪污」等字眼，若干語調，顯已經過共匪「洗腦」之毒，筆者當即誌其要點以供研討。

鐵老一行抵達檳城時，北馬一帶僑胞羣集迎迓，檳城自更萬人空巷。下榻於潮橋林連登大廈，筆者迎謁時，陳述陳嘉庚演講內容，及研判檢討，鐵老當即在林寓舉行會報商討。

檳城華僑歡迎吳鐵老宣慰團大會，亦在惠安公會舉行，該處為當地最大的集會所，情況顯較迎陳會為隆盛。大會主席是王景成（檳榔嶼總支部主委及光華日報董事經理），亦為當地男（鍾靈）女（福建）兩中學的董事會主席，我駐星總領事高凌百、駐檳城領事葉德明，均應邀致詞。鐵老宣揚蔣委員長德意，分析抗戰情勢，獎勵僑胞忠愛貢獻，慷慨誠摯，掌聲迭起，引起了僑胞忠愛國族，擁戴領袖的熱誠。

鐵老和陳嘉庚的會談，是在劉玉水家裏舉行，筆者亦曾在場。鐵老大致都是曉以團結抗戰大義，並謂此行將博採僑情反映中央，參酌辦理。言及政治，鐵老指出任何國家，政治每不容易完全做到理想，只求懸著三民主義的正確鵠的，盡力做去，因勉陳嘉庚以國族為重，呼籲僑胞在賢明領袖領導之下共同奮鬥，以共體共諒的精神，促成抗建大業的勝利完成。鐵老與陳嘉庚在國內，早經多次敘晤，那天完全以老友之情，愛國之義，諄諄相告，陳嘉庚也頗為動容，而且提出一些對閩省省政的具體意見，並且涉及人事。鐵老本苦口婆心，寧人息事之懷，也允為照轉中央核辦。懇談約一小時，氣氛雖迭現緊張，但不至於不愉快。算起來，倒是陳嘉庚與黨國要員最後一次正式談敘，後來陳某回到新加坡，等到中央沒有接納他更易閩省人事的要求，再禁不起共匪份子誘

惑播弄，到年底惱羞成怒，悍然發表了一篇「除夕感言」，肆意攻
訐政府和黨，言行便愈來愈狂謬，中央人員道過星馬，他都不加
理睬，變成了「一面倒」。所以這次他與鐵老之間，可算得是很足
紀念的一次會談。

吳鐵老完成了北馬宣慰任務，再回新加坡，路局特掛花車兩
節，以昭隆重。當地主政者這樣的優禮，也深足以使送行的廣大
僑眾為之更感振奮。

鐵老回到星洲，在彼渡過了新年，又匆匆轉赴緬甸仰光，把
我中央抗戰的決心，勝利的信念，激奮緬甸僑胞的共鳴共奮。

五、成功著績的因素

吳鐵老馬來亞宣慰之行，不但使黨內同志振奮，加強了各地
組織及工作，而且使廣大的僑胞，激起了團結抗戰的熱潮，抵制
日貨及籌賑輸捐工作的熱烈展開，遠及於鄉僻，青天白日滿地紅
的國旗及領袖玉照，更觸目即是。

不但星馬如此，影響所及，聲華所被，使泰、越、緬、印尼、
印度鄰近各地的工作，亦隨以益見奮昂。

吳鐵老此行為什麼能夠如此空前成功？以筆者的觀感，主要
的因素在於鐵老待人坦誠真摯，言辭的爽朗明切，莊嚴中時露和
藹，豪爽中不忘週至，有器度，有魄力，有擔當。素重鄉誼，難
泯幫派觀念的僑胞，幾乎沒有一個人存著鐵老是廣東人之想，而
一致視為僑界的長者；尤其是福建籍華僑，可謂絕無一人對鐵老
會有「他是廣東人」的感覺，這是難能可貴感人深遠的事。

當然，行前部署的週密，臨事處理之審慎，局勢環境的把握，

各方配合的妥善，更使鐵老此行，舉重若輕，馭繁似簡，完成了這回艱鉅的使命。

吳鐵老在星洲渡歲時，一方面將在南洋已有各項部署作一個總檢討，配合人、時、地，以加強聯繫，改進工作；一方面就親歷目擊所得，另行擬訂一個加強南洋工作的新方案，這可以說是一個既大又新且實的計劃，所需經費也很龐大，當交李樸生處長由星趕返陪都，陳請中央核示，約至仰光復命。這項大方案，中央鑑於南洋華僑工作的重要，不計財政艱困，特予核准。可惜鐵老由仰光回到重慶不久，日本先則進佔越南，旋又發動了太平洋事變，逞蠻南進，致使此一完善方案擱置不及實施。如在時機上能有充分的施展，那南洋的內在局情，將會有另外一副面目。現在說來，真是明日黃花了。

六、馬來亞文化戰

共匪的南進陰謀隨著他在國內破壞統一，第十八集團軍與新四軍的相繼襲擊國軍，侵佔地區，相互呼應，而大肆擴張。它以香港為跳板，積極向南洋策進，而把新加坡作為中心，以配合森林礦場的游擊滲透（游擊武力領導是以陳平為首腦）；大捧陳嘉庚，口口聲聲「陳主席」，利用陳的關係搶奪《南洋日報》的地盤，於是在馬來亞的報壇，掀起了一場激烈的是非正邪文字戰爭。

馬來亞的報壇，南星（新加坡）北檳（檳榔嶼）是兩大埠，因為檳城的報紙北銷吉達，越海達棉蘭，其影響力僅次於星洲。其它吉隆坡、怡保兩地雖亦在鐵道線上，總難與星檳相競。這是地理上的分佈。

至於人事上的分佈，已往不以政治立場，而僅分幫派關係。在新加坡的《南洋商報》因董事會人多係閩僑，且與陳嘉庚有淵源，故屬陳系；《新國民日報》與國民黨有歷史淵源，但後來因主辦人傅无悶亦屬陳系，故後來由星遷馬，態度漸漸曖昧，中央原派之總主筆周寒梅，終於被迫脫離，改赴星洲另創《大華報》（週刊）。

　　另一系稱星系報，則屬胡文虎所辦，在星有《星洲日報》，在檳城有《星檳日報》，均有晚刊。

　　現在且把這一時期內星馬各報陣營，表列如次：

地點	報名	總主筆	副刊編輯	態度	（附註）
星洲	星洲日報	俞頌華 潘公弼	郁達夫		原為俞頌華，態度日見左傾，後經鐵老面洽胡文虎改派潘公弼繼之，言論較正，但全報態度仍曖曨。
同上	總匯報	胡浪漫		中間路線	
同上	南洋商報	胡愈之	王任叔	左	
同上	大華報	周寒梅		正	週刊小型報。
吉隆坡	新國民日報	宋韻錚		含糊	初周寒梅主筆政，嗣被傅无悶排擠，改為宋韻錚代，態度遂變含糊。
怡保	霹靂日報	梁華炎		正	
檳城	建國日報	李柏文		正	
	光華日報	莊心在	溫梓川	正	晚報為檳城新報，另有聯合星期刊。
	星檳日報	黃綠萍			為民主同盟系人物，言論左傾，小型日報。
	現代日報	方志壯	方圖	左	

共黨積極南進滲透之下，盡量在《南洋商報》裏面放進人馬，言論也日益左傾，完全和國內的新華匪報及香港的《文匯報》相為呼應，檳城的現代日報則更是日肆胡評謾罵。

這樣，星馬的報紙顯然劃分為兩大壁壘，天天針鋒相對，連所有星馬的讀者也隨而劃分兩大陣營。如果把政治問題放下不談，光是以辦報競爭而言，雙方主要報紙，不但儘力用言論來競取讀者群眾，而且在電訊新聞、編排、副刊、專欄、印刷發行各方面，也悉力改進以期制勝。這段時期倒是形成了馬來亞新聞紙改進過程中的全盛時代。

這種新聞言論戰的狀態，一直發展到兩件大事發生，而達最高峯：

一是筆者在檳城《光華日報》以擒賊擒王的戰略，寫了一篇長文：「陳嘉庚荒謬言行的總檢討」，該文經南洋報紙如吧城《天聲日報》、棉蘭《新中國日報》、怡保《霹靂日報》、《仰光日報》等等，均予轉載，星洲胡文虎系的總匯報，亦予轉載一連三天。該文內容因屬有根有據，切切實實將陳嘉庚一本言行帳，客觀地來一個總清算和總檢討，使陳嘉庚受共匪誘惑毒化之經過，無法遁形，引起了南洋全僑的正視，對他們情感與理智之間，引發了亟切的抉擇，這篇文字在南洋報界，開了兩項史所未有的前例：

一、星洲報紙向來沒有轉載過本國國內及香港以外別埠報紙的言論專稿，尤其是北馬報紙的文字，這是開新紀錄的第一次。

二、陳嘉庚向來不看胡文虎系的報紙，而這次却因聽到很多人向他提起，破例在怡和軒（他的俱樂部）內專叫人去買了一份總匯報來細讀。怡和軒內傳誦一時，認為異數。

隔了幾天，左派報紙除了來一些謾罵之外，並未看到有具體答覆的文字，而陳嘉庚嗣後直到星、馬淪日，不再看到他的任何謬談妄論。

另一件是檳城《現代日報》，天天刊載訂報讀者像片姓名，以示他的報紙「是大眾化的，獲得廣大群眾的支持」。可是《光華日報》卻在其間發現了同一樣的像片，隔了一段時間，以不同的姓名間雜在現代日報上出現，因此寫了一篇短文，予以揭發，由以指責左派宣傳的虛偽欺騙。《現代日報》羞惱無地，聘請了一位在星馬頗負名望，華文名叫「虎眼」（Hagan）的律師，在殖民地法庭，控告《光華日報》的代表人經理和總主筆。心戰文戰擴為法戰，這場官司，在僑界也頗轟動。但一直打到日本軍南進登陸，終成為一場沒有結果的官司。

七、不盡的迴響

鐵老此行，歷時幾達半載，經地七十餘埠，大小城一百五十餘處，演講凡三百次，所獲致的影響，真可以說是「德威深被，四海歸心」。這裏只舉馬來亞一地區為例以概其餘。除了出錢出力，簽字獻金數字的劇增，以及華僑機工青年回國效力就學日眾以外，很多僑領回到了祖國陪都，投資興辦輪胎廠等企業，如何葆仁、王謨仁、王景仁、劉伯群、王振相、李孝式等，於華僑回國投資，作了前驅示範的表率。

馬來亞淪陷期間，很多愛國僑胞，慷慨殉難，更有莊惠泉、林謀盛等組織了義勇特攻隊，二度潛水進入馬來亞發動游擊戰，林氏且以身殉，壯烈可歌可泣的事蹟，長為馬來亞僑胞，留下光榮的偉跡。

及至民國 34 年日本宣佈投降，全南洋第一面青天白日滿地紅的旗幟，於 8 月 15 日由筆者以中華公報社社長的身份，在檳城麗澤學校前，主持升旗典禮，三年餘南洋地區隱蔽未彰的國旗，重又在南太平洋海岸飄揚招展。嗣後《光華日報》（檳城）、《建國日報》（怡保）、《中國報》（吉隆坡）、《興中日報》（星洲）相繼復刊恢復，並展開「揚大漢之天聲」的工作。

及至民國 35 年 10 月間，筆者約同王重吉、蘇承球等幾位僑胞，組團回國，向　蔣主席祝壽致敬，於 10 月 1 日在南京晉謁吳秘書長鐵老，重行把晤，相對泫然，幾同隔世。筆者向鐵老陳述：「今天這一個祝壽致敬團，也還是當年鐵老宣慰南洋的迴響。」溯憶當時，徒增神往。

民國 57 年 4 月 5 日寫於臺北

（本文原載於《吳鐵城先生紀念集（二）》，台北市：吳鐵城先生百齡誕辰紀念會，民國 76 年，頁 188-201。）

捌、抗戰期間鐵老訪問南洋簡記

祝秀俠[*]

吳公鐵城生前撰《四十年中國與我》回憶錄中有「訪問南洋」一章，擬有章目，而鐵公遽而辭世，未能終篇，後請史學家蔣永敬先生搜集當時史料為之補寫，迄未付梓。茲摘要並以平日親炙謦欬所得補述而成此篇，雖事隔四十年，未免明日黃花，但鐵老抗戰期間的南洋訪問，有關僑務史料，亦其生平事功貢獻之一，不可不記。今值鐵公逝世三十周年紀念，爰簡述以表永念！

一、主持港澳地區黨務及膺任海外部長

民國 27 年冬，鐵老卸任廣東政府主席後，即奉召赴抗戰陪都重慶，旋奉總裁蔣公之命，密赴港主持港澳黨務，兼負責指導福建、廣東兩省宣傳抗戰，發動民眾，以牽制敵軍後方；並代表委員長駐港與香港總督聯絡。其時我中樞已遷都重慶，大陸沿海地區均告淪陷，政府與黨非常重視海外工作，故鐵老亦以港澳作海外工作重心，以「榮記」名義作為國民黨駐港澳辦事處，展開各種宣傳組織工作。襄佐鐵老在港的工作人員有：俞鴻鈞、高廷梓、

---

[*] 本文作者曾任國民大會代表、本會秘書長。

陳訓悆、汪公紀、連士升、嚴既澄、祝秀俠等。迨民國 28 年 11 月五屆六中全會，中央為了要動員海外華僑力量，支援對日抗戰，總裁蔣公提名鐵老接替陳樹人為海外部部長，鐵老在 12 月 13 日即向僑胞廣播「從抗戰勝利趨勢說到僑胞今後應有的努力」，在講詞中，首先轉達中央對海外僑胞關切之意，與最近抗戰勝利的事實。鐵老說：「此次本黨六中全會中，通過通電嘉慰海外僑胞的議案，又在六中全會推定鐵城來掌中央海外部，兄弟於就任之際，僅將六中全會對僑胞諸君所致敬意，藉著廣播機會，傳達給諸君。並將最近抗戰勝利事實和僑胞今後應有努力這幾點意思向各位報告。自抗戰以來，我們已轉到第二期，在五中全會的宣言已很清楚指明第二期抗戰是承前期奮鬥之成績，發揮我前後方及被佔地區一切抗戰力量，證以最近之湘北大捷以及山西、湖北一帶，在敵人後方的武力之活躍，可說已逐步達到五中全會對二期抗戰的預期。同時也就是敵人愈戰愈弱，我國愈戰愈強的具體表現。」鐵老認為中國愈戰愈強的原因，就是由於中國的統一與團結，以及僑胞的刻苦奮鬥……抗戰以來，全國共信三民主義為救國主義，成功了思想上的統一。全國擁護國民政府為唯一政府，成功了政治上的統一。全國服從蔣總裁為唯一領袖，成功了行動上的統一。思想一致，政治統一，是集中一切政治力量的最高元素，這是統一團結的基本條件。我們具備了這些元素，這些條件，自然力量充實，用之不竭，敵愾同仇，愈戰愈強。至於國外的華僑節衣縮食，有錢出錢，有力出力，四海一心，盡了他們應盡的責任，報效國家，支持抗戰，所以能抗戰三十多個月，還這樣繼續下去。我們有這樣多忠勇的國民，自然能發生無窮的力量了。

鐵老除擔任海外部長外，在香港仍負有其他重要任務。29 年春節左右，他由渝飛港，料理一些工作後，即著手要赴南洋一行，藉以考察和推展南洋各地黨務，並宣慰僑胞。

鐵老親訪南洋之前，對於南洋各地華僑的文教工作，也早有相當的部署，如分派中學教師前往南洋各中學任教。又擇各地重要僑報，增加其經費設備，分派總主筆前往主持筆陣。計派童行白赴岷尼拉《新聞日報》；莊心在檳城《光華日報》，周寒梅吉隆坡《新國民日報》，梁華炎怡保《霹靂日報》；祝秀俠印尼吧城《天聲日報》；廖崇聖緬甸《仰光日報》等；海外部副部長戴愧生，處長李樸生亦分別派往各地視察。

二、訪問南洋的意義和作用

日人覬窺南洋，久藏禍心，去秋日軍積極準備南進，南洋情勢日趨緊張。我政府關懷在南洋一千數百萬僑胞的生命財產，早欲派大員宣慰僑胞，並敦睦邦交，考察當地情況。因為南洋為我國國防外圍，同時亦為我國經濟的領域。無論過去、現在與將來，南洋於我國都有極大關係。從前我們政府和一般社會人士，對南洋問題都不十分注意，即使有人研究，亦缺一完好宗旨和計劃，所以鐵老雖在百忙之中，亦不得不藉訪問南洋之便，作一番實際的考察，此其一。我國政府一向對於南洋各地土著民族很少接觸，除直接與南洋各地殖民政府發生關係，增進邦交外，應與南洋各地民族直接接觸，取得聯絡最為重要，此其二。那邊雖有我們僑胞，因為商務貿易關係，常與當地土人接近，但這種聯絡並不能發生多大作用，因為各地民族，對我國還很隔膜，甚至他們受了

敵人的反宣傳，以為我們好戰，是由於反日所引起。甚至以為日本南進，他們可以得到解放；更以為德國在歐洲勝利，可使南洋的統治階級崩潰等等，這種誤解已普遍於南洋土著民族中，故鐵老在這次訪問南洋，擬與各民族領袖多所接觸，並將東西局勢及我國抗戰與東亞將來之關係，向他們剖析說明，使他們獲得正確之認識與了解，此其三。僑胞當此南洋情勢緊急，正在彷徨無措之際，得到祖國代表的宣慰與指導，使僑胞在精神上有極大的安慰與興奮，這也是鐵老訪問南洋的目的，此其四。

三、南洋之旅歷程

29年9月末，秋高氣爽，鐵老由香港首途赴南洋，隨員有國防最高委員會參事章淵若、海外部第一處處長黃天爵、外交部秘書李炳瑞、暨速記員蔣家馴等。第一站為菲律賓，第二站為荷屬東印度吧域、棉蘭，第三站為馬來亞和新加坡，其他北婆羅洲、泰國和安南，則因交通關係，或因邊境發生戰爭，均未能前往。綜計所歷行程，約三萬里，歷大小城市百數十處。參加各地僑胞的集會及演講，有三百餘次之多。歷時達五個月，於30年2月初始返回重慶。茲分別簡述如次：

四、菲律賓的考察和活動

鐵老訪問菲律賓，逗留兩星期。除岷尼拉及碧瑤往返沿途經過各地外，還到過宿務、怡朗。在岷尼拉時間最久，也參加重要集會幾次。

菲自受美統治後，建設猛進，風俗習慣，悉趨美化，土人生活亦見改善。美准菲於 1935 年起設立自治政府，美國會議員多趨向主菲獨立，但國防與外交實際仍須與美聯繫，依賴美國，故中菲關係，為基準。惟菲人日見增強其民族本位主義，所謂菲化運動，首當其衝者即為我僑胞。我僑既無國家實力憑藉，又無優越技能足與競爭，一般僑商大都墨守成規，多憑過去際會以致今日，前途隱憂堪慮。鐵老在菲時，承菲總統以上賓之禮優待，僑情快慰。菲總統奎松先生原與鐵老舊識，民國 13 年奎松訪問廣州，由鐵老引見總理孫先生，在上海任市長時，奎松與議員羅哈爾均曾訪滬作市長之貴賓，此次鐵老抵達岷尼拉，就派了總統座車供用，並邀住馬拉干鄔宮招待所，盛筵款待，菲國政要和若干華僑領袖都曾參加。鐵老的儀表與風采深為菲朝野人士所欽佩，以與奎松友誼深厚之故，鐵老與奎松總統多次深談，對菲化法案移民額及華僑地位等問題，均承菲總統優予關切。鐵老自然說及日本南進跡象之事，告訴菲國友人，希望有所警覺，早做準備，共同抗日。其實，菲國會正通過各國移民往菲每年限定五百名一案，中國最受影響。奎松總統對此曾坦誠相告，謂此舉主要為防止日本人大量移殖，菲華傳統友誼良好，自當格外施仁，如限額已滿，仍可以總統特令開放，藉資補救云云。

至於菲島華僑團體，較為統一，國民黨黨部都可自由公開，籌賑運動、黨動員工作，以僑情融洽推展亦易，惟黨部與黨報間缺乏聯繫，公理、新中國兩報，規模過小，不足領導輿論，鐵老著其改組並增資，合組公司，統一辦理，一為早報，一為晚報，以充實力量。

五、在荷印的考察和活動

　　鐵老等一行於 10 月 7 日乘荷蘭船離菲，在宿務、怡朗兩地各留一夕，10 月中到達孟加錫，展開荷印之考察活動，隨往泗水、吧城、茂物、萬隆、井里汶、三寶壟、的鹿勿凍、巨港、棉蘭等地，為時約兩月，為南行停留最久之地。

　　荷印為世界最大之羣島，亦為最重要之熱帶國，物阜民豐，久為世界之寶庫，日人處心積慮之南進政策亦以此為焦點，華僑在此有一百二十萬人，在外來民族中，佔有極重要地位。

　　荷蘭在歐洲處於兩大之間，且以國防薄弱，祇能力避國際漩渦，致力於世界和平工作，以為其中立地位。故荷印國防，始終為一嚴重問題，深識之士久以為慮，只以限於人力、財力，無可施為。值茲世變日亟，南洋局勢嚴重，此最弱之一環，實有被襲之危險也。其時荷印朝野心理，大都恐懼日人，鐵老奉使出國之時，日荷經濟會議正在進行，荷印當局在簽發護照之前，曾以不作政治演講相約，以免開罪日方，但鐵老抵達吧城的翌日，小林等道以會議失敗，遄返日本，荷印當局即一改其原有態度，不復限制，而同情我國抗戰之真情，尤復溢於言表，鐵老因此得到諸種便利，達成任務。

　　鐵老這次訪問，與統治荷印的荷蘭人士及其當局有多次的接觸，其目的希望他們能同情中國對日抗戰，亦取超然立場，認為荷印不偏袒一方，完全中立，以便日後可出面調停中日糾紛。殊不知日本侵華，是南洋侵略荷屬東印度的第一著，是南進的開始。鐵老運用幾位華裔議員的安排，與當時最有力量的荷報《爪哇公

報》及《每日新聞》總編輯晤談，曉以利害，以鐵老一流外交家的風度談吐，說服了他們。翌日開始，各荷報便作了一百八十度的大轉變，頓然改腔，同情中國，並開始表示對中國支持，自此鐵老週遊印尼各地，大受歡迎。

鐵老抓住這一點，進而向荷印商量借款，曾約請東亞事務司司長羅芬克（Lovink）便飯（即僑胞所稱的漢務司，掌管華僑事務），席間舉行談判，由李炳瑞、總領事葛祖爌（浙江寧波人）作陪，談判至為秘密，鐵老提出向荷印政府借款 50 萬盾，要求將借款折成樹膠及金雞納霜藥丸藥粉運華。羅芬克的司長身份原不甚高，但在當時是荷印總督的顧問，權重一時，談判由中午開始，直談到下午四時許，結果荷印政府須聽命海牙，這個問題便挪到海牙去了。後來挪到倫敦，由顧維鈞大使與荷蘭駐英大使去談判，結果大概是不了了之。

至華僑在荷印，大都是仲介商，華裔僑生則營樹膠、糖、茶葉等大企業，規模頗大，實力雄厚。如三寶壠之黃仲涵公司，其組織之現代化且駕歐人而上之，有「糖王」之稱。荷人利用土人民族意識，扶植土人經濟，打擊華僑，同時稅率極重，有課至百分之八十五者，亦為華僑經濟發展之障，但華僑在荷印，仍是經濟繁華之動力，社會生活的中心，而華僑多為閩屬或廣府客屬，生活勤勞刻苦，富有保守精神，生活頗有紀律，同感外力壓迫，團結亦較堅強。我國固有的成訓遺制習俗風俗甚至在國內已不多觀者仍保存勿替。僑生在十餘代以上者，雖不通國語，但能執筆自書姓名，僑教亦頗發達。抗戰以後民族意識更為強烈，捐獻亦至踴躍，對國家貢獻至大。

至荷印黨部，雖可公開，但活動人多掣肘。僑領尚能融洽，各社團多為同志領導。黨辦報紙吧城《天聲日報》，歷史悠久，鐵老曾撥增資金派遣主筆，加強陣容，孟加錫的《華僑日報》、棉蘭的《新中華報》亦均有增資改進，以強化海外的宣傳。

鐵老訪問荷印，為時兩月，尚有其餘瑣事足記者，例如抵孟加錫時，在歡迎鐵老的許多僑領中，有一位湯瑪腰（荷人統治荷尼，訂有甲必丹和瑪腰制度等，如管理土著人之區長酋長），此人乃原籍福建，雖未履國土，然處處表現熱愛祖國，不忘中國人，後來日人侵入荷印，全家六口都犧牲了，原因是日軍要他宣誓效忠日人，他堅決不屈。又一次在泗水僑胞歡迎宴會中，大家聽了鐵老演講後，大受感動，有人建議即席捐獻，當場便捐了幾十萬盾，在各地各項集會中，僑胞都儘量捐獻。在茂物時，鐵老一行曾在一位僑裔家中休息，他年逾七旬，屋舍清潔，佈置精美，衣著也十分整齊。他說他家遷居爪哇及身已十八世，渠現有孫多人，若一世以三十年平均計算，足有六百年。其先世南移，可能溯及元代。這位老華裔名陳澤海，後來日軍侵佔荷印，他一度被拘，日人曾審問他：「吳鐵城部長來茂物幹些什麼，你有否參加？某人出錢若干？某人捐款若干？」可見日方對鐵老這次訪問南洋的注意。

六、馬來亞的考察和活動

鐵老由棉蘭轉往新加坡，是29年12月，其時新、馬尚未分離，新加坡仍為馬來亞首埠，鐵老抵新，以中國銀行為駐處。各派僑領踴躍歡迎，當地總督盛會相款。旋往檳城訪問，並會晤陳嘉庚，宣慰北馬各地僑胞後，再返新加坡，在此處渡過新年，逐轉赴仰光。

英人統治殖民地，素取指導政策，其統治技術，因地制宜，不限一格。就馬來亞言，其大不過吾國一省，但其統治區域則分三大體系：（一）海峽殖民地，新加坡、檳榔嶼、馬六甲等。（二）馬來聯邦，包括霹靂、雪蘭峨、森美蘭、彭亨屬之。（三）馬來屬邦，吉打、古蘭丹、丁加奴、柔佛等屬之。殊途同歸，治術之妙，殊堪玩味。但目前南洋情勢緊張，英人值此局勢，不能不與眾多之華僑合作。在馬之時，鐵老爰將中英、中馬如何守助相望，一旦有事，如何通力合作，與星督再三懇談。星督深有同感。將來有事，僑眾苟能建功盡力，不難藉此要求改善地位。

關於馬來亞的經濟，以佔世界最高產額的樹膠、錫、椰三大產品為中心。華僑在馬來亞，幾佔全人口之半，南洋的開發，大都賴於華僑的血汗，如彭亨一地，四十年前即由華僑陸佑一人所設東興公司獨資開發。如霹靂埠亦為閩籍華僑所開發繁榮，自英人厲行所謂馬化政策扶植土人，排斥華僑，我僑經濟地位已漸呈動搖，回顧我僑祖先蓽路藍縷以啟山林，堅苦卓絕，艱難創業的精神，真不勝感慨。

國民黨在馬來亞能夠自由活動，但不能公開，僑領對黨亦多不熱心。胡文虎、陳嘉庚為兩大派系，互相對峙，幫派觀念，錯綜複雜，影響同志團結。抗戰以後，異黨份子假名愛國，策動「抗敵後援會」，挾持僑領，大肆活躍，輿論多為操縱，僑胞每被煽惑，潛力滋蔓，深用憂慮。差幸檳城、柔佛、霹靂各埠，僑領與黨尚能融為一體。鐵老在星之時，曾召全馬負責同志集議對策，共謀加強宣傳機構，一面復與星督懇切會談，喻以利害，取得國民黨在馬來亞合法存在與合法活動的默契。並將此議電達外交部轉商英大使在案，其後刁作謙曾前往非正式接洽黨部公開問題，此為

鐵老訪問星洲以前所未有的事。

　　關於陳嘉庚的一段公案，在此附帶一述。陳氏原為新加坡一位極愛國僑領，曾捐鉅款創建集美師範學校及廈門大學。抗戰初期，他領導「籌賑總會」，以救濟傷兵難民的名義，出錢出力，支援政府，並組織回國慰勞團返國，自任團長，以荷印僑領莊西言為副，親赴西北及東南戰區勞軍，但他到閩之後，極不滿意閩省主政當局；復受共黨份子煽惑，逐於返坡後，發表「除夕感言」，措詞激烈，反對政府，其時正是鐵老訪問星馬之際，於是談者謂鐵老在南洋宣慰華僑時，策動聯胡（文虎）倒陳策略，因而使陳激變。其實，當時政府的僑運方針，是調和幫派，團結全僑，集中力量，打倒日本。胡陳二派的不相融洽，固是事實，但華僑中有幫派，有個人的恩怨是非，不只新加坡的胡陳，各地都有相類的摩擦，政府只求救國抗日的大目標相同，沒有幫助東風壓西風，或幫助西風，或幫助西風壓東風之理。至於陳嘉庚由擁護政府而轉變為批評政府，其後竟反對政府的原因，是共黨及其同路人蓄謀挑撥煽惑所致。陳的個性偏激煽動，有許多小地方給他刺激，他不透徹瞭解，詳加分析，便求全責備的大動肝火。譬如他在福建，有人向他投訴有些官史如果不法，他循滇緬公路往仰光，沿途有他經手招募的司機及機工，向他攻訐運輸機關的毛病，他就不加深究，轉而指摘中央政府，實則他對政府也明瞭不夠，每以英國人辦理統制的標準來衡量國內，一到仰光，他便毫不留情的攻訐幾位大員和批評政府。

　　鐵老在新加坡看到他在仰光發表的談話，立即致電陳氏，說要到檳城迎接他，希望在見面談話之前，不再發表言論。當陳氏到檳城和鐵老晤談之後，知道有許多事情是出於誤會，態度和平

得多，但他認為他是福建人，閩省建設廳長徐學禹實應撤換，統制苛細規定應予取消，他是為鄉民請命，並希採納。不料鐵老致電中樞，正謀將徐某調職，但閩省主席陳儀性情驕悍，氣燄不可一世，對徐護短，留中候辦。因此陳便不耐煩，發表「除夕感言」，就公然對政府採取攻勢了。鐵老對陳氏仍時時不忘爭取，冀其有所覺悟，如太平洋戰爭發生後，日軍陷新加坡，陳氏之子逃難回國，鐵老即予接濟，並妥予照顧接至重慶，對於人事安排，亦頗重視陳的關係，惜陳氏受共匪迷惑已深，偏見極大而不覺，卒為共匪利用，晚年悔之已晚。

七、宣慰南洋報告書的結論

鐵老在新加坡渡過新年後，即匆匆轉赴緬甸仰光，經過兩天，便於 30 年 2 月 8 日返抵重慶，完成為時五閱月的南洋訪問，雖行程匆促，但觀感殊佳，除關於一些具體問題另有詳細建議書向中央報告外，另章成「宣慰南洋報告書」約十餘萬言。其結論如下：

> 華僑之於南洋，實係南洋社會重心的主力，微華僑，不能有南洋社會之存在，微華僑，不能有南洋社會之進步，不能有南洋社會之繁榮安定。由於社會的進步及國力之伸展，華僑在南洋之力量將十百倍於今日，今後政府對此南洋的主力，亟宜因勢利導，善為運用，以謀我國力的海外發展。
>
> 抗戰後的中國，將為東亞最大的強國，南洋為我國的外衛，其於國防上的關係，將日見重大，為今之計，亟宜發動國民外交，結合土人，並組織僑眾，以發揚我國王道文化的精神，建立三民主義的共存共榮的國際關係，一以

增進弱小民族的福利，一以奠定世界和平的基礎。中國富強之後，將為世界和平的主力，但欲安定世界，並先安定亞洲，欲安定亞洲，並先安定南洋，必先建立三民主義的共存共榮國際關係，是則三民主義的王道中國民族的世界的歷史的使命。

（本文原載於《吳鐵城先生紀念集（二）》，台北市：吳鐵城先生百齡誕辰紀念會，民國 76 年，頁 361-371。）

玖、吳鐵城先生在印尼事蹟
及其對僑務的卓見

甄炳華[*]

一、從章力生的《南遊懷古錄》談起

民國七十二年秋，前僑務委員副委員長章力生先生撰成《南遊懷古錄》一書稿，請僑務委員會華僑通訊社出版，編校既竟，當時委員長毛松年先生指示，由筆者校讀一遍，使我能在該書付印前先睹其內容。該書分編介紹菲律賓、印尼、馬來亞、緬甸、暹羅、越南各國之國情及與我國之關係歷史。另有附錄二篇一為〈宣慰南洋華僑報告書〉，係吳鐵城先生民國二十九年奉命訪問南洋，歸國後向蔣總裁所提之訪問觀感與建言；二為章力生先生撰〈從政與宣道〉一文。

章先生說：「力生在抗戰時期，任國防最高委員會參事，研究抗戰國策，預測日本『大陸派』得勝以後，海洋派將繼之而起，發動『南進』太平洋戰爭，可於旦夕爆發，亟宜制敵機先，作『反南進』之策劃。一則未雨綢繆，謀海外一千數百萬僑胞生命財產

* 本文作者曾任《僑協雜誌》主編。

之安全；一則敦睦邦交，爭取友邦對我之資助與合作。尤以南洋僑胞，多數籍隸閩粵，鐵老前任粵省主席，應以其現任中央海外部長之地位，前往南洋宣慰僑胞，策動黨務，配合國策，團結僑胞力量，作抗戰之後盾。爰代為簽呈總裁，鐵老遂奉派南巡，承邀同行，公誼私交，義不容辭」。這段話說明吳先生南洋之行的緣起。

吳鐵城先生第一次南洋之行，係偕同章力生、黃天爵、李炳瑞、蔣家馴、馬坤（猶太人，曾任國父孫中山先生侍衛）五人前往，於民國 29 年（1940）9 月 1 日離重慶，9 月 25 日由香港出發，先抵馬尼拉，10 月中旬，由宿霧坐船抵達印尼之錫江，12 月初，由印尼棉蘭赴新加坡，旋訪北馬各埠，民國 30 年 1 月赴緬甸，2 月 8 日返抵國門。歷時五月，行程三萬公里，共訪問一百餘埠，會晤各國政要，宣慰各地僑胞。宣慰報告書中對菲、印、馬、緬諸國政治、經濟、教育、社會及華僑情形，有扼要之論述，並提出建言，有些建言，並未因時間過去而失其價值。

二、代表蔣公到南洋宣慰僑胞

華僑均熱愛祖國及中華文化，印尼華僑在 1900 年創立第一個華僑社團——巴城中華會館，對於結合僑界力量，宣揚孔子教義及風俗道德，更為積極推行。辛亥革命前後，中國同盟會在印尼所設書報社，策動華僑捐款，喚起華僑民族意識。建國以後，印尼華僑地位獲得提昇，民國 26 年抗戰軍興，印尼僑領莊西言為組織海外救國領導機關，曾上書最高當局核可，與陳嘉庚、李清泉於 1938 年雙十節在新加坡，召開南洋各屬華僑籌賑祖國難民代表大會，推動捐款救災，掀起南洋華僑愛國之空前熱潮。民國 29 年，

抗戰日劇，吳鐵城先生時任海外部部長，奉命代表蔣公宣慰南洋華僑，他是我國歷來到印尼官員位階最高的人，宣慰過程也給僑胞以莫大鼓舞。他赴印尼，先到錫江，再到泗水、巴達維亞（即今印尼首都雅加達）、茂物、蘇甲巫眉、井里汶、三寶壟、直葛、北加浪岸、瑪琅、楠榜、巨港、棉蘭等十餘埠，所到之處，僑胞均熱烈歡迎，踴躍獻金，也最令吳先生銘感難忘。這可從宣慰報告書：「尤以荷印方面，僑胞眷懷祖國，忠愛民族之熱情，直令人感激涕下。」可以想見。

　　吳先生在印尼除了宣慰僑胞輔導僑辦報刊，激勵僑胞支持祖國抗日外，他還促進印尼僑社的團結，他和僑眾接觸，不分僑胞原籍廣東或福建，都一視同仁，誠摯接待，他除了和傳統僑團的負責人聯繫外，也努力設法和僑生（土生華人，接受荷印教育人士）俊彥聯繫。他在報告書第二編提到印尼僑胞政治主張，僑生方面有兩大體系，其一為中華會，由簡福輝、賴錫禧領導；其二為新報與競報派，由洪淵源、柯金壽領導。他在三寶壟曾接見僑生張添聰先生，張先生於 1938 年曾代表三寶壟參加南僑籌賑代表大會，在 1948 年 5 月在椰城組織「中華統一黨」，印尼獨立後改名為「華僑民主黨」至 1952 年才停止活動。[1] 由於吳先生的輔導，印尼僑社走向一大團結的新時代。

　　相對於宣慰僑胞成果的豐碩，吳先生在印尼的國民外交任務，卻施展維艱。據吳先生說：「目前荷印朝野心理，大都恐日友我。此次奉使出國，日荷經濟會議正在進行，荷印當局在簽發護照之前，曾以『不作政治演講』相約，以免開罪日方，但鐵城抵達巴

---

[1]　徐競先編著，《印尼十年：1941-1950》，印尼：星期日報社，1953 年，頁 231。

城之翌日，會議失敗，荷印當局即一改其原有態度，不復限制，而其同情我國抗戰之真情，尤溢於言表。」吳先生到印尼爭取友邦對我之支助與合作，荷印當局僅止於同情，至民間方面又如何呢？由於印尼原居民普遍相信一種流行的預言，認為日軍的到來是他們掙脫殖民統治鬥爭的第一部份。按印尼從前國王 Djojobojo 曾說過：「霸占印尼的荷蘭人，終為來自 Tembini 島的人所擊退，他們是黃皮膚，短腳，將佔領爪哇，但僅一造玉蜀黍的時間」。[2]印尼人民期盼著日軍南來，那時候領導獨立運動的蘇加諾，也是反荷而聯日的，面對此詭譎的風雲，吳先生聯合荷印抗日，所能做的恐怕也就很有限了。

三、奉派為祝賀印尼獨立特使

民國 38 年（1949）12 月吳先生奉派為祝賀印尼獨立特使，（按印尼係於 1945 年宣布獨立，1949 年 12 月 27 日荷蘭將政權移交給印尼）。搭乘蔣總統的座機中美號前往，同行人員有汪公紀、王季徵、夏功權等人。吳先生一行於 12 月 24 日在嘉義機場起飛，先到馬尼拉，住宿一宵，於 25 日飛抵印尼首都耶加達。吳先生第二次到印尼，和第一次來印尼相隔十年，勢易時移，第一次國民外交的大旗是聯合印尼抗日；第二次的大旗是藉祝賀印尼獨立，蘇加諾就職總統的機會，聯繫印尼合力反共。無如當時蘇加諾已經和中共洽談建交事宜，印尼共產黨也氣燄萬丈，[3]吳先生抵耶加達

---

[2] C.L.M. Peders, *The Life and Times of SUKARNO*, Oxford University Press, 1974, p.58.

[3] Datus C.Smith Jr., *The Land and People of Indonesia*, Philadelphia: Lippincott,

後，雖曾和印尼革命要員聯繫，仍無進展，到了民國 39 年（西元 1950）元旦，印尼舉行慶祝獨立大典，蘇加諾主持，吳先生出席行禮，盡了祝賀的任務。

按吳先生奉命赴印尼之時，國內政局，岌岌可危，政府財政，更是窮困。據夏功權先生說：「由於總統府當時已經沒有經費，我們逐決定先降落馬尼拉，提領一筆數目較大的經費，然後才飛印尼。因我們到馬尼拉後，交通銀行分行都關了門，沒錢可提，臨時向蔣孝佐借了三千美元，才繼續飛行。」[4]抵耶加達後，吳先生下榻在我國耶加達總領事館，團員有些住在僑領家中，吳先生以特使身份南下，地位崇高，任務艱鉅，但當時國內情況如此，外交上所遭受之境遇又如彼，其內心之心酸是難以言宣的。

然而，他在外交方面未能伸展的理想與情懷，卻在印尼僑社得到發揮與迴響。他在耶加達十日，僑胞去看望他的像潮水般湧至，或者把臂傾談；或者安排餐會，每一場合，他都向華僑報告中華民國前途光明和反共必勝，復國必成的理由。堅定華僑對祖國的信心，激發華僑忠義的氣節。無形中也在僑社建立了一反共的長城，為當地社會締造一安定的力量。

民國 41 年 10 月 21 日，全球華僑代表首次集會台北，舉行全球性僑務會議，印尼地區返國出席代表 32 人，人數最多。如雅加達的張勛義、馬樹禮、朱昌東、陳興硯、梁錫佑、吳慎機，泗水的葉立庚，萬隆的張爾瑄、鄭志春，棉蘭的張瑄、林天祥，勿里洞的李定標等人，都是當年吳先生在印尼共同組成華僑救國聯合

1961, pp.140-413.

[4]　夏功權口述，劉鳳翰、張聰明訪問，《夏功權先生訪談錄》，國史館，民國 84 年印行，頁 72。

總會，返印尼後，又在雅加達創立印尼僑聯總會，成為反共救國的堅強後盾。從這些往事，大概可以看見吳先生印尼之行對印尼華僑影響的深遠。

四、吳先生對僑務工作的卓見

吳先生在宣慰南洋華僑報告書中說：「南洋為我國之外圍，其於我國防上之關係，將日見重大。為今之計，亟宜發動國民外交，結合當地人士，並組織僑眾，以發揚我族王道文化之精神，建立三民主義的共存共榮的國際關係，一以增進弱小民族之福利；一以奠定世界和平之基礎。」吳先生兩下南洋深受友邦人士及愛國華僑熱情所感動，除向蔣公提報外而且還在民國 31 年 5 月創立了國民外交協會和南洋華僑協會（現華僑協會總會）希企透過兩個協會的運作，聯繫友邦人士，團結愛國華僑，共赴國事。

筆者近因編輯《僑協雜誌》，有機會讀到很多紀念吳先生的文章，知道吳先生勳業崇隆，識見高超。民國 30 年（1941），他派戴愧生赴南洋輔導華文報刊時曾說：「僑務重要性在東南亞而不在歐美」。[5]這句話，激起我內心很大的共鳴。猶記民國 70 年代，自己在印尼僑社服務，就深切體會到南洋僑務工作的重要和迫切，並常以其未能得到應有之重視而感慨不已！想不到吳先生在數十年前，即能洞燭機先，結合群力積極推進，能不令人敬佩！爰就

---

[5] 戴愧生，〈最瞭解華僑的鐵老〉，《吳鐵城先生紀念集（二）》，台北市：吳鐵城先生百齡誕辰紀念會，民國 76 年，頁 29。吳鐵城先生在民國 39 年 5 月曾第三次下南洋訪問菲律賓，作菲總統季里諾的上賓，並和當地僑領聯繫。菲律賓華僑考察團由吳金聘率領於同年 8 月抵台，向蔣總致敬，並捐款勞軍開爾後各地僑胞組團回國的風氣。請參考黃天爵，〈吳鐵老南洋之行〉，《吳鐵城先生紀念文集（三）》，頁 204。

手頭資料，將吳先生訪問印尼的時代背景及其經過大概情形，予以考述，旨在說明吳先生對南洋僑胞之關懷與重視及其對當地僑社之貢獻，並望藉吳先生的卓見引領今後僑務工作邁向更光明壯闊的前途。

（本文原載於《僑協雜誌》，第 58 期，民國 86 年 10 月 15 日，頁 18-20。）

拾、追懷吳鐵城先生

張其昀[*]

　　吳鐵城先生，廣東中山縣人，前清光緒 14 年（1888）3 月 9
日，生於江西九江，民國 42 年 11 月 19 日，逝世於臺北鐵廬，享
年 66 歲。

　　鐵城先生血性男子，古道熱腸，海內外識與不識，皆以「鐵
老」稱之。前輩如吳稚暉、于右任諸先生亦稱為「吳鐵老」。鐵老
之名遍天下，這實在是他肯做事、肯負責、敢作敢為所換得來的
美稱。

　　外國人常稱鐵老為將軍，因為他曾經數度以文人治兵的緣故。
民國 5 年，他從海外回國，參加討袁之役，當過革命軍的師長。
其後，歷任大元帥府參軍，討賊軍總指揮及廣東省警務處等職務。

　　鐵老致力革命，為開國名人，吾黨元老。其一生經歷，則為
黨、為政、為軍，辦報、辦警、辦外交，幾乎無一不涉，無一不
通。而在文人關係上，北與東北人士結不解緣，南為南洋華僑的
代言人；他可以說是國民黨裡交遊最廣的人物。

　　鐵老真正是「華僑之友」。他曾幾度出洋，宣慰華僑。他發起
並主持華僑協會總會，臨歿前夕，還在該會處理會務，真有「鞠

*　　本文作者曾任教育部部長、中國國民黨秘書長、總統府資政、中國文化大學創辦人。

躬盡瘁，死而後已」之概。他最瞭解僑情，最愛護僑胞；他傾其心力，加強了政府和華僑間的橋樑。

鐵老一生坦白真摯，待人誠懇，處事公允。凡是和他共過事的人，莫不稱道其豁達大度。他有磅礴的胸襟，堅強的意志，和藹可親的風度，軒昂奮發的氣宇，和不恥下問的精神，令人永遠不能忘懷。在他逝世兩週年的時候，想念元勳，不勝泫然。鐵老為調協各方歧見、促進各種運動的能手。當茲國家正處於大開大闔大轉變的時機，像這類典型的人物，需要備感殷切。爰述先生行誼，以誌崇敬。

鐵城先生是一位九江商人之子，捨棄優裕的家庭生活，而盡瘁國事。年十九歲，即加入同盟會，與林故主席森在九江策動革命。辛亥革命的時候，他年才二十三歲，便出任九江軍政府參謀次長，並代表江西省出席南京會議，與十七省區代表議定臨時約法，組織臨時政府，選舉臨時大總統，而中華民國於焉肇造。

鐵老的故鄉，為廣東省中山縣平湖鄉，耕讀傳家。父玉田公，經營磁器業，母同邑余氏。先生誕生於九江之張官巷，及長就學於九江同文書院。當甲午中國戰敗之後，他痛心於我國割地賠款的恥辱，憤清廷之腐敗，隱然以革命事業為己任。

先生與已故國府主席林森（字子超）交誼至篤，自稱為「生命風氣兼師友」。辛亥革命，九江起義，即為兩氏所策動者。兩人相識時，林公任職九江海關錄事，鐵老已畢業於同文書院，心應氣求，一見如故，乃糾合青年同志，宣傳革命，創辦潯陽閱書報社，以掩護革命秘密活動。

林公長於鐵老二十歲，可說是忘年之交。鐵老曾說：「子超先生是我生平知己，給我很大的影響。我之參加革命工作，是受著

他的啟發。從他的雍容慈祥的風度看來，初不知其為一熾熱的革命黨人，日久之後，大家披瀝肝膽，才知道他有鴻鵠高翔的壯志。」他們以為倡導革命，必先開通民智，而瀹發民智，則有資於書報，固有潯陽閱書報社之創設。當時革命書刊，如東京的民報，上海民呼、民立等報，莫不藉以普及內地。鐵老並因林公之介而加入同盟會。

林公與鐵老又以為實行革命，須賴武力，乃創辦九江商團，並先成立一個軍事訓練班，鐵老親自加入，受軍訓六個月。畢業後，開始辦商團，訓練商界同志，作為改革武力的始基，一面與新軍將士陰相結納，三年之間，稍有規模。九江鉅商，粵籍居多，鐵老為粵人，又饒於資，故頗收居中策劃之效。

辛亥武昌起義，九江首先響應，既組軍政府，鐵老任參謀次長兼外交部長。九江扼大江中流，湖口、馬當等要塞，足以截斷清兵水陸交通。清海軍艦隊四艘，由湖北黃崗下駛至潯，林公與鐵老，徒手登海籌、海容等艦，曉以大義，先後反正。於是長江艦隊，不費一彈，為革命軍所掌握，後此援皖援鄂，聲威大振，其有助於戰局者至鉅。

二次革命時，鐵老偕居正（自覺生），奉國父命至贛，贛督李烈鈞首先發難，皖督柏文蔚、粵督胡漢民相繼響應。迨二次革命失敗，袁氏曾以二萬元賞金通緝鐵老，因東渡日本，入明治大學，專攻法律。民國三年，國父改組國民黨為中華革命黨，鐵老率先加入，逾年奉派赴檀香山主持黨務，並由華僑自由新報聘為主筆。鐵老當時係用「吳丹」筆名，對袁氏叛國稱帝，口誅筆伐，不遺餘力。袁氏唆使駐華府中國公使館指控鐵老為無政府主義者，要求驅逐出境，在美國法院糾纏年餘，鐵老據理力爭，終獲勝訴，

中外人士皆傳為美談。

民國 6 年，國父以護法號召西南，國會召開非常會議，舉國父為大元帥，鐵老曾任參軍。民國 10 年，朱執信在虎門遇難，鐵老奉命代理討賊軍總指揮，誓師石歧，進入省垣，任大本營中將參軍。國父方圖北伐，駐節桂林，命鐵老留守廣州，倚畀至殷。其時鐵老曾領廣東全省警務處兼管省會公安局，建樹地方武力，以固革命基地。中間發生陳炯明叛亂及陳廉伯商團之役，皆能鎮靜應變，警衛國父，克服危局。

鐵老是民國成立以來，第一位民選縣長。廣東香山（今之中山）有全國模範縣之稱。民國 10 年實行選縣長，開地方自治之先聲。鐵老以革命元勳，桑梓碩望，公開競選，得人民一致擁護，獲膺首任民選縣長。

民國 13 年，中國國民黨召開第一次全國代表大會，實行黨的改造，改組之後，鐵老曾任廣州市黨部執行委員，旋歷兼青年、宣傳、工人各部部長，從事民眾運動，致力基層，氣象一新。

北伐成功以後，鐵老一度擔任廣東建設廳長，民國 18 年，復膺選第一屆立法委員。17、18 年間，鐵老經常往來於關內外，以其機敏靈活的政治手腕，促成東北易幟，歸向政府，達成全國統一。有人以為這是一次不流血的革命。18 年元旦，青天白日旗幟遂飄揚於東北各地了。

民國 18 年 10 月 11 月間，東北吉黑二省，先後發生中俄戰爭，這是我國統一以後第一回遭遇到外來的阻力。鐵老於民國 18 年冬，馳驅於冰天雪地，冒零下四十度之嚴寒，遍歷東北至哈爾濱，宣慰前方，鼓勵士氣。舉世皆知之鐵老名言：「不到東北，不知中國之博大；不到東北，不知中國之危機。」即在此行歸途中，發表於長

春車站。當時中外報社，爭先刊載，予全國同胞以極深刻的警覺。

19 年夏季，葫蘆島築港工程舉行奠基典禮，鐵老以中央特使身份，發表演說，他指出，我們自救自強之道，在全國一致努力建設，他希望葫蘆島的建設，作為實行國父實業計劃的嚆矢。可是一年之後，「九一八事變」就爆發了。

民國 20 年，日軍侵略東北，蔣總統（時任國府主席）呼籲團結禦侮，要求廣東方面少數同志，共赴國難，鐵老從中協調，成就甚大。20 年冬，鐵老就任上海市長，在他任內，努力於大上海的建設，草創經營，使其成為中國人自建的現代都市，規模宏遠，處處表現出他的魄力和創造精神。

鐵老出掌滬市，甫一月而有一二八抗日戰役，他曾寫下遺書，誓以必死的決心，保衛上海。淞滬居民，同仇敵愾，伸張民族正義。鐵老以市長兼淞滬警備司令，應變赴機，力爭先著。又注重宣傳，爭取與國，俾使中外人士明瞭曲直，故鏖戰一月，敵終不得大逞，知難而退。

大上海計劃，從市中心區之建設開始，以六百萬元公債，著手興工，包括市政府大廈、圖書館、博物館、運動場、體育館、游泳池、醫院、虬江碼頭等建築，以及水電、馬路、市場、公園、學校、衛生所、輪渡等設備。23 年元旦，各項建築，大體完成、市府各機關遷入新址，中外人士觀感一新，袪除以往重視租界之自卑心理。

民國 24 年，第六屆全國運動大會在上海舉行。運動員來自邊疆各省區及南洋各地，表現全民族的大團結。尤以東北四省青年，在領土淪陷之後，敵軍深入之際，仍能踴躍參加，故最受歡迎。此大會人數達十萬以上，其交通秩序，與表演節目，佈置周詳，有條不紊。論者謂鐵老有政治家之頭腦，兼具軍事家之組織能力，

洵為不可多得云。

綜計鐵老在任五年又四個月，兼任軍職（淞滬警備司令）亦兩年有半。當時幹部人才，可謂全國上選（市政府秘書長俞鴻鈞）。市民信賴鐵老如家長，鐵老愛護市民如家人。雖白髮老嫗，黃口小兒，鮮有不識鐵老之音容者。

26 年春，鐵老調任廣東省政府主席，上海全體市民，無分中外，咸縈去思。臨別之日，各國使領，率其軍警，特於江干祖餞恭送，並請閱兵，以表崇禮。

鐵老主粵，本於敬恭桑梓之意，以革新省政，其成效昭著者，為督導冬耕以解決糧荒，延展公路以貫通北江。而其志願，尤在鼓勵僑胞回國投資，興辦實業，建設新廣東。涖任不及五月，而聞蘆溝橋砲聲，抗戰由此開始。

27 年 10 月，廣州撤守，省府遷粵北之連縣。28 年春，鐵老奉調至重慶，初任中國國民黨中央執行委員會海外部部長，復膺中央秘書長之重寄，以迄勝利還都。行憲後，又任行政院副院長。供職中樞，前後達十年之久。

鐵老由粵至渝，旋奉今蔣總統密令主持港澳黨務，經常往來於港、渝間，指揮一切。29 年，初掌海外部，奉派為宣慰專使，宣慰南洋華僑。他以恢弘的風度，與華僑相晉接，備受僑胞歡迎愛戴。由香港而菲律賓，遍歷爪哇、蘇門答臘、馬來亞、緬甸各邦，閱時五個月，行程三萬里，經歷一百三十城市，講演三百餘次，名言讜論，感人甚深。各地華僑受其感召，或踴躍輸財，或回國從戎，以支持祖國之抗戰大業。

民國 30 年春，鐵老自南洋回國，在陪都重慶成立南洋華僑協會，被選為理事長。36 年秋，在南京召開大會，業務擴至全球，

乃更名為華僑協會總會。

中國國民外交協會，亦為鐵老所手創，並任理事長之職。32年春，重慶上清寺該會自建大廈落成。在抗戰時期，輔助東亞韓、越、菲諸邦之復國運動，其志士受鐵老愛護庇護，影響至鉅。

35年5月間，鐵老繼葉楚傖之後，任中央黨部秘書長。在抗戰最艱苦的階段，擔任黨內幕僚長的工作。他替總裁排難解憂，使黨內人事趨於融洽和諧，在政治上則溝通各方面的歧見；特別是黨與政府有糾紛的時候，他曾經盡過最大的努力。34年國民黨第六次全國代表大會在重慶舉行時，鐵老提出口號，是「團結奮鬥」四字。在抗戰勝利復員之際，鐵老參加對共黨的協商及各黨派的協調；行憲以後，又參加黨內同志選舉指導，及友黨的商治，中間有過不少的困惑紛擾，鐵老總是精誠應付，勞苦特多。在表面上，無赫赫之功可言，但是所費的功夫和所耗的心力，則是我們難以想像的。

憲政開始，各省選舉第一屆立法委員，鐵老亦自粵省原籍當選為立委。立法院召集之始，鐵老眾望所歸，為理想的院長候選人。適孫科組閣，苦邀鐵老任行政院副院長，兼長外交，並向蔣公表示，非鐵老同出不拜命。那時候立法院內已經潛伏了一些匪黨份子，對於政府人員大肆抨擊；更有些「天真」的份子，「以曲為直」，推波助瀾，社會人心不安，政府信譽低落。許多忠實同志看到這種情勢，認為要挽回大局，主張公道，立法院院長一席，必須要有一個資望能力、政府經驗並皆豐富的人物，而以鐵老為最適宜。許多同志都自動起來助他競選。可是孫院長方面，硬要鐵老參加新閣，終於無法擺脫了，這是37年冬天的事情。

徐蚌會戰之後，蔣公毅然引退，不少人消極悲觀，對國民前

途抱著憂惶的心理。鐵老以其質樸堅毅的素養，絕不稍餒。他認為革命挫折不足懼，最可怕的是國民黨人的信心動搖。38 年春，中樞遷穗，鐵老時已交卸行政院副揆，曾發表言論，主張東南亞民主國家亟宜組織人民反共聯合陣線，防止俄共的侵略，他以在野之身，遂赴東京訪問麥克阿瑟元帥及日本朝野人事。又赴南韓、菲律賓、印尼訪問，作國民外交的活動。這種危而不懼、歷險彌堅的精神，充分表現革命者的本色。

38 年 10 月，廣州淪陷後，鐵老在香港，即強調海外工作與反共抗俄復興祖國的重要。他曾撰文題為「蘇俄在亞洲還要掠取什麼？」分析蘇俄先亞後歐之侵略政策，主張締結太平洋公約，鞏固亞洲反共團結，並以喚起歐美各邦之注意。

鐵老來台後，任總統府資政，與國民黨中央評議委員。他仍積極從事於國民外交協會與華僑協會總會業務的推進，經常蒞會治事。此二會雖名義不同，而在鐵老主持下，可收殊途同歸之效。中韓兩國關係的促進，為鐵老所特別關心者；中韓文化協會，為抗戰時所籌組，政府遷臺後亦恢復活動。

鐵老在臺，雖政治上未負實際責任，但對國運的轉移，世局的發展，却時刻留心，沒有絲毫改變其「進思盡忠、退思補過」政治家的懷抱。他與老友張羣、李文範、馬超俊等過從最密。42 年 11 月 12 日，國民黨舉行七屆三中全會，鐵老發表演說，勗勉全黨同志，加強反攻大陸的準備。略謂：要反攻大陸，必須鼓勵大陸的革命風潮；大陸革命風潮起來的時候，就是反攻大陸時機的成熟。崇論閎議，長留人間。

鐵老體魄魁梧，英姿颯爽，健康良佳。及來臺灣，患高血壓及風濕病，手部關節亦常感脹疼。41 年 7 月，一度赴港電療，稍

見痊可；並延中醫，施針灸之法。逝世前一日，下午五時，尚到華僑協會總會辦公，午夜以後，心臟病猝發。42年11月19日上午八時在臺北仁愛路寓邸逝世。朝野人士，莫不傷悼，尤以海外各地華僑弔唁函電，紛如雪片，足徵鐵老平日感人之深也。

43年6月9日，治喪委員會安葬先生於臺北縣觀音山西雲寺傍山地，前臨淡江，峯環水抱，風景優美，離臺北市公路約半小時可達。墓周圍遍植松柏花木，墓碑題：「吳鐵城先生之墓」，為張羣所手書。

鐵老追隨國父有悠久的歷史，國父給予鐵老的影響，至為深切。他重視學術，勤於求知。我們看見他公館裡書室，陳列著中西文主要雜誌，大體具備，他不吸烟，不飲酒，有暇喜運動，或策杖散步。鬢際幾莖白髮，對於他，益增神采，不減韻致。

鐵老好友，喜談，歲時休假，常約宴親友以為歡。舉止不脫略，亦不矜持。在稠人廣坐之中，鐵老一來，全場為之注目。各人好像都得到一種溫暖，而報之以熱忱。他每有論列，常能辨析微芒，獨抒己見。他在剛正之中帶有幽默感，人驟聽其語或不解，及再思之，乃歡然大樂。世人論鐵老者，多謂其風度好，能抓著人心，他可說是黨內外一位協和團結的象徵。

鐵老在黨國久居於樞機地位，對盤根錯節的事情，或為細針密縷的安排，或為大刀闊斧的處理，或為平心靜氣的疏導，雖然一切問題的解決，非他一人之力，然機勢的轉捩，僵局的打開，往往靠他俊篤厚爽的態度，莊諧並發的詞令，及交歡各階層人士的本領，卒使局中人言下領悟，相悅以解，則為常有的現象。

鐵老生平愛惜人材，善獎掖後進，對於部屬，能推心置腹，信任無間。今日政府中很多幹練大員，為鐵老當年所識拔者；鐵

老對人從不以此居功。許多人才由於鐵老舉薦，發表要職，事後，當事人均有一種唐突之感，歷久始恍然大悟。在臨終數小時前，他對友人說過這樣一段話：「黨內不能人才輩出，黨外人才未能羅致，所以才有大陸沉淪的一幕，而我本人也該負責的。」這寥寥數語，真動人心魄，由此可以窺見他的氣度與抱負。

鐵老生平交遊甚廣，喜結識國際友人。經常接見外國記者，近三十年來，韓國、越南的復國，鐵老有不可磨滅的貢獻。他的一生，或周旋於國際壇坫間，或交往於一般友朋間，所給予人們的印象，是誠實、渾厚、和靄可親。他有他的定見，但並沒有什麼成見。每一件事討論過程中，雖然有點緊張，一到終了，隨即恢復輕鬆融和的風趣。在嚴肅中他仍然表露虛懷若谷的態度。一般人都認為只有到鐵老那裡，才是一個老幼雜處、無拘無束、縱情談笑的所在。

鐵老來臺後，擬採用回憶錄方式，撰寫他的數十年自傳，題為「四十年的中國與我」。在這本自傳裡，鐵老準備從六歲兒童啟蒙時代寫起，凡參加革命，從政經歷，及主持國民外交經驗，均包括在內。可惜僅寫到民國 16 年止，未能如願完成巨著，讓後人獲讀許多珍貴史料，這是一樁無可補償的損失。

鐵老逝世後，蔣總統頒賜輓額曰：「功業昭垂」。政府的褒揚令稱其「內佐機衡，外膺疆寄，文武兼資，險夷一致。」這可以概括鐵老一生的事功。他「交情老更親」的老友張羣，有一段話，足以為鐵老的全人格的寫照，茲節錄如下：

「國父在本黨第一次全國代表大會集會中，不是說到團結本黨同志。不能像蘇俄共產黨那樣的完全靠紀律去約束，更須著重情誼的交融麼？鐵老在這點上，確能充分做到，而且誠於中，形於外，表現得很自然。他無論在造次顛沛之頃，或勳望隆顯之時，

黨內外任何人去見他，他總一律接見，有什麼事去求他，他總給他指示，助他解決，為他推轂，絲毫不感覺厭煩。他對本黨同志，一切可以寬容假借，惟對於革命的主義和行動，絕不放鬆。他的取人，不拘一格，於黨務政務財務警務軍事吏事有一長的，無不善從其長，優加獎進。即令其人蕩檢踰閑，至於妨礙公事，除招入密室婉予規勸外，不肯遽爾棄絕。其憐才之盛意與陶成的殷摯，常使受責者心悅誠服，蒙獎者愈思自效，不論誰，都可以向他盡言，有時爭辯至面紅耳赤，聲達戶外，他亦不以為忤。只要他人所說的比他更有理由，他可以立即改變自己的意見，信任部屬放手做去，但須如期辦竣。要是結果失敗了，或引起別的枝節，他仍能代負最後責任，並鼓勵經辦的人要愈失敗愈奮勉。因此，他的幕中，跅弛之材，狷介之士，凌厲剛愎之輩，規行矩步之人，縱橫捭闔之才，好高騖遠之流，偃蹇傲兀之徒，可以交進並馳，這些人聚在一處，幾如前明宣德之爐，斑駁陸離，不可方物。在他則因材器使，以配合辦理各事的需要，而在被用的人，則如鱟魚跳龍門，且樂受裁成。韓退之所說的『至札丹砂，赤箭青芝，牛溲馬勃，敗鼓之皮，俱收並蓄，待用無遺。』他確實做到此點。倘遇疑難，尤喜約宴僚佐聚談，時出幽默語，靜觀各人的了悟。或長身嶽立，耳提面命黨國大事，或龍拏虎躑於一室中，對世道人心作獅子吼，或發凡起例，引而不發，誘使個人願意發表各種不同的意見，總想在宴談中察知各人的反應與器識，作為匡直輔翼之本。像他這種和易豁達、包羅萬象的氣度，正是治國辦黨的基本條件，僅在這一點上，就自愧趕不上他。我的喜歡與他往還，並不全在志同道合，也實在存著一種見賢思齊的嚮慕之情，不時掀振在心的深處呵！」

鐵老逝世後，美國合眾通訊社前駐華分社主任高爾雅先生（Mr Arthur M. Goul），自舊金山電稱：吳將軍的仙逝，不祇為自由中國的重大損失；其他各國中，凡過去有幸和吳將軍接談為友的數以千計的人們，都同感到真切的損失。在東亞與太平洋區各地，無論朝野各界，吳將軍都有很多的摯友；尤其在美國，數以百計的人士，凡曾和那親善、和易而極成功的「政治家軍人」接談者，均表敬佩和哀思。

　　高爾雅先生並申言曰：「不祇在台灣的各界人士將痛念吳將軍而永留去思，並在日本、韓國、泰國、馬來亞、菲律賓等國的首都，以至遠東其他各地，在多年來遇有困難問題時，皆就吳將軍求教者，殆將備感其哀悼的深切。吳將軍在中國的史冊中遺留的光耀的印象，很少人能相伯仲。」高爾雅先生深知鐵老為人，在公務上商討，以及燕居之暇的接談，使他熟悉鐵老的仁慈和智慧，經常是義正詞嚴，又偶有幽默論調似以肩負黨國重任如彼者，為不易有的作風，因而感人特深云。

（本文原載於《吳鐵城先生紀念集（二）》，台北市：吳鐵城先生百齡誕辰紀念會，民國 76 年，頁 136-148。）

拾壹、我最崇敬鐵城先生的幾件事
——鐵城先生百年冥誕感言

張希哲[*]

　　鐵城先生一生勳業彪炳，豐功偉績，久為世人所欽仰。他自從青年時代參加同盟會後，便獻身國民革命；幾十年來，歷經黨務、政治、外交、軍事、僑務、警政各方面工作，均位居要職，做得有聲有色，且都對國家民族有很大的貢獻。又因鐵城先生足跡遍歷國內外各地，接觸各方人士，難以勝數；故其行誼事功為世人樂道而推崇敬仰者特多。依我個人的體會，鐵城先生受人崇敬的許多勳業事功中，以下列幾項大業最為重要，亦最足以顯示鐵城先生的長才。

　　第一件大事策動九江獨立，壯大辛亥革命聲勢。鐵城先生在九江同文書院剛要畢業的時候，便受到林森（子超）先生的影響和引荐，參加了革命組織，與子超先生等設立潯陽閱讀書報社，從事革命宣傳與活動，並秘密聯絡駐防九江之五十三標標統馬毓寶、警察所長李先曾及當地會黨首領。武昌起義消息傳抵九江後，林、吳兩先生即與蔣群等計議，分頭策動軍、警、砲台及民間團

---

[*]　本文作者曾任立法委員、逢甲大學校長、本會第四任理事長。

體響應革命，又促使滿清海軍反正，使南下清軍受阻，革命黨人乃於九月二日晚發難，進攻道府兩署，九江遂告光復。

九江起義成功，不但消除了南下清軍對武漢革命政府的威脅，還影響南昌、安慶等地相繼反正，對於整個革命局勢，關係重大。九江軍政府成立時，推馬毓寶為都督，徐世法為砲台司令，蔣群為參謀長，子超先生為民政部長，舒光庚為財務部長，鐵城先生任總參議，主辦與軍事有關的內務、外交聯絡事宜；後來又兼任過參謀處長、外交處長。當時鐵城先生以二十四、五歲的青年而膺此重任，亦足見他在策動九江獨立及組成軍政府的貢獻。

第二件大事是勸服東北當局擁護中央，完成全國統一。鐵城先生銜命赴東北，第一次係在民國十七年，先總統 蔣公統率的國民革命軍平定了華北各省的割據反抗勢力之後，前敵總指揮白崇禧率領數十隊大軍，正擬向東北推進；東北方面首領張學良等舉棋不定，一面派員商談，虛與委蛇，一面厲兵秣馬，準備迎戰；而日本方面，更由駐奉天領事在幕後威迫利誘，阻撓東北服從國民政府。鐵城先生便是在雙方劍拔弩張、大戰迫在眉睫的情勢下，代表中央政府及 蔣總司令出關，與東北當局誠懇剖析國家處境，轉達中央政策，加上他個人的智慧與言談風采，終於勸服了東北當局表明態度，由張學良、張作相、萬福麟等於十七年十二月二十九日聯名通電奉天、吉林、黑龍江、熱河四省改懸青天白日滿地紅國旗，遵奉三民主義，服從國民政府領導。全國統一大業，於此乃告完成。鐵城先生此行，於圓滿完成重大使命之餘，還在長春車站記下「不到東北不知中國之博大，不到東北不知中國之危機」兩句名言。

民國十九年二月，閻錫山、馮玉祥、李宗仁、白崇禧等四十五位將領聯合發表通電，反抗中央政府，並提出黨統問題。汪兆銘亦利用機會，先響應慫惠，繼則勾結配合，於是年七月，在北平舉行「擴大會議」，成立所謂「國民政府」。叛軍於三、四月間開始陸續對政府軍進行攻擊，中央政府亦下令動員，大加撻伐，此即民國史上所稱之「中原大戰」。當雙方大戰正在積極部署展開之時，東北軍之首領張學良對大局舉足輕重，成為政府與叛軍雙方皆欲爭取的對象。閻錫山方面代表湯壽泉到瀋陽活動；鐵城先生與岳軍先生則代表中央及　蔣公到東北與張學良等懇談；日本方面仍施故技：欲促使張氏與叛軍攜手，俾中國內亂繼續擴大。鐵城、岳軍兩先生到東北後，以靈活的手腕、感人的說詞，且於八月下旬與張學良等在北戴河盤桓一周，杯酒談笑間共商大計，使東北當局進一步體認中央安內攘外、團結救國的苦心。籌謀已定，與張同返瀋陽。張學良乃於九月十八日通電擁護中央政府，接受陸海空軍副總司令職務，改編軍隊，分路入關，進攻叛軍，先後攻佔天津、北平。閻錫山知大勢已去，退回山西，汪兆銘離北平；中央軍亦於十月先後克復洛陽、潼關、西安，叛軍將領紛紛輸誠，閻、馮辭職，殘部聽候改編，討逆軍乃勝利結束；全國統一局面，再告完成。這次鐵城、岳軍兩先生勸服張學良擁護中央，統軍入關協同作戰，對於平定閻、馮變亂，幫助頗大。所以鐵城先生兩次銜命赴東北，均順利完成使命，對全國統一，貢獻甚大。

第三件大事是加強聯繫僑胞、促進僑社團結、支持建國大業。鐵城先生一生不論身居何職，都非常關心僑胞，樂於和僑胞接近；而他於主持國民黨港澳總支部及中央海外部那幾年，更是專心積

極致力於海外工作，加強聯繫僑胞、促進僑社團結、解決僑胞困難，鼓舞僑胞熱烈贊助祖國抗戰建國。民國二十九年九月下旬，鐵城先生率領隨員數人，親至南洋各地訪問，經歷菲律賓、荷屬東印度（即後來獨立建國的印度尼西亞）、新加坡、馬來亞及緬甸等地，為時五個月，遍經大小城市百餘處，參加各地僑胞的集會及演講三百多次，辛勞備至，收穫甚豐；對於安慰僑胞焦慮心情，激勵僑胞抗日愛國意識，改善僑胞與僑居地政府關係，促進僑胞團結合作，都有顯著的效果。他返國後，在「宣慰南洋報告書」的結論中指出：「華僑之於南洋，實係南洋社會重心的主力，微華僑，不能有南洋社會之存在，微華僑，不能有南洋社會之進步，不能有南洋社會之繁榮安定。」「南洋為我國的外衛，其於國防上的關係，將日見重大，為今之計，亟宜發動國民外交，結合土人，並組織僑眾，以發揚我國王道文化的精神，建立三民主義的共存共榮的國際關係，一以增進弱小民族的福利，一以奠定世界和平的基礎。」後來他在重慶發起組織「南洋華僑總會（即今日「華僑協會總會」的前身），就是他擬協助政府推進這一構想的起步。」

民國三十八年春夏間，戡亂局勢逆轉，國家面臨危急存亡的關頭，鐵城先生為了協助政府爭取友邦及海外僑胞的支持，又不計辛勞，先後訪問日本、韓國、菲律賓、印尼及香港等地，對國家貢獻也很大。聞鐵城先生此行，對後來三十九年七月底盟軍統帥麥克阿瑟將軍由東京到台北訪問，及擬議籌組亞洲反共聯盟等大事，均做了一些鋪路工作。而向僑胞闡述反共政策，籌謀如何提振革命精神，維繫僑社的安定，及堅定支持政府反共的立場，收效尤為顯著。近三十多年，我曾多次到海外各地考察訪問，常常聽到年長僑胞們對鐵城先生昔年訪問當地僑社的往事，津津樂

道；足見鐵城先生的言行風采感人之深；也正由於他具有一份感人的親和力，維繫了不少僑胞的向心。

除了上述三事之外，鐵城先生一生的勳業中，當然還有很多很多受人欽佩景仰的事，如：主持上海市政及廣東省政時對市政及省政的建樹，擔任國民黨中央秘書長期間，協調團結各方人士共同致力於抗戰建國大業，民國三十七年兼任「第一屆立法委員集會籌備處主任委員」時，為行憲立法院訂定各種章則，建立規模體制等等，都對國家民族有很大的貢獻。此外，還有下面幾件事，雖是小事，但卻是我親自體會到的，益增我對鐵城先生的崇敬，故一併附記於後。

（一）民國三十一年，我將在中央政治學校大學部畢業前的一個月，（當時中央政校在系統上隸屬於國民黨中央委員會）鐵城先生向我們一百多位應屆畢業同學講話，他分析當時抗戰情勢，說明　總裁創辦政校並自兼校長的用意，勉勵我們怎樣做黨的好幹部。一個星期之後，他約我們粵籍同學十餘人談話，殷殷垂詢每位畢業後的志願，有何人願意留在中央黨部服務？有什麼是需要他幫忙？像家長對子弟一般，十分和藹可親。他並且說：「我擔任中央秘書長，對全黨幹部的培植與運用都要注意，同時我是廣東的鄉長，對於廣東青年，益特別關心」。他公務十分繁忙，而能撥冗注意到我們大學剛畢業的青年，我內心十分感動，當時頗有到中央黨部追隨他工作的念頭，可是後來想到在一個月前已承甘乃光先生介荐至中央設計局服務，不宜變更，因而作罷。（畢業後粵籍同學在中央秘書處工作者有梁聲泰兄，在中央海外部工作者有羅金水兄。）

（二）民國三十二年七月，中央宣傳部副部長潘公展先生約我見面，說中央宣傳部有一所直屬黨報（中山日報）設在韶關（戰

時廣東省會），希望我回廣東擔任該報總主筆。我心中在考慮時，潘先生再說，此事部長已經決定了。我知道師命難違（當時部長是張道潘先生，我就讀政校第二年，他是教務主任，第三、四年他任教育長），只好答應，但盼在一個月後動身。告辭時，潘先生說：「中山日報社長吳公虎是鐵老的舊屬，你的事是和鐵老商量過的，行前要去看鐵老」。後來我才知道：原來是吳社長請鐵城先生物色總主筆，鐵城先生尊重宣傳部的職權，乃轉由宣傳部辦理。幾天後，我在中央黨部晉見鐵城先生。我未坐定，他已先說，大意是：「公展先生已有電話，你回廣東很好。目前廣東有三家大報，一家(指大光報)和省政府有關，一家（指建國日報）和七戰區長官部有關；他們之間不大融洽，中山日報是中央直轄黨報，在言論方針及地方新聞的處理，要本著中央超然的立場，不可偏倚。將來有可能，還應設法化解他們之間的誤會」。我說：「秘書長前一項指示我一定做到，至於後一項，因人微言輕，能做到多少，未能預料。」他接著講一些勉勵我的話，最後說：「中山日報現任總編輯一向在香港辦報，對中央政情不大了解，我會通知公虎，關照他對於這方面多和你研究。」談了約半小時，在告辭前，我請鐵城先生惠賜墨寶，他說：「我不喜請別人代筆，現在就寫給你罷！」隨即在書櫃中取出一張宣紙（約三尺長、二尺寬），就在辦公桌上為我寫了一幅中堂，親自蓋上印章後送給我。我步出中央黨部大門，從上清寺回棗子嵐埡中央設計局途中，覺得這次晉見鐵城先生，心中有幾點難以忘懷的感想：（1）他當年公務十分繁忙，然對廣東的情勢及重要幹部間的意見，仍十分瞭解，連中山日報社長和總編輯的長處和短處，也十分清楚，真是細心而有超人的記憶力。（2）對我回粵工作的基本方向及重要原則，有非常中肯而

明確的提示。（3）態度親切，沒有一點大官員的架子；我請求題字，不但欣然同意，且說了就做，立即揮毫，顯示出爽朗明快的性格。（4）吳社長請他物色總主筆人選，他本來可以就較熟稔的同志中決定一人便是，但他仍然交宣傳部處理，俟宣傳部考慮人選後再和他商量，這是他重視分層負責及長於協調聯繫的地方。

（三）抗戰勝利復員，我返廣州任國民黨廣東省黨部宣傳科長，未幾，廣州市黨部改組，我調任市黨部執行委員，兼廣州日報社長。三十五年春，廣州市參議會成立，我任市參議員，並連續數屆當選駐會委員。光復後，首任廣州市長陳策（碩籌）於三十五年六月辭職，由歐陽駒（惜白）繼任。歐陽市長個性孤傲固執，市政府與市參議會之關係，大不如陳市長時代。因我在市參議會中常常批評市政，廣州日報亦常報導、評論市政的得失，致引起歐陽的誤會。三十六年春，市府計劃將廣州沙基河填平然後分段出售土地，我在市參議會和幾位同仁提案反對獲得通過後，歐陽大為憤怒，在市政會中宣佈，希望市屬各單位以後盡可能停止或減少在廣州日報刊登公告，欲藉此以意圖報復。我聞悉後，乃在廣州日報社務會議中宣佈：「廣州市政府所屬各單位的公告如不在廣州日報刊登，是市政府的損失，不是廣州日報的損失，我們不必介意」。約兩個月後，潘公展先生自上海來信，勸我對市政府宜多體諒容忍，並舉他自己的經驗為例（他當時是上海申報社長兼上海市參議會議長）。我判斷一定是有人把市參議會及廣東日報對市府不滿的事情向鐵城先生報告，而由鐵城先生託潘先生寫信給我；因為歐陽市長及市府各單位首長，大半都是鐵城先生舊屬，故他對廣州市府，十分關切，是年冬，我因事赴南京；到南京後的第三天下午，鐵城先生在家中接見我。我預料這次他可能

會責備我，所以我坐下不久，就先將市政府對市參議會及廣州日報產生誤會的幾樁事情，扼要地向他報告。他聽完之後，非但對我沒有責備，且還溫言慰勉。他說：「我國即將進入民主憲政時期，民主政治的運作，議會當然更該監督政府；而民主社會裡，輿論也應代表民眾講話。目前要做的事情很多，但以團結和爭取民心最為重要。如果我處於你的地位，亦可能和你一樣；啊，也許不會的，因為我對惜白的個性太瞭解了。」（大意如此）我聽完這番話之後，對鐵城先生的寬宏氣度與政治藝術更為敬佩。

（本文原載於《僑協雜誌》，第 16 期，民國 76 年 4 月 6 日，頁 12-14。）

附錄

附錄一、華僑協會總會七十年耕耘紀實

李盈慧[*]

一、前言

華僑協會總會於 1942 年在重慶成立，由吳鐵城博士與數十位國民黨黨國元老共同發起，2012 年邁入第七十週年。華僑協會總會成立七十年來，經歷了抗戰、遷移來台、中華民國退出聯合國等等重大史事，終能屹立不搖，與海外華僑共同勉力奮鬥。人生七十古來稀，於今華僑協會總會屆滿七十週年之際，不能不對於過往的經歷有所回顧，並展望未來。

本文之目的，在於經由史料的收集與整理，而後呈現華僑協會總會的發展歷史，並且對於前人辛苦經營本會的過程有所緬懷。

由於華僑協會總會近年來的活動多半在《僑協雜誌》中有所呈現，而早期之史事反而因為年代久遠而缺乏紀錄，因此本文主要強調早期之會務及活動概況，而對於近年來之會務則著墨較少。文章最後還附錄了華僑協會總會的大事年表及歷任理監事名單。由於華僑協會總會本身幾乎沒有保存自己的史料，因此歷任理監

---

[*] 國立暨南國際大學歷史學系教授、通識教育中心主任。

事名單是非常不完整的。

　　本文主要史料為華僑協會總會的各種出版品，其中最重要者當為《僑協雜誌》，另外，相當重要的是國民黨黨史館史料。至於歷任理事長之個人資料，除了他們個人的回憶錄、口述訪問錄、逝世週年紀念集等之外，多半取材自國史館出版的《國史館現藏民國人物傳記史料彙編》、《中華民國褒揚令集》等，報紙史料則採用《中央日報》、《聯合報》、《徵信新聞報》（即《中國時報》之前身）。另外，除了最新一任理事長陳三井先生之外，歷任理事長都是廣東省人，因此筆者還特別查詢了台灣出版的《廣東文獻》，果然在《廣東文獻》找到一些有用的史料。

　　必須特別提出者，《中央日報》、《聯合報》、《徵信新聞報》（即《中國時報》之前身）在 1950 年代至 1960 年代對於華僑協會總會的報導較多，爾後華僑協會總會的消息就極少出現在這幾份最重要的報紙上，因而追溯華僑協會總會的史事更加困難。

　　在找尋史料及撰寫過程中，必須特別感謝暨南國際大學畢業生、現為政治大學台灣史研究所碩士生的莊景雅同學。最後要感謝華僑協會總會給予筆者研究經費及一切協助。本文仍有許多未臻完善之處，尚祈專家學者指正。

二、吳鐵城與華僑協會總會的創立

　　華僑協會總會的創立，是在中國對日抗戰時期，發起人是當時擔任國民黨中央秘書長的吳鐵城先生。

　　吳鐵城先生（1888-1953），廣東香山人，生於江西九江。幼年學習經史及英文，稍長進入江西九江同文書院讀書，後認識林

森，遂加入同盟會。1911 年武昌起義後，11 月被推舉為江西省代表，出席南京各省代表會議，組織臨時政府。其後始終追隨孫中山先生革命事業。1930 年遊說張學良支持中央政府，使中原大戰得以結束。1932 年 1 月，任上海市市長兼淞滬警備司令，隨即爆發日本侵華的「上海一二八事變」，吳鐵城應付變局，配合作戰。1937 年 5 月，調任廣東省政府主席，1938 年 10 月，廣東被日軍攻陷，脫險抵達重慶。1939 年奉命主持國民黨港澳黨務，兼指導閩粵兩省抗戰宣傳工作。1939 年 12 月出任國民黨中央海外部長。1941 年 4 月擔任國民黨中央秘書長，直到抗戰勝利。抗日戰爭勝利後，歷任黨政要職。1948 年 12 月任行政院副院長兼外交部部長。1949 年 10 月赴香港，後轉赴臺灣，任總統府資政。1953 年 11 月 19 日在臺北病逝，享年 65 歲。[1]

吳鐵城先生在國民黨內資歷很深，被尊稱為「鐵老」。[2]海外僑胞對鐵老甚為景仰。[3]鐵老這一生對海外工作特為重視，他不論身

---

[1] 張震西，〈吳鐵城先生生平事略〉，收於《吳鐵城先生紀念集（一）》（台北：出版資料不詳），頁 1-10。秦孝儀主編，《中國現代史辭典——人物部分》（台北：近代中國出版社，民國七十四年六月初版），頁 162-163。百度百科網站 http://baike.baidu.com/view/463002.htm，2010 年 7 月 1 日閱讀，此網站之記載略有錯誤，筆者已予修正。

[2] 周雍能，〈三十五年來我與鐵老〉，收於《吳鐵城先生逝世十週年紀念集》（台北：出版資料不詳），頁 58-59。陳立夫，〈氣度恢宏的吳鐵老〉，收於《吳鐵城先生逝世廿週年紀念集》（台北：出版資料不詳），頁 2。莊心在，〈吳鐵老與抗戰期中的南洋〉，收於《吳鐵城先生逝世廿週年紀念集》，頁 62。黎晉偉，〈鐵老風範使我終生不忘〉，收於《吳鐵城先生逝世廿週年紀念集》，頁 78-79。祝秀俠，〈抗戰期間鐵老訪問南洋簡記〉，收於《吳鐵城先生逝世三十週年紀念集》，頁 47。黃天鵬，〈追懷開國元勳吳鐵老〉，《廣東文獻》，9 卷 3 期，頁 12-16。毛松年，〈鐵老勳業留人間〉，《廣東文獻》，13 卷 3 期，頁 7。

[3] 毛松年，〈鐵老勳業留人間〉，《廣東文獻》，13 卷 3 期，頁 7。

居何職，處身何地，無不以最大關切來注意華僑問題，推進海外工作，故被尊稱為「華僑導師」。[4]也被稱為「華僑之友」。[5]

1939 年 12 月國民黨中央任命吳鐵城先生為海外部長，1940年秋間吳氏啣命代表蔣中正總裁宣慰南洋華僑，以轉達政府軫念德意外，並促請華僑加強團結，早日籌劃自衛，與當地政府合作，共同對抗日軍，同時對政府輸財參軍，以支持長期抗戰。吳氏由香港而菲律賓、印尼巴達維亞、爪哇、蘇門答臘、新加坡、馬六甲、馬來亞、緬甸各邦，歷時五閱月，舟車三萬里，經一百三十餘城市，講演三百餘次，因人因地，發表議論，深獲當地政府與人民，以及華僑之熱烈歡迎與衷心共鳴。[6]

1941 年底太平洋戰爭爆發後，南洋各地淪陷，當地的華僑同胞遭到危難，為謀歸僑之安置與僑鄉之救濟，吳鐵城遂聯絡南洋華僑與國內人士共同創設「南洋華僑協會」。[7]

1942 年 4 月 26 日國民黨中央秘書長吳鐵城已指定徐可均、陳慶雲、余俊賢、黃天榮、鄭振文等九人為「華僑協會」的籌備員。[8]

「南洋華僑協會」發起人為吳鐵城、馬超俊、許世英、王雲

4　鄭彥棻，〈終生為僑胞服務的鐵老〉，《廣東文獻》，6 卷 3 期，頁 57-59。

5　張其昀，〈追懷吳鐵城先生〉，《吳鐵城先生逝世二十週年紀念集》，頁 10。穆超，〈懷念革命先賢吳鐵城先生〉，《吳鐵城先生逝世二十週年紀念集》，頁 171-172。

6　鍾正君，〈豁達大度的吳鐵城先生〉，《吳鐵城先生逝世二十週年紀念集》，頁 158-159。原文是民民國廿九年（1940 年），但是實際上是 1939 年 12 月，參考劉維開編，《中國國民黨職名錄》（台北：中國國民黨中央委員會黨史委員會，民國八十三年十一月廿四日初版），頁 149。文中句子取自鍾正君文，而相似之內容亦見於穆超，〈懷念革命先賢吳鐵城先生〉，《吳鐵城先生逝世二十週年紀念集》，頁 171-172。

7　馬超俊，〈鐵城先生與我──悼念華僑協會吳故理事長〉，《吳鐵城紀念文集》，頁 11。盧偉林，〈「僑協」與「僑聯」〉，《僑協雜誌》季刊廿五期（民國七十八年夏季號），頁 54。

8　〈海外黨務高級幹部會議討論事項（民國 31 年 4 月 26 日）〉，國民黨黨史館藏，檔案號碼：特種檔案 8/3.87。

五、張道藩、蕭同茲、朱家驊、戴愧生、黃天爵、徐柏園、陳慶雲、林慶年、連瀛洲等 51 人，於 1942 年 5 月 10 日下午 3 時，假重慶國府路中國國民黨中央黨部大禮堂舉行成立大會。[9] 5 月 11 日的《中央日報》對於此事之報導如下：南洋華僑協會成立大會，十日下午三時假中央黨部大禮堂舉行，出席者吳鐵城、許世英、劉維熾、陳立夫、潘公展、王雲五、劉紀文、徐恩曾、洪蘭友、余俊賢、甘乃光、王正廷、錢永銘、貝淞蓀、陳策等二百餘人，當推吳鐵城、許世英、陳立夫、陳樹人、朱家驊、劉維熾、康兆民、林慶年、黃樹芬等為九人為主席團，吳鐵城為總主席，行禮如儀後，首由吳主席致開會詞，繼由社會部部長谷正綱致詞，後由陳部長立夫、劉部長維熾、前新加坡商會主席林慶年等相繼致詞。即開始討論，大會通過恭請總裁為名譽理事長，敦聘孔祥熙為名譽副理事長，吳稚暉、戴傳賢、孫科等十八人為名譽理事，王正廷等三十七會員為名譽理事。臨時動議，全場一致通過電總裁主席致敬，並電慰海外僑胞及前方將士。[10]

5 月 10 日的成立大會，經一致推選吳鐵城等三十一人為理事，陳訪先等十五人為候補理事，陳果夫等九人為監事，王吉士等四人為候補監事，並由大會提交理事會聘請王志華、劉攻芸、徐國懋、黃元彬、沈宗濂、陶桂林、刑雲岑等四十九人為經濟事務委員會委員。聘請葉溯中、郭威白、鄧公玄、浦薛鳳、周演明、吳文藻、羅香林等四十二人為設計委員會委員，旋經全體出席人員

9　盧偉林，〈「僑協」與「僑聯」〉，《僑協雜誌》季刊廿五期（民國七十八年夏季號），頁 54。

10　《中央日報》，民國 31.5.11（週一）三版，重慶出版。

通過大會宣言。[11]

南洋華僑協會的宣言，是很長的一篇文獻，對於中國與南洋的關係、華僑對祖國的貢獻、日軍南侵與南洋地位之重要均有著墨，其最後則談到該會創立之宗旨：「故南洋之地位，與夫南洋華僑之力量，實方興未艾，其發展將千百倍於既往。同人等有鑑於此，爰創本會，旨在聯絡海內外同胞，集思廣益，互助合作，以期造福南洋，激勵僑胞，進而協助南洋友邦，永奠世界和平，世變方殷，寇患末已，當世賢達，幸共圖之。」[12]

「南洋華僑協會」成立後，便籌備在全球各地成立分會，但是時值戰爭期間，南洋地區大都淪入日軍控制中，故分會之成立不易開展。當時似只有未被佔領的印度有「南洋華僑協會」分會的籌備。[13]抗戰勝利後，1945 年又有馬來亞華僑協會之創立，[14]以及荷印華僑協會之成立。[15]

「南洋華僑協會」成立後，秉持「聯合海內外同胞，互助合作，協力繁榮南洋華僑事業，促進國內建設，並協助南洋各友邦、各民族」之宗旨，對於歸國僑胞之接待引導，及提供海外僑眾之委託顧問，莫不給予便利，竭誠服務。同時，該會對於政府撫慰僑情，宣揚國策，團結僑胞，便利僑匯，推廣僑教亦協助進行，

不遺餘力。[16]

抗戰勝利後，海內外會員急劇增加，1947 年秋天在南京召開會員大會。[17]會址遷到南京，仍由吳鐵城主持。[18]

1948 年 6 月 6 日召開會員大會，為了開展會務，擴大組織起見，決定以全球各地華僑問題之研討及華僑事業之輔導為對象，[19]經吳鐵城提案，大會決議，改為「華僑協會」，會務推廣及於全世界，凡有華僑足跡之處都在其內，不僅南洋而已，一切部署與策劃，都對著全體僑胞福利而定。[20]同時改選理監事，吳鐵城、陳慶雲、劉維熾、林慶年、丘漢平五人當選常務理事；戴愧生當選常務監事。另推定周雍能為秘書長，莊心在為副秘書長。[21]該會曾主辦南洋僑團訪問剛光復的台灣。政府遷台後，該會經費支絀，會務活動陷入困境。[22]

此時雖已將「南洋華僑協會」改名為「華僑協會」，但似乎尚未用「華僑協會總會」的名稱。

---

[16] 盧偉林，〈「僑協」與「僑聯」〉，《僑協雜誌》季刊 25 期（民國七十八年夏季號），頁 54。

[17] 張其昀，〈追懷吳鐵城先生〉，《僑協雜誌》十六期，頁 7。盧偉林，〈「僑協」與「僑聯」〉，《僑協雜誌》季刊廿五期（民國七十八年夏季號），頁 54。這兩篇文章都稱：1947 年秋天在南京召開會員大會，並且改名為「華僑協會總會」，但《中央日報》民國 37.6.4 則稱 1948 年才改名。

[18] 右孟，〈馬星樵先生百齡冥誕徵詩文啓〉，《廣東文獻》，15 卷 2 期，頁 17。

[19] 《中央日報》，民國 37.6.4（週五）二版，「該會現因開展會務，擴大組織起見，將改名稱為華僑協會，以全球各地華僑問題之研討及華僑事業之輔導為對象，並定本月六日下午三時在華僑招待所，舉行會員大會，商一切進行事宜，並改選本屆理監事。」

[20] 周雍能，〈三十五年來我與鐵老〉，《吳鐵城先生逝世十週年紀念集》，頁 59。。

[21] 《中央日報》，民國 37.6.7（週一）四版。

[22] 盧偉林，〈「僑協」與「僑聯」〉，《僑協雜誌》季刊 25 期（民國七十八年夏季號），頁 54。

國內方面，華僑協會也設有若干分會，例如：南洋華僑協會雲南分會[23]、上海分會。華僑協會上海分會由華僑自己發起，一切經費由會員負擔，不用公款，上海中興、華僑、廣東各銀行及先施、永安、大新、新新四家公司，華菲、南洋兄弟二家烟草公司，虎標永安堂皆加入上海分會，會址設在永安公司六樓。[24]

三、遷台後僑協重要會務活動

　　1949 年政府遷移來台，華僑協會總會也落腳台北。理事長仍是吳鐵城，艱困撐持。

　　華僑協會總會歷任理事長任期如下：

　　吳鐵城（1942-1953）

　　馬超俊（1953-1973）

　　高　信（1973-1993）

　　張希哲（1993-2000）

　　梅培德（2000-2005）

　　伍世文（2005-2012）

　　陳三井（2012-）

　　下文依照時間順序，分別介紹各理事長任內之重要活動。

（一）吳鐵城理事長時期（1942-1953）——遷台及召開大會

　　遷台後，吳鐵老在經費困難，篳路藍縷中，依然為華僑協會

---

[23] 〈侍二處致吳鐵城函（民國 34 年 4 月 15 日）〉，國民黨黨史館藏，檔案號碼：特種檔案 31/43.93。

[24] 戴愧生，〈最瞭解華僑的鐵老〉，《吳鐵城先生逝世十週年紀念集》，頁 30。

總會之恢復運作而努力。

1952 年吳鐵城先生經由華僑協會總會常務理事黃朝琴的協助，借得台北市南昌路一段 94 號第一銀行二樓作為會址，5 月 4 日召開大會，到有會員 500 餘人，由吳鐵城主持，通過促請海外僑胞對中共經濟制裁，擴大反共宣傳，支援泰國僑胞，要求泰國政府減免外僑隨身證費，救濟韓國難僑等重要議案，也通過年度工作計劃。1953 年 11 月 19 日吳鐵城心臟病發逝世，由馬超俊先生繼任理事長。[25]

鐵老來台後為了華僑協會總會的經費及會所，費盡心力，並且墊付了自己的許多錢，其情形可謂困窘至極，從王紹齋的回憶文字中不難看出鐵老的用心：「他繼續將創辦華僑協會的經過，及來臺復會的情形告訴我，並云：『現在該會收入毫無，我已墊了許多錢，外面還欠了許多債，現在只有基地一塊，是否將此基地質押還債，如果不能維持，趕緊代我結束，因為我的經濟情形不許可再墊款，你看過了以後再來報告我。』我辭出後逕往南昌會所，首先查閱帳冊，除工作人員欠薪不計外，外間欠債約一萬餘元，而欠債中最大的一筆是傢俱，約佔債務百分之五十以上。(筆者按：王紹齋將大櫥櫃兩隻退還傢俱行，於是解決會中債務的一半。)……次日我將詳情報告鐵老，我主張繼續維持不應結束，鐵老考慮後復云：『如果五千元可以解決，那就不必將土地去質押，我可以交你五千元，但是以後不能再向我要錢。』我當時即應允鐵老，負責以後不再向他要錢。鐵老即付我現款五千元，我拿到錢後，

---

[25] 盧偉林，〈「僑協」與「僑聯」〉，《僑協雜誌》季刊廿五期（民國七十八年夏季號），頁 55。

首先發欠薪遣散職員，並將債務清償，只留工友一人，一切自己動手做，並和大超兄張震老（筆者按：李大超及張震西）商量開源辦法，除加緊收取會費，維持日常開支外，並著手徵求新會員，旋請鐵老出面請客，籌募基金，就募得基金六萬元（華僑協會及國民外交協會各分得三萬元），足可維持華僑協會和國民外交協會經常開支，同時徵求會員亦獲得大宗收入，會務日漸展開，我當即置備摺椅百餘張及茶會器具等，有時舉行茶會歡迎歸國僑胞，或舉行演講會，並曾發行僑訊一種，是時鐵老心情亦頗愉快，每星期必到會二三次，同時計畫籌建新會所。在鐵老逝世的前一日，下午三時左右，鐵老曾到會和我談了一個多小時，旋大超兄亦到，他最後對我說：『有一筆華僑捐款美金一千元，明天我交給你，你去設法存放生息，做為建會所基金。』說完他站起來要走，大超兄問他去哪裡，他說要去理髮。不料次晨即聞鐵老逝世消息。他去世後在他西裝口袋裡找到一千元美金支票，即係次日準備交給我的那筆捐款，後已由幼林兄（筆者按：吳鐵城公子）轉交後使用掉了。」[26]

　　「華僑協會」之名稱，在 1952 年已有「華僑協會總會」之名稱，[27]但同年一度稱為「中國華僑協會」，[28]1953 年以後基本上都通稱「華僑協會總會」。[29]

---

[26]　王紹齋，〈懷念鐵老談往事〉，《吳鐵城先生逝世二十週年紀念集》，頁 95-97。

[27]　《聯合報》，民國 41.5.5（週一）二版，「華僑協會總會，昨日舉行年會」。《徵信新聞》，民國 41.5.5（週一）二版，「華僑協會總會，促請海外僑胞對匪經濟制裁」。

[28]　《中央日報》，民國 41.6.25（週三）四版，「中國華僑協會招待四僑團」，理事長仍是吳鐵城。

[29]　《中央日報》，民國 42.5.30（週六）四版，此時已改稱「華僑協會總會」。《聯合報》，民國 42.12.28（週一）三版，「華僑協會總會，昨開會員大會」。

華僑協會總會章程明訂：「本會總會設在首都所在地，並得於海外各地及國內重要都市，酌設分會或通訊處。」[30]1953 年 6 月，首先成立澳門分會。[31]其後有韓國、英國之華僑協會分會紛紛成立。[32]

遷台後，鐵老致力於籌建一所華僑會館。他逝世前，在會所最後一次所寫的字為「籌建華僑會館」，蓋因當時台北新式旅社太少，又無其他適合之僑胞招待所，鐵老恐怕愛國僑胞遠道回來，無舒適之住處，不能安居，故念念不已，當時雖十分疲乏，仍要寫下籌建華僑會館字條交華僑協會速辦。[33]這項工作在馬超俊理事長任內完成。

此外，1950 年吳鐵城理事長奉使印尼，順道訪問印尼、菲律賓、韓國、日本慰問僑胞，促進僑胞與祖國的關係。1951 年秋，華僑協會總會組織國樂團，赴菲律賓訪問演奏，受到盛大歡迎，收到良好效果。[34]1952 年 5 月華僑協會總會促請海外僑胞對大陸匪區進行經濟制裁。[35]1953 年 4 月 29 日華僑協會總會常務理監事在吳鐵城理事長主持下，曾與中國國民外交協會常務理監事舉行聯席會議，討論籌備組織南洋經濟考察團，並繼續號召海外僑胞

---

[30] 〈組織章程〉，收於《華僑協會總會概況》，民國四十七年十月一日，頁 4。而〈華僑協會總會章程〉（民國八十四年二月十九日第十三屆第四次會員大會修正通過），收於《華僑協會總會簡介》（台北：華僑協會總會編印，民國八十五年八月），頁 13-14，則是記載著「總會設在中華民國中央政府所在地，並得於海外各地及國內重要都市，酌設分會或通訊處」。

[31] 《聯合報》，民國 42.6.17 一版。

[32] 《聯合報》，民國 53.8.14 三版，《聯合報》，民國 54.6.24 二版。

[33] 周雍能，〈三十五年來我與鐵老〉，《吳鐵城先生逝世十週年紀念集》，頁 59。

[34] 盧偉林，〈「僑協」與「僑聯」〉，《僑協雜誌》季刊廿五期（民國七十八年夏季號），頁 55。另有相似之文字為馬超俊，〈鐵城先生與我──悼念華僑協會吳故理事長〉，《吳鐵城紀念文集》，頁 11。

[35] 《徵信新聞》，民國 41.5.5（週一）二版。

來台考察，以加強策進海內外文化與經濟之交流。[36]

　　為了紀念吳鐵城先生創立華僑協會的貢獻，當 1976 年 3 月 9 日鐵老八十晉八冥壽時，華僑協會總會在會所內鐵城堂前，樹立吳鐵城先生銅像，並舉行銅像揭幕儀式，曾任僑務委員會委員長的鄭彥棻先生在銅像揭幕時致詞，說明鐵老最瞭解華僑的艱難和僑務的重要，常常提出對華僑應注意「與」，而不能僅謀求「取」。吳鐵城先生銅像是劉大師的傑作，銅像背面刻了鐵老傳略外，還有銘言「華僑足跡遍天下」。此後敦化南北路中，鐵老銅像與吳稚老、于右老銅像鼎足而三。[37]這是在高信擔任理事長期間樹立的。

　　鄭彥棻說吳鐵老最瞭解華僑的艱難和僑務重要，常常提出對於華僑應注意「與」，而不能僅謀求「取」的看法，這給予鄭彥棻很重要的啟示，影響他日後對待華僑事務與問題的思維，此後對待海外各地僑團，一方面健全其發展，一方面推進各地全僑性社團，可知吳鐵老對華僑事務影響之深。鄭彥棻並說，吳鐵老一生對海外工作特別重視，不論身居何地，無不以最大關切及注意華僑問題，推進海外工作，所以被尊稱為「華僑導師」。這位華僑導師，對於華僑最重視三個問題：要以團結僑社為工作目標、要以服務僑胞為工作中心、要以發展組織為工作起點。因此我們不難瞭解華僑協會總會的主要宏旨為何，此即是在吳鐵老核心概念關注之下而成立的重要組織，扮演著團結華僑與僑團的世界性重要角色，我們也不難看出後面繼任的諸位僑協理事長亦帶領著華僑協會

---

[36] 《中央日報》，民國 42.5.30（週六）四版。吳鐵城當時兼任華僑協會總會與中國國民外交協會之理事長。

[37] 鄭彥棻，〈終生為僑胞服務的鐵老〉，《廣東文獻》，6 卷 3 期，頁 57。黃天鵬，〈追懷開國元勳吳鐵老〉，《廣東文獻》，9 卷 3 期，頁 12。

往這樣的高度及廣度的層面去發展，世界各地的分會遍地開花，僑協雜誌也扮演著聯絡華僑動態的關鍵性角色，僑協組織及雜誌的發展與時俱進，不能不說是吳鐵老的理念至今仍有深深的影響。[38]

（二）馬超俊理事長時期（1953-1973）
——敦化北路會館建成

馬超俊先生（1886-1977），字星樵，廣東台山人。少失怙，恃母教養長大，赴香港習藝，工餘入少年學社，啟發民族思想，赴美舊金山，入造船廠工作，加入致公堂，初謁孫中山於大同報館，遂決心革命，次年奉命返港，在工人之間宣傳革命，赴日本，入明治大學研讀政治經濟，加入同盟會。民初參加討袁，後隨孫中山南下護法，孫中山逝世後，奉派赴南北美洲，視察黨務。回國後，參與清黨活動，1930年任華北黨務特派員，1931年任南京市長，辭職後任立法委員。歷任國府委員，社會部副部長，組織部副部長。來台後，任國民黨中央要職，1977年9月19日病逝，年92歲。其著作甚多。[39]

吳鐵城於1953年11月逝世後，12月27日開會員大會，代理事長馬超俊被選為理事長，為了紀念該會故理事長吳鐵城，會中通過儘速建立華僑會館，並在館中建立「鐵城紀念堂」，設置吳鐵城獎學金。另並通過在台灣設立華僑中學及函授學校。[40]不過，華僑中學及函授學校，後來由政府部門創辦。

---

[38] 鄭彥棻，〈終生為僑胞服務的鐵老——吳鐵城先生銅像揭幕禮紀念〉，《傳記文學》，29卷3期，頁48-50。

[39] 秦孝儀主編，《中國現代史辭典——人物部分》（台北：近代中國出版社，民國七十四年六月初版），頁260。

[40] 《中央日報》民國42.12.28（週一）四版。《聯合報》民國42.12.28（週一）三版。

馬超俊理事長任內最重要的工作是為華僑協會總會覓得敦化北路的土地，並且建立會所。

吳鐵老仙逝後，由馬超俊繼任理事長，工作很難開展。幸好吳鐵老任內已籌好一筆款，便買了信義路一塊地，後來賣了，轉買忠孝東路之地，再賣了，買了今日敦化北路之地。今日敦化北路之地當時似是三百元一坪，是高信向馬超俊建議購買的，此為國有財產，屬於空軍所有，照公訂價格，比忠孝東路之地便宜。不久高信出任僑務委員會委員長，遂提議速建會所，又恐怕各方面介紹建築商太多，難以選擇，遂決定委託土地銀行代為辦理，設計師為黨國元勳陳少白先生的公子陳濯。此議得到華僑協會總會理監事全力支持，並在行政院領導下，組織一個籌建輔導小組，由僑委會、財政部、主計處等機關共同辦理，僑委會第一處處長詹競烈為執行秘書，公開策進，一年半內全部完成。[41]

座落在敦化北路的華僑協會總會會館，於 1969 年 10 月 31 日下午三時揭幕，由當時的考試院院長孫科剪綵。孫科在揭幕禮致詞，希望華僑協會能成為一個服務機構，幫助僑胞們瞭解祖國的投資環境，使更多的華僑回國投資，協助祖國發展經濟。[42]華僑協會從此邁進一個新的歷程。[43]

「華僑會館」的名稱是吳鐵城和李大超商定的。李大超回憶說：哲老（筆者按：孫科）在鐵老逝世後，為了鐵老手創的華僑

---

[41] 高信，〈我敬佩的馬星樵先生〉《僑協雜誌》十一期（民國七十四年十二月三十一日），頁 39。

[42] 《聯合報》，民國 58.11.1 二版。

[43] 盧偉林，〈「僑協」與「僑聯」〉，《僑協雜誌》季刊廿五期（民國七十八年夏季號），頁 55。

協會總會所建築的「華僑會館」親自提了召額（筆者按：原文為「召額」，應是指「匾額」），以留作紀念鐵老的精神。我們在敦化北路來來往往，就可看到華僑會館的船型建築物了。這華僑會館的定名，是鐵老逝世的前夕下午五時在南昌街第一銀行南門分行樓上華僑協會總會辦公室，和我當面商定的，他還以紅鉛筆寫下這個名稱的。為什麼定下這個名稱呢？是為了「華僑為革命之母」，華僑足跡遍天下，要為華僑回來有個聚集的場合，所以定名華僑會館，我們應該遵從鐵老的遺志，要好好的運用，必須做到成為全球華僑共同運用的會館，才是鐵老生前所計畫和定名的真意，也就是鐵老的華僑服務精神。[44]

由李大超的回憶也可以瞭解，當初敦化北路的華僑會館，亦即今日的華僑協會總會之會所，設計師陳濯將之設計成一條船的形狀，似乎是象徵華僑出洋所搭乘的船。

馬超俊先生上任理事長後，仍有經費不足之問題，其解決之道乃透過當時的總務組長陳士誠發函海外光復大陸設計委員會每人繳交三百元捐贈華僑協會並徵求團體委員以幫助費用開銷，減低經費左支右絀的問題。[45]

馬超俊接任後，敦促政府儘速落實「獎勵華僑回國投資」方案。1955 年 11 月 19 日「華僑回國投資條例」完成立法，蔣中正總統明令頒布實施。海外華僑紛紛回國投資，參與國內經濟建設

---

[44] 李大超，〈鐵老精神永在　紀念鐵老逝世二十週年〉，《吳鐵城先生逝世二十週年紀念集》，頁 171-172。

[45] 陳士誠，〈馬超俊先生與華僑協會〉，《僑協雜誌》五十六期（民國八十六年四月三十日），頁 23。

行列，為爾後發展高科技工業奠下根基。[46]

　　馬超俊任內，於 1959 年成立華僑文教事業委員會，由張希哲先生擔任主任委員，在張希哲先生任內出版《華僑問題研究叢書》五種，由正中書局經銷，其書目分別為《五十年來的華僑與僑務》、《中共的僑務政策與僑務工作之研究》、《華僑政治生活》、《美國華僑史略》、《華僑史論集》。並舉辦座談會數次，張氏又協助接待歸國僑胞及處理相關會務等。[47]

　　華僑協會總會創始人之一祝秀俠先生，倡議在華僑協會總會會所建立一個鐵城堂，以紀念吳鐵城創辦本會之功績。[48]

（三）高信理事長時期（1973-1993）
──注重文教發展及維護華僑參政

　　高信先生（1905-1993），別字人言，廣東省新會縣人。1905年 8 月 14 日生，父親曾先後赴印尼泗水及美洲古巴為勞工，後在墨西哥開店，父子甚少見面。高信於 1925 年高中畢業，時年廿一歲，隨後即赴德國留學，留德五年。在德國加入國民黨，旋即任書記。1932 年回國，擔任劉健群創辦的「政訓班」上校教官，後在中央政治學校地政學院任教四年。1936 年任廣東省地政局副局長，1937 年吳鐵城任廣東省長，請高信任廣東省地政局局長。1940年 4 月任廣東省府秘書長兼地政局長。來台後，1950 年起任教育

---

[46] 伍世文，〈華僑協會總會與我〉，未刊稿，感謝伍前理事長提供此文。

[47] 張存武訪問，李郁青紀錄，《張希哲先生訪問紀錄》（台北：中央研究院近代史研究所，民國八十九年八月），頁 214。張希哲，〈我參與華僑協會五十年〉，《僑協雜誌》五十六期（民國八十六年四月三十日），頁 26。

[48] 陳士誠，〈秀俠先生對華僑協會的貢獻〉《僑協雜誌》十五期（民國七十五年十二月三十一日），頁 54-55。

部次長八年，1961 年逢甲工商學院（筆者按：即今日之逢甲大學）創辦，1962 年 8 月 25 日高信任逢甲工商學院院長，同年 12 月 3 日出任僑務委員會委員長，在任九年半，有許多突出與創新的業績，為往後歷任僑務設施作基礎。[49]高信先生一生還擔任許多職務，曾任國民大會代表、主席團，在國民黨內，歷任中央委員、中央評議委員，並先後被禮聘為國防研究院講座、總統府國策顧問、總統府資政等，1993 年 9 月 10 日病逝台中，享年九十歲。[50]

　　1972 年馬超俊理事長因病住院，無法執行職務，堅決辭去理事長職務，理事會乃於 1973 年勉予同意其辭職，並敦聘為名譽理事長，會中同時選出高信先生接任理事長職務。高先生出任理事長是由華僑協會總會同仁敦請而來的。僑協在高理事長主持下，再創新猷。[51]高信先生擔任理事長二十年間，努力為華僑服務。[52]

　　高信先生既有擔任教育部次長八年的經歷，又有僑務委員長九年半的歷練和視野，其對於僑務的理解與努力自是高人一等。

　　高信理事長認為我們立國與其他國家不同，有華僑才有中國革命，有革命才能建立出中華民國，所以稱之為「華僑為革命之

---

[49] 劉偉森，〈高信先生經歷全程綜述（上）〉，《僑協雜誌》季刊三十九期（民國八十二年春季號），頁 51-59。劉偉森，〈高信先生經歷全程綜述（下）〉，《僑協雜誌》季刊四十期（民國八十二年夏季號），頁 51-62。

[50] 〈高信先生行述〉，《國史館現藏民國人物傳記史料彙編》第十一輯（台北：國史館，？年），頁 245-250。〈高故資政人言先生訃告〉，中央研究院近代史研究所藏。

[51] 《華僑協會總會簡介》（台北：華僑協會總會編印，民國八十九年五月），頁 3。盧偉林，〈「僑協」與「僑聯」〉，《僑協雜誌》季刊廿五期（民國七十八年夏季號），頁 55。

[52] 華僑協會總會全體同仁，〈敬悼高理事長人言先生〉，收於高人言先生紀念集編輯委員會編，《高人言先生紀念集》（台中：高人言先生紀念集編輯委員會，民國八十三年六月），頁 231。

198
吳鐵城與近代中國

母」，因此要特別留意海外僑胞的問題，萬萬不能忽視華僑。[53]有鑑於此，1973 年高信先生接任理事長，對於促進全球各地華僑的聯繫，提昇華僑的地位，不遺餘力。高信先生除了加強華僑與中華民國的聯絡外，特別重視出版專書及刊物，以提昇華僑子弟的文化水準及知識。[54]

1976 年 3 月 9 日鐵老八十晉八冥壽時，華僑協會總會在會所內鐵城堂前，樹立吳鐵城先生銅像。

高信先生曾任教育部次長，對於教育文化一向很重視，其擔任理事長之時，因相當注重文教之發展，隨之亦在任內替華僑協會出版刊物，早些年先有「華僑協會總會年報」，內容選刊有關華僑問題之論著及各地僑情和該會會務為主，因海內外反映良好而有《僑協雜誌》季刊之創辦，自 1980 年 2 月出版第 1 期後，每 3 個月出版 1 期，每年出版四期，高先生常親自撰寫社論及評論文章。此外，1985 年設置僑生獎學金，提撥一百萬元做為基金，成立獎學金委員會，至 1995 年為止，已嘉惠 193 人。[55]

在高信理事長任內，華僑協會總會先後出版《華僑革命史》、《華僑名人傳》、《華僑經濟叢書》，為華僑史留下珍貴的紀錄。又鑒於海外僑胞的需要，為提高海外華人青少年對中華文化及對中華民國在復興基地的深切認識，與世界各國的史地及僑情的了解，特以歷年節餘經費，編印《海外華人青少年叢書》，旨在闡揚：（一）

---

[53] 高信，〈九十自述〉，收於《中華民國褒揚令集：續編》（台北：國史館，1991 年），頁 199。

[54] 盧偉林，〈「僑協」與「僑聯」〉，《僑協雜誌》季刊廿五期（民國七十八年夏季號），頁 55。

[55] 黃乾，〈高人言（信）與華僑協會〉，《僑協雜誌》五十六期（民國八十六年四月三十日），頁 24-25。

中華文化源流,（二）介紹復興基地台灣的政治、經濟、社會、教育及古蹟等等,（三）海外華僑概況。共編印一百冊,均由專家學者及僑彥執筆,自 1988 年起陸續出版,至 1989 年全部完成,堪稱有價值的鉅著。[56]

除了注重華僑文教事務之外,高信理事長也非常重視華僑參政權利。在其任內,曾於 1988 年 10 月 15 日由華僑協會總會主持僑情座談會,邀請回國參加十月慶典的全球僑團代表一百餘人與會。高理事長表明這次召開座談會是為了增額立委的僑選立委名額問題,他說:「今天我們之所以召開僑情座談會,主要是因日前中央日報登載國內增額立委在兩次增選中將增加一百五十名員額,但僑選立委暫予凍結,亦即第一次增選時,僑選立委一名也不增加,至於第二次（民國八十一年）增選時,僑選立委增加與否仍在考慮當中,此一消息傳來,我們接獲全球各地僑胞的反應,咸認政府此舉對華僑而言實有失公允,希望本協會能廣集僑胞意見並上達政府。」[57]由這段話可以看出,僑胞對於政府有任何建言,華僑協會總會扮演了一個溝通管道的功能。

高信理事長對海外僑選立監委員名額的爭取,不遺餘力,為各方所稱道。[58]直到高信理事長逝世前,為了維護華僑參政權,一直努力爭取僑胞權益,他於 1994 年 4 月 30 日偕同六位代表晉謁

[56] 盧偉林,〈「僑協」與「僑聯」〉,《僑協雜誌》季刊廿五期（民國七十八年夏季號）,頁 55-56。

[57] 〈華僑協會總會僑情座談會紀實〉,《僑協雜誌》季刊廿二期（民國七十七年十月卅一日）,頁 74。

[58] 盧偉林,〈「僑協」與「僑聯」〉,《僑協雜誌》季刊廿五期（民國七十八年夏季號）,頁 55。

李總統登輝先生，當時他已健康情況不佳，仍然自己手拄拐杖，為僑胞的利益，作最後的奮鬥！[59]

高信先生任內，還積極鼓勵海外華僑回國投資，配合政府推動十項重大建設工程，以及發展高科技工業。致臺灣經濟建設突飛猛晉，中華民國躍登亞洲四小龍之首，政府經濟建設之傲然成就，海外僑胞實貢獻至鉅。[60]

在高信理事長帶領下，華僑協會總會經常性的工作，包括接待僑選立法委員、美國華府僑團、香港僑團及僑務委員。[61]

在高信理事長任內，華僑協會總會已有既定的會員大會等規定。僑協每年舉行會員大會一次，理監事任期兩年，連選得連任。[62]

（四）張希哲理事長時期（1993-2000）——強調研究及交流

1993 年 2 月 7 日華僑協會總會舉行第十三屆第二次會員大會，高信以遷居台中，往返北、中兩地不方便為由，擬辭理事長職或長期請假，由張希哲先生代理理事長職務。七個月後，高先生不幸病逝台中，華僑協會總會於 1993 年 10 月 7 日舉行臨時理事會，推舉張氏繼任理事長。1996 年 4 月 21 日第十四屆第一次會員大會中，選出第十四屆理監事，而第十四屆理監事於 5 月 6 日選舉常

---

[59] 華僑協會總會全體同仁，〈敬悼高理事長人言先生〉，收於高人言先生紀念集編輯委員會編，《高人言先生紀念集》（台中：高人言先生紀念集編輯委員會，民國八十三年六月），頁 231。

[60] 伍世文，〈華僑協會總會與我〉，未刊稿。

[61] 姚錫琛，〈華僑協會總會接待回國僑胞〉，《僑協雜誌》季刊三十五期（民國八十一年春季號），頁 67。

[62] 〈「僑協」與「僑聯」〉，《僑協雜誌》季刊廿五期（民國七十八年夏季號），頁 56。

務理事及理事長，張氏再度當選理事長。[63]

張希哲先生（1918-），廣東省新會縣人，出生於廣東陽江。大學就讀中央政治學校，1942年畢業後，任職於國防最高委員會中央設計局，後轉任中山日報總主筆，歷任廣東省黨政要職、國民黨中央宣傳部第一處處長。1947年加入華僑協會總會，但此時與僑協並無聯繫。來台後，先後擔任教育部總務司長、立法委員、逢甲大學校長、總統府國策顧問、國民黨中央委員、中印尼文化經濟協會理事長、華僑協會總會理事長、中華港澳之友協會會長等職務。[64]

張希哲先生於1974年秋冬間加入華僑協會總會，入會最初的兩三年並沒有參與僑協的工作與活動，隨中央政府遷台之後漸漸增加與華僑協會的接觸與事務，吳鐵城理事長主持華僑協會會務的時代曾參加過三、四次餐會或談話會。[65]

到了馬超俊理事長主持時，張希哲先生常出席理監事會議，參與接待海外華僑聚會，同時擔任華僑文教事業委員會主任委員，以「聯繫協助華僑文教事業發展邀約學者專家共同研究華僑問題」為宗旨，出版華僑問題研究叢書五冊，並代表華僑協會出席若干會議，以及洽請僑務委員會補助華僑協會經費，同時也多次代表參與外間邀請華僑協會的會議，並商請僑委會陳清文、周書楷兩任委員長按月補助僑協經費及贊助僑協出版叢書的經費；期間，又參與協調興建華僑會館的興建。[66]

---

[63] 張存武訪問，李郁青紀錄，《張希哲先生訪問紀錄》（台北：中央研究院近代史研究所，民國八十九年八月），頁215。

[64] 張存武訪問，李郁青紀錄，《張希哲先生訪問紀錄》，頁1-2, 213-216, 233-234。

[65] 張希哲，〈我與華僑協會——六十週年憶述〉，《僑協雜誌》七十六期，頁10。

[66] 張希哲，〈我與華僑協會——六十週年憶述〉，《僑協雜誌》七十六期，頁11。

高信理事長任內，張希哲先生除了提供建議、參加理監事會及接待華僑聚會之外，張先生主要工作仍是在研究出版方面，主要有建議並籌畫出版雜誌，起初為「年報」，屬於試辦的性質，1980年 2 月正式出版《僑協雜誌》季刊，每年四期，至今仍未間斷。另外，主編海外華人經濟叢書及海外華人青少年叢書。[67]

　　及至高信理事長病逝，由張希哲先生接任第四任理事長，共 7 年 3 個月。由於張希哲先生在馬超俊理事長時期，即擔任華僑文教事業委員會主任委員，又曾任逢甲大學校長，因此他自己擔任理事長後，即特別強調華僑問題之研究及學術交流。

　　張希哲先生自 1993 年 2 月起主持華僑協會總會，比較重視華僑問題之研究，引介學者加入華僑協會總會，強化學術研究功能，並拓展海峽兩岸交流；除了學術交流外，張希哲理事長在聯絡華僑、接待僑胞方面也做了不少工作，其推展之工作主要有幾項：[68]

1、　設置研究出版委員會並設立華僑問題資料中心，逐步充實有關書刊文獻的蒐集整理，闢室儲藏，以支援研究，雖因經費問題只完成一部分計畫，但仍對華僑文獻蒐集有所貢獻。

2、　設立華僑問題研究中心，敦聘學者專家為委員，為發展僑務，謀僑胞之福祉，加強華僑協會總會研究出版工作。[69]

3、　完成海外華人經濟叢書編輯第一輯編印及華僑社會變遷史編印，如：《印尼華人經濟現況與展望》、《美國華人經

---

[67] 張希哲，〈我與華僑協會──六十週年憶述〉，《僑協雜誌》七十六期，頁 12。

[68] 以下各項，除了特別標明外，都是取材自張希哲，〈我與華僑協會──六十週年憶述〉，《僑協雜誌》七十六期，頁 13-14。

[69] 〈華僑協會總會設置華僑問題研究中心辦法〉，《僑協雜誌》四十四期，頁 82-83。

濟現況與展望》、《香港華人經濟現況與展望》等。[70]

4、 為開拓華僑學術研究視野，開始與大陸及國際華僑學術界及華僑團體研究交流。詳細情形如下：1994 年 12 月受香港大學校長王賡武邀請參加在香港舉行的「世界華人研究聯合大會」。1996 年 8 月 23-26 日與中央研究院合辦「華僑與孫中山先生領導的國民革命」學術研討會，此次會議提供三十多篇論文，頗受各方重視。1997 年 7 月受北京中國海外交流協會及中國華僑歷史學會邀請，與中央研究院近代史研究所合組學術交流訪問團。1999 年 8 月中國華僑歷史學會與廣東華僑歷史學會在廣州舉辦「華僑與抗日戰爭」學術研討會，與近史所應邀組團參加，提出 16 篇論文，會後主辦單位將論文出版發行。2000 年 3 月美國俄亥俄大學「海外華人文獻研究中心」召開「海外華人研究國際合作會議」，張理事長代表華僑協會，攜帶華僑協會歷年出版書刊至該會展覽，頗受重視與注目。編印《華僑與抗日戰爭叢書》及各地區華僑社會變遷史叢書。

5、 編纂《華僑大辭典》一巨冊，其初稿完成後，曾請專家進行審訂，可見該會出版專書之慎重態度。並於 2000 年 7 月出版付梓。

6、 增撥僑生獎學基金，提高獎學金金額，擴大獎學金對象，鼓勵研究所僑生研究華僑問題及中山思想。張理事長任內將僑生獎學金基金提高至三百萬元，每年獎勵名額提

---

[70] 張希哲，〈我參與華僑協會五十年〉，《僑協雜誌》五十六期（民國八十六年四月三十日），頁 28。張希哲，〈我與華僑協會──六十週年憶述〉，《僑協雜誌》七十六期，頁 13-14。

高至 30 名，每名獎金提高至 1 萬元。[71]1999 年通過「華
僑協會總會獎勵大學研究所研究華僑問題及中山思想辦
法」，並頒發首屆碩士班研究生華僑論文著作獎金，由淡
江大學林宜慧同學獲得，獎金五萬元。[72]

7、 爭取僑胞權益。張希哲先生以本會理事長名義上書國民
黨李登輝主席，請求協助維護華僑的總統選舉投票權。[73]
1995 年 4 月 21 日又舉辦華僑國籍問題研討會，與會人士
呼籲政府維持雙重國籍體制，所獲之結論提供行政院修
訂國籍法之參考。[74]

8、 為了解海外僑情，加強與海外僑社聯繫，曾多次組團到
海外考察訪問。1994 年 4 月 9-17 日組織「港澳訪問團」
訪問港澳僑社。1998 年 12 月 12-23 日組團訪越、新、泰、
馬四個僑社。2000 年 5 月 3-11 日組團訪問香港及菲律賓，
並舉行座談會。

9、 舉辦成立 55 週年慶祝大會，一連舉辦三天會慶活動及研
討會。

---

[71] 張存武訪問，李郁青紀錄，《張希哲先生訪問紀錄》（台北：中央研究院近代史研究
所，民國八十九年八月），頁 215-216。姚錫琛，〈華僑協會總會舉行會員大會〉，《僑
協雜誌》三十五期（民國八十一年春季號），頁 63。張希哲，〈我參與華僑協會五十
年〉，《僑協雜誌》五十六期（民國八十六年四月三十日），頁 26-28。

[72] 〈華僑協會總會獎勵大學研究所研究生研究華僑問題及中山思想辦法〉，《僑協雜誌》
第六十六期，頁 54-55。〈本會頒發碩士班研究生華僑論文著作獎金、八十八學年度
大學僑生獎學金並座談〉，《僑協雜誌》第六十七期，頁 34-35。

[73] 〈本會協助維護華僑的總統選舉投票權〉、〈本會張理事長及陳秘書長聯名上書李主
席函〉，《僑協雜誌》四十五期，頁 4-5。

[74] 〈本會舉行國籍問題座談會，與會人士籲維持雙重國籍體制〉，《僑協雜誌》四十九
期（八十四年六月三十日），頁 2。〈本會國籍問題座談會討論意見，獲內政部等有
關單位重視〉，《僑協雜誌》五十期，頁 62。

10、接待回國訪問僑胞，1993 年至 1999 年共接待到華僑協會
　　拜訪的僑團共一百三十幾次，人數超過三千人。

　　1997 年張理事長八十歲生日時，聯合報對其祝壽餐會的報導
稱：張希哲目前擔任華僑協會總會理事長，經常赴各地僑社訪問，
對海外僑教貢獻良多。[75]

　　2000 年華僑協會總會除了理監事會之外，重要會務人員如下：[76]

秘書長：陳士誠

副秘書長：姚錫琛

《僑協雜誌》主編：甄炳華

研究出版委員會主任委員：張希哲

研究出版委員會副主任委員：黃乾

（五）梅培德理事長時期（2000-2005）
——促成全球各分會之成立

　　2000 年 6 月改選理事長，美國資深僑領梅培德先生當選。

　　梅培德（1924-2005），廣東省台山縣端芬鄉人，1924 年 10 月
7 日生。1941 年，考進著名的浙江大學機械系就讀，1944 年加入
抗戰行列轉讀兵工學校，曾擔任國防部兵工署四一兵工廠尉官，
從事滇緬邊境中國遠征軍的運補任務，1949 年，國共內戰，避走
香港後又於 1951 年遠渡古巴，習得餐飲管理與企業經營的實用技
能，1969 年於邁阿密獨資創立時新公司，專營中國食品並加入僑
社——安良工商會，歷任邁阿密分會會長、全美安良工商會總理、
元老團主席。1957 年結合僑社力量，創立全美華人福利總會。1980

---

[75]　《聯合報》，民國 86 年 11 月 9 日，十四版。

[76]　《華僑協會總會概況》（台北：華僑協會總會編印，民國八十九年五月），頁 29。

年受蔣經國總統延攬，出任僑選監察委員，於 1986 年連任，前後共十二年，之後受監察院聘任為永久高級顧問。2000 年當選華僑協會總會理事長，2004 年高票連任。[77]

梅理事長任內，對內整頓人事，建立制度，健全財務；對外開拓十四個海外分會，建立海內外僑胞聯絡溝通渠道及服務海外僑胞據點。[78]以「擴大據點、服務僑胞、凝聚僑心、發展會務」為首要。除積極整頓內部，建立制度，舉辦華僑學術講座，並致力於海外建立服務與聯繫僑胞據點。[79]積極整頓會務，開源節流，改進《僑協雜誌》由季刊改為雙月刊。[80]

在梅理事長任內，《僑協雜誌》首先成立編輯委員會，此時期的《僑協雜誌》也更有體系，內容更多元豐富，其特色有：1、充份發揮編輯會功能：每月定期開一次編輯會議。2、電腦化處理稿件。3、更新版面：目錄改採橫排，新穎富變化。4、活潑內容：以報導華僑史事、人物動態為主，同時也採納傳記、時論、藝文等各類小品，並優先報導各分會的活動。5、由季刊改為雙月刊：自 79 期（2003 年 2 月）起更新。[81]

---

[77] 〈梅培德先生傳略〉，收於《國史館現藏民國人物傳記史料彙編》二十九輯（台北：國史館，民國九十五年），頁 414-416。

[78] 〈梅培德先生傳略〉，收於《國史館現藏民國人物傳記史料彙編》二十九輯（台北：國史館，民國九十五年），頁 416。

[79] 陳本昌，〈敬悼梅培德主席〉，《僑協雜誌》九十三期（民國九十四年六月），頁 20。

[80] 鄧之鑣，〈懷念本會大家長梅培德理事長〉，《僑協雜誌》九十三期，頁 14-16、陳本昌，〈敬悼梅培德主席〉，《僑協雜誌》九十三期，頁 20、編委會，〈發揚梅公精神　精誠團結共謀僑社福祉　沈大川常務理事在英國分會成立大會致詞〉，《僑協雜誌》九十三期，頁 49。

[81] 陳三井，〈我見證了《僑協雜誌》的成長〉，《僑協雜誌》一百期（民國九十五年九月十日），頁 59-62，取自華僑協會總會網頁 http://www.ocah.org.tw/sidepage/mag_viewpage.php?mag_no=100&id=4351 2012.3.6 閱讀。

關於華僑協會本身的規劃管理，首先從秘書處著手，在人事上精簡人力，在財務上，開源節流，穩定租金收入，理事長及監事長不支薪，並改善華僑協會設備，加強電腦運作管理。此外，成立「會務發展委員會」，由陳三井擔任主任委員，委員會由華僑協會理、監事及會員組成。另外，成立「新會員入會審查小組」，審查申請入會者資格，一年召開兩次，招募新會員。[82]

梅培德先生接任後，為了挽住傳統僑社，乃以「走出去」為號召，積極與海外僑界人士聯繫，並在海外建立為僑眾服務的據點。加強會員聯繫，舉辦自強活動等一系列行政革新，延伸華僑協會服務海外僑胞的觸角，繼續加強與澳門分會聯繫，並於 2001年 11 月組祝賀團前往參加美國費城、芝加哥、休士頓、邁阿密等四處分會成立大會，梅理事長積極開拓會務，亦組團另行參加澳門歸僑協會舉辦「華僑華人聚濠江聯誼大會」。自 2001 年起，先後成立邁阿密、費城、芝加哥、休士頓、澳洲（墨爾本）、美京華盛頓、波士頓、羅省（即洛杉磯）、北美加西（溫哥華）、夏威夷、紐約、法國、英國等十三個分會。[83]

梅培德任內，華僑協會總會延續前任張希哲理事長的作法，與學術界加強交流，主辦或合辦之研討會計有：2002 年與中研院近代史研究所合辦「近廿年來的海外華人」學術研討會；2003 年與中研院近史所、海外華人研究學會合辦「海外華人族國認同」學術研討會；2004 年舉辦「華僑問題學術講座」；敦請中研院院士吳京博士主講「省思鄭和七航振興中華文化」；另與玄奘大學合辦

---

[82] 鄧之鑛，〈懷念本會大家長梅培德理事長〉，《僑協雜誌》九十三期，頁 14-16。
[83] 伍世文，〈華僑協會總會與我〉，未刊稿。

「海外華人與僑民教育國際學術研討會」；2005 年舉辦「海外華僑與抗日戰爭－紀念抗日戰爭勝利六十週年回顧與展望」座談會；與私立玄奘大學合辦「新世紀移民對外交暨僑務政策的衝擊」國際學術研討會。[84]

2005 年 5 月，梅培德理事長於帶隊前往倫敦，參加華僑協會英國分會成立典禮，在航空旅途中突然發病，甫抵倫敦雖即轉送醫院緊急救治，無奈翌日仍告不治。嗣經華僑協會總會理事會就九位常務理事補選，由伍世文繼任理事長。[85]

（六）伍世文理事長時期（2005-2012）
——注重研究交流及僑界服務

伍世文先生於 2005 年 6 月 20 日繼任第十六屆理事長，經理事會同意，聘請謝國樞將軍出任祕書長，協助處理會務。[86]

伍世文先生（1934-），廣東省臺山縣人。1934 年 7 月 24 日生。祖父早歲隻身赴菲律賓營商多年。伍世文先生於 1955 年海軍軍官學校畢業，繼接受美海軍戰爭學院函授班於 1988 年完成深造，潛心修習掌控海疆之高深學術與領導才能。1958 年參與八二三台海戰役，冒險於共軍砲火中完成運補任務。在艦隊中服務，前後達四十四年。除了歷任艦長等艦隊指揮職務之外，曾接任海軍軍官學校校長，為海軍作育英材；1997 年任海軍總司令，接掌海軍軍符。政黨輪替之際，於 2000 年出任國防部長。公職生涯凡四十七年。2002 年 2 月從國防部退休，適逢華僑協會總會理事會改選，

84　伍世文，〈華僑協會總會與我〉，未刊稿。
85　伍世文，〈華僑協會總會與我〉，未刊稿。
86　伍世文，〈華僑協會總會與我〉，未刊稿。

膺任常務理事，由於已離開公職，乃有較多時間接觸會務。2005年 5 月，梅培德理事長病逝後，由伍先生繼任理事長。[87]

伍世文理事長任內之重要工作如下：

（一）支持僑界，建請僑委會仍維持現制。2006 年 10 月，政府啟動組織再造，欲廢除僑委會，併入外交部。僑界聞之譁然。華僑協會總會為支持僑務存續與國家發展，曾邀集海內外僑社舉行座談，呼籲政府重視僑委會之存在價值。政府於聆聽海內外僑界心聲後，從善如流，2009 年 4 月函覆華僑協會總會決定仍維現制，獲得僑界普遍讚揚。[88]

（二）成立海外分會。伍世文先生接任後，提出分會與總會以「理念結合、精神加盟」為原則，先後成立聖路易斯、多倫多、蒙特婁、泰國、比利時、澳洲雪梨、紐西蘭、日本、舊金山灣區、菲律賓等十個分會。分會成立之目的，在擴展與海外僑胞聯繫之據點，強化為僑服務：並期盼分會以寬濶胸懷，包容接納所有僑胞。只要是炎黃子孫，認同創會宗旨和自由民主政治制度，不論先後，都可以成為會員，共同為發揚中華文化，略盡綿薄力量。

（三）舉辦全球分會聯誼大會。為了加強各分會之間的聯繫，增進彼此情誼，自 2007 年起，每兩年舉辦聯誼大會，由分會輪流主辦。第一次於 2007 年 9 月，在加拿大溫哥華舉行，由加西分會主辦；第二次於 2009 年 9 月，由邁阿密分會主辦。2011 年 10 月

---

[87] 伍世文，〈華僑協會總會與我〉，未刊稿。網站資料 http://museum.mnd.gov.tw/Publish.aspx?cnid=1482&p=12197 2012.6.9 閱讀。

[88] 謝國樞，〈精彩的二千五百天〉，《僑協雜誌》第 133 期（民國一○一年三月十五日），頁 72。

第三屆聯誼大會，由泰國華僑協會分會主辦。[89]

（四）成立常設委員會。為協助推展會務，依據會章成立會務發展委員會、法規委員會、個人會員入會審查委員會、財產管理委員會、研究出版管理委員會、僑協雜誌編輯委員會等六個常設委員會，每個委員會置主任委員、副主任委員各一人、委員五至七人，任期兩年。僑協雜誌編輯委員會職司僑協雜誌文稿審核及編輯排版，其餘委員會功能類似智庫，其決議事項均需提交理事會議或常務理事會議審議。[90]

（五）舉辦僑生座談會。為瞭解僑生心聲，協助解決在台求學所遭遇困難，於 2005 年 10 月、2006 年 6 月、2006 年 12 月及 2010 年 6 月，分別假本會、台中中興大學、高雄師範大學、花蓮東華大學舉辦「僑生生活適應與獎助學金座談會」，計有來自香港、澳門、馬來西亞、緬甸、印尼、美國等地 20 餘所大學、150 餘位僑生代表出席。針對僑生關心之居留、打工、獎助學金、實習、留台謀職等問題，除獎助學金屬本會權責當場解決外，其餘各項經綜整後反映政府有關單位，政府單位亦順應民情，逐項檢討修訂中（如畢業後原規定須於三個月內離台，現可留台半年實習）。[91]

（六）舉辦僑生冬夏令營社團研習會。秉持「今日僑生，明日僑領」理念，培育僑生幹部，於 2006 年 1 月首由僑協委託專業機構 Camp Taiwan 於萬里鄉舉辦「僑生領袖培訓冬令營」，計有

---

[89] 伍世文，〈華僑協會總會與我〉，未刊稿。謝國樞，〈精彩的二千五百天〉，《僑協雜誌》第 133 期，頁 73，此處記載是「理念相同，精神加盟」。

[90] 謝國樞，〈精彩的二千五百天〉，《僑協雜誌》第 133 期，頁 74。伍世文，〈華僑協會總會與我〉，未刊稿。

[91] 謝國樞，〈精彩的二千五百天〉，《僑協雜誌》第 133 期，頁 75。

14 所大學、35 位僑生參加，參與僑生學習意志高昂，然各僑居地僑生各成小團體，無法打成一片，喪失原先設定相互交流目標，遂自 2006 年 8 月委託救國團，暑期於金山青年活動中心，寒假於曾文青年活動中心，舉辦「大專暑期社團研習會」、「歲寒三友研習會」，與台灣本地學生共同學習交流，參加研習僑生 2006 年 22 人、2007 年 30 人、2008 年 40 人、2009 年 32 人、2010 年 66 人、2011 年 36 人，總計 226 人次。在歷次結業式座談中，僑生感謝本會提供研習機會，擴大視野，培養社團領導能力，增進人際關係。[92]

（七）頒發僑生獎助學金。頒發博碩士論文獎金。[93]

（八）發行華僑華人研究期刊。為推展華僑華人事務研究，華僑協會總會分別於 2009 年 8 月及 2011 年 1 月制定「獎勵研究華僑華人事務博碩士論文作業要點」、「《華僑華人研究》學術期刊發行作業「要點」。[94]

（九）主辦學術會議。計有：2006 年舉辦「挽救國語文教育座談會」；2007 年與海外華人研究學會合辦「全球化下華僑華人問題的轉變國際學術研討會」；2008 年 11 月主辦「漢字運用與華文教學」國際學術研討會；2009 年 1 月與僑委會、玄奘大學共同主辦「新時代、新視野──海外華人國際學術研討會」，11 月，與僑委會共同主辦「孫中山海外華人與兩岸發展」國際學術研討會；2010 年 10 月，與中原大學共同主辦「開拓僑民與華語文教育新境界」國際學術研討會；2011 年 5 月，與中原大學共同主辦「2011 開創華語文教育與

---

[92] 謝國樞，〈精彩的二千五百天〉，《僑協雜誌》第 133 期，頁 75。
[93] 謝國樞，〈精彩的二千五百天〉，《僑協雜誌》第 133 期，頁 75。
[94] 謝國樞，〈精彩的二千五百天〉，《僑協雜誌》第 133 期，頁 75。

僑民教育之新視野」國際學術研討會；11 月，與紐約聖若望大學亞洲研究所共同主辦「民國肇建與在美華人」國際學術研討會。[95]

（十）改版僑協雜誌。《僑協雜誌》係宣揚華僑協會總會宗旨理念與記載會史的重要刊物，1980 年 1 月創刊，從年刊、半年刊、季刊，至 2003 年 2 月 79 期起改為目前雙月刊，伍理事長任內復從 2006 年 1 月出刊的 96 期起，全版彩色印製，再於 2009 年 1 月出刊的 114 期起，由直排改為橫排，以順應社會潮流趨勢，截至 2012 年 2 月已發行 132 期。[96]

（十一）服務僑胞。2006 年華僑協會總會為協助華僑順利取得我國國籍，委託中華民國緬甸歸僑協會免費開辦「歸僑華語文訓練班」，報名愈來愈踴躍，甚至有緬甸華僑醫生來上課。華僑協會總會祕書長謝國樞說：政府今年初公布，凡依親來台者要取得我國國籍，必須先上課學習華語文，並通過外籍人士歸化國籍考試。華僑協會總會自 2006 年 7 月起，委託中華民國緬甸歸僑協會承辦歸僑華語文訓練班，不但免收學雜費，還免費提供教材及課本，找來台北縣樹林市大同國小老師楊翠華協助開班教導。[97]「歸僑華語文訓練班」，自 2006 年 7 月 16 日起至 2009 年 1 月 4 日止，計辦理六期，受訓學員達 507 人次。協助新來歸僑融入台灣的社會環境，取得身分證，謀取正當職業。[98]

（十二）整理圖書，電腦建檔。配合圖書室整修，重新整理會內圖書，委請台灣大學圖書館系僑生按國際圖書標準歸類編號，

---

[95] 伍世文，〈華僑協會總會與我〉，未刊稿。謝國樞，〈精彩的二千五百天〉，頁 75-76。

[96] 謝國樞，〈精彩的二千五百天〉，《僑協雜誌》第 133 期，頁 76。

[97] 《聯合報》，民國 95.12.10，C 二版。

[98] 謝國樞，〈精彩的二千五百天〉，《僑協雜誌》第 133 期，頁 77。

予以電腦建檔，計分總類、自然科學類、社會科學類、史地類、世界類、語文類、美術類，井然有序，取閱方便。[99]

（十三）製作華僑協會總會簡介光碟。為使來訪賓客透過影音，瞭解華僑協會總會歷史沿革、宗旨、組織架構、會務活動及未來展望，委託玄奘大學製作。歷經 10 個月籌劃（2008 年 10 月至 2009 年 8 月），2009 年 8 月完成 DVD 簡介影片。讓來訪賓客瞭解華僑協會總會 70 年歷史，反應十分良好。[100]

（十四）建構電腦網路及網站。為增進辦公作業效能，2009 年 2 月完成辦公室電腦網路架設，同年 7 月完成網站網頁建構，提供最新會務活動與報導。[101]

伍世文理事長任內，最後一件重要大事，是舉辦「創會七十周年回顧與展望」座談會，於 2012 年 3 月 14 日召開。

（七）陳三井理事長時期（2012.4.27-）——

2012 年 4 月 8 日華僑協會總會召開會員大會，改選理監事，隨後第十八屆理監事於 4 月 27 日召開理監事會議，選出陳三井先生為理事長。

陳三井先生（1937-），字澤豐，出生於臺灣彰化。1960 年畢業於國立師範大學史地系，獲文學士學位。畢業後，曾任省立彰化中學教師一年。1962 年進入中央研究院近代史研究所任助理員。追隨所長郭廷以及沈雲龍從事「口述歷史計畫」。訪問黨軍政要人。1964 年考獲公費留學法國，進入巴黎大學文學院深造，主修外交

[99] 謝國樞，〈精彩的二千五百天〉，《僑協雜誌》第 133 期，頁 76。
[100] 謝國樞，〈精彩的二千五百天〉，《僑協雜誌》第 133 期，頁 78。
[101] 謝國樞，〈精彩的二千五百天〉，《僑協雜誌》第 133 期，頁 78。

史與殖民史。1968 年獲文學博士學位，論文為《L'Attitude de la France à légard de la Chine Pendant le conflit Franco-Chinois, 1882-1885》。同年秋返台，任近代史研究所副研究員，1975 年晉升為研究員。1988 年任研究員兼政治外史組主任。1991 年至 1997 年出任所長。1975 年至 1976 年借調擔任淡江大學教授兼歷史系主任。1986 年至 1987 年借調擔任空中大學教授兼人文學系主任。曾擔任國民黨史委員會研究員、華僑協會總會常務理事、海外華人研究學會理事長、中國歷史學會副理事長、中國近代史學會理事等職。陳教授於 1972 年獲美國福特基金會贊助再赴法國，在法國外交部、陸軍部、海軍部、國家檔案館、國立圖書館、現代中國研究與資料中心和里昂大學作為期一年之進修。搜集各項有關歐洲華工參戰與留法勤工儉學檔案和資料，出版《華工與歐戰》一書和有關論文十多篇。同年，出席在巴黎舉行的第廿九屆東方學者會議。陳教授一生致力於研究工作，文章論著散見於各大學報、雜誌和報章，著述頗豐。重要著作有《華工與歐戰》、《勤工儉學的發展》、《近代中法關係史論》、《中山先生與法國》、《舵手與菁英》、《中國躍向世界舞台》、《四分溪畔讀史》等十多種。[102]

陳理事長是第一位非廣東人而當選華僑協會總會理事長的，其當選顯示華僑協會總會邁入一個新的里程碑。

陳三井理事長就任誓詞為：「余誓以至誠，服膺本會宗旨，維護優良傳統，爭取團體榮譽，服務僑胞，團結僑社，造福僑界。如違誓言，願受公評」。陳理事長致詞時表示，將服膺本會宗旨，關

---

[102] 新加坡國立大學海外華人研究網頁，http://www.lib.nus.edu.sg/chz/chineseoverseas/ oc_csja.htm 101.7.20 閱讀。

懷會員、尊重專業、信任授權、人性管理、開大門、走大路，在本會成立七十年的輝煌基礎上，努力邁向新局，以眾人之所能為能，以眾人之所知為知。隨後，理事會通過了學術研究委員會委員陳鴻瑜教授擔任秘書長，《僑協雜誌》總編輯劉本炎擔任副秘書長。[103]

理事長就任的誓詞「服務僑胞，團結僑社，造福僑界」正是上文鄭彥棻所說的：吳鐵城這位華僑導師，對於華僑最重視三個問題：要以團結僑社為工作目標、要以服務僑胞為工作中心、要以發展組織為工作起點。

陳三井理事長上任後，第一件重要工作是在 2012 年 5 月 12 日舉辦「吳鐵城與近代中國」學術研討會，邀請吳鐵城孫女吳美雲、吳樂雲參與，以及國史館館長呂芳上、僑委會處長田雛鳳等學術界、外交界、僑務界人士與會。陳三井先生致詞時稱讚吳鐵城對於僑胞的貢獻，吳鐵城於抗戰時期遠赴南洋宣慰僑胞，團結僑胞，返國後成立南洋華僑協會，是現今華僑協會前身與重要推手。[104]

四、結語

華僑協會總會成立迄今，已有七十年歷史，就一個民間團體而言，誠然極為不容易的事。七十年間只有七任理事長，可見多位理事長久於其任，多是熱心會務，戮力從公者，尤其創辦人吳鐵城先生，在抗戰期間，艱困情況下，為了照顧僑胞及維繫華僑

---

[103] 《僑協雜誌》第 134 期（民國一○一年五月十日），頁 77-79。

[104] 〈華僑協會慶七十，緬懷吳鐵城〉，《大紀元》，取自網站 http://www.epochtimes.com/b5/12/5/12/n3587383.htm%E8%8F%AF%E5%83%91%E5%8D%94%E6%9C%83%E6%85%B6%E4%B8%83%E5%8D%81--%E7%B7%AC%E6%87%B7%E5%90%B3%E9%90%B5%E5%9F%8E），2012.7.6 閱讀。

與中國的情感而發起華僑協會總會。此後歷任理事長及理監事都為了僑協的發展及僑胞的權益而盡心盡力。

　　本文之作，雖然是受華僑協會總會之委託，但也是一個普通會員見證歷史的記錄，由於寫作時間太短，加以較早之會史資料未能完整保存，以至於許多史事語焉不詳，希望日後有賢能者詳加研究，以便完整地呈現華僑協會總會對於海外僑胞與中華民國之貢獻。

附錄一：華僑協會總會大事記

時間	重要大事
1942.	5 月 12 日於重慶舉行「南洋華僑協會」成立大會，發起人為吳鐵城、馬超俊等 51 人，由吳鐵城擔任第 1 任理事長。
1947.	會址遷至南京，並在南京召開會員大會。
1948	1948 年 6 月 6 日召開會員大會，決定擴大服務範圍，更名為「華僑協會」。
1949.	政府播遷來臺，華僑協會總會喬遷臺北。
1950.	吳鐵城以理事長身分奉使印尼等地宣慰僑胞。
1951.	組織國樂團並赴菲律賓演奏。
1952.	得黃朝琴協助，以南昌路第一銀行 2 樓作為會址。
1952.	5 月 4 日召開大會，通過年度工作計畫，並通過支持泰國僑胞等重要議案。
1953.	設立澳門分會。
1953.	11 月 9 日第 1 任理事長吳鐵城心臟病發，病逝於臺北。
1953.	馬超俊繼任為第 2 任理事長，敦促敦化北路會館建成。
1955.	敦促政府通過「獎勵華僑回國投資」方案。
1959.	成立華僑文教事業委員會，由張希哲擔任主任委員出版《華僑問題研究叢書》五冊。
1969.	敦化北路華僑會館完工（即今日華僑協會總會華僑會館所在地）。
1973.	高信接任第 3 任理事長，注重文教發展及華僑參政權益。
1976.	3 月 9 日吳鐵城八十晉八冥壽時，華僑協會總會在會所內鐵成堂前，樹立吳鐵城先生銅像。
1977.	自本年起每年出版《華僑協會總會年報》1 冊。
1977.	決議成立「華僑協會總會獎學金」，撥一百萬元為基金。[105]

---

[105] 《僑協雜誌》第 24 期，53。

1980.	《僑協雜誌》季刊出刊。[106]
1981.	出版《華僑革命史》分上下兩冊。頒發第 1 次華僑協會總會獎學金。[107]
1984.	出版《華僑名人傳》第 1 輯。
1985.	設置僑生獎學金。
1985.	購買中國實用課本 100 本贈與美國華僑。增設圖書室，擴充研究華僑問題的資料。[108]
1986.	編輯《華僑名人傳》第 2 輯。籌編《海外華人經濟叢書》，第 1 冊已於本年 11 月出版。編印《華僑問題文獻索引》第 1 集。重新校閱《華僑革命史》並交由正中書局印刷。決議編印《海外華人青少年叢書》100 冊，全部經費 610 萬，分兩年支付。[109]
1987.	舉辦吳鐵城先生百齡誕辰紀念會。[110]
1988.	10 月 15 日由華僑協會總會舉辦僑情座談會，為了增額立委的僑選立委名額問題。[111]
1990.	《海外華人青少年叢書》100 冊編纂工作全部結束，舉辦執筆人茶會。[112]
1991.	與華僑救國聯合總會、世界越棉寮華人團體、聯合總會、世界廣東同鄉總會、僑選立法委員聯誼會等五大僑團上書，請求增加僑選中央民代名額。[113]
1992.	邀請僑選國大代表、僑選立委座談。[114]

---

[106] 《僑協雜誌》第 56 期，24、27。

[107] 《僑協雜誌》第 3 期，99-100。

[108] 《僑協雜誌》第 9 期，93。

[109] 《僑協雜誌》第 15 期，131。

[110] 《僑協雜誌》第 16 期，115。

[111] 《僑協雜誌》第 22 期，74-82。

[112] 《僑協雜誌》第 31 期，64-68。

[113] 《僑協雜誌》第 33 期，63-64。

[114] 《僑協雜誌》第 38 期，72-76。《僑協雜誌》第 39 期，85-89。

1993.	張希哲接任第 4 任理事長，強調研究及交流。僑協雜誌社成立社務委員會。[115]
1994.	加入世界華人研究聯合大會。[116]
1994.	通過設置海外榮譽會員及華僑問題研究中心辦法。
1994.	組團訪問港澳。
1994.	邀請僑選國代座談討論華僑選舉總統權。舉行高故理事長逝世周年紀念會。
1995.	4 月 21 日舉辦華僑國籍問題研討會、8 月 23-26 日與中央研究院合辦「華僑與孫中山先生領導的國民革命」學術研討會。增撥一百萬元僑生獎學基金。[117]
1996.	與港澳之友協會邀十三所大學組文教交流訪問團。設立經濟研究組加強研究華僑經濟問題。[118]
1997.	慶祝本會成立 55 周年，舉辦「亞太營運中心與海外華人經濟的發展」研討會、「如何落實華僑參政權」研討會、「九七後台港關係展望」研討會、編印「華僑協會總會成立五十五周年紀念專輯」。[119]與中研院近代史研究所等組織交流訪問團訪問大陸。[120]理監事聯席會議通過設立分會與獎助華僑專著出版辦法。[121]
1998.	協辦「港澳人士回國投資座談會」。[122]與中研院近史所等合辦「近代海外華人與僑教研討會」。[123]與中央日報合辦「華僑參政座談會」。[124]
1998.	會所整修完成。

---

[115] 《僑協雜誌》第 41 期，78。

[116] 《僑協雜誌》第 42 期，80。《僑協雜誌》第 44 期，81-82、84。《僑協雜誌》第 45 期，66。《僑協雜誌》第 47 期，37。

[117] 《僑協雜誌》第 48 期，55。

[118] 《僑協雜誌》第 55 期，44-76、81。

[119] 《僑協雜誌》第 56 期，51。《僑協雜誌》第 57 期，1。

[120] 《僑協雜誌》第 58 期，23。

[121] 《僑協雜誌》第 59 期，50。

[122] 《僑協雜誌》第 60 期，29。

[123] 《僑協雜誌》第 61 期，28。

[124] 《僑協雜誌》第 62 期，3。

1998.	提供本會出版書刊供北投「華僑會館」專櫃陳列。[125]
1998.	組團訪問東南亞僑社。[126]
1999.	組團赴廣州參加「華僑與抗日戰爭研討會」、上海訪問。
1999.	出版《華僑與抗日戰爭論文集》。[127]
1999.	通過「華僑協會總會獎勵大學研究所研究華僑問題及中山思想辦法」。頒發首屆碩士班研究生華僑論文著作獎金。[128]
2000.	《華僑大辭典》正式出版。
2000.	梅培德接任第 5 任理事長，促成全球各分會成立。
2000.	組團赴菲、港考察訪問。[129]
2001.	先後成立邁阿密、費城、芝加哥、休士頓等四個分會。[130]
2002.	成立澳洲分會（墨爾本）、華盛頓分會、波士頓分會、羅省分會（洛杉磯）、加西分會（加拿大溫哥華）。
2002.	與中央研究院近代史研究所合辦「近廿年來的海外華人」學術研討會。
2003.	與中央研究院近代史研究所及海外華人研究學會合辦「海外華人族國認同」學術研討會。
2003.	舉辦僑生代表座談會。[131]
2003.	前往澳門分會慶祝成立 50 周年。[132]
2003.	成立夏威夷分會、紐約分會。
2003.	《僑協雜誌》自 79 期起改為雙月刊。
2004.	舉辦「華僑問題學術講座」，敦請吳京博士主講「省思鄭和七航　振興中華文化」。

---

[125] 《僑協雜誌》第 62 期，70。

[126] 《僑協雜誌》第 63 期，1。

[127] 《僑協雜誌》第 66 期，1。

[128] 《僑協雜誌》第 66 期，54-55。《僑協雜誌》第 67 期，34。

[129] 《僑協雜誌》第 69 期，42。

[130] 《廣東文獻》第 33 卷，第 4 期，51。

[131] 《僑協雜誌》第 79 期，75。

[132] 《僑協雜誌》第 79 期，78。

2004.	成立法國分會（巴黎）。
2005.	舉辦「海外華僑與抗日戰爭——紀念抗日戰爭勝利六十週年回顧與展望」、與玄奘大學合辦「新世紀移民對外交暨僑務政策的衝擊」。
2005.	成立英國分會（倫敦）。
2005.	伍世文接任第6任理事長，注重研究及交流聯繫。
2006.	舉辦「挽救國語文教育座談會」。
2006.	成立聖路易、多倫多、蒙特婁、泰國分會。
2006.	舉辦「會務發展研討會」，邀集海外分會會長前來台北，共商會務發展。
2006.	舉辦僑生冬夏令營社團研習會。
2006.	《僑協雜誌》自96期起，全版彩色印製。
2006.	主辦「歸僑華語文訓練班」，自95年至98年止，計辦理六期。
2007.	與海外華人研究學會合辦「全球化下華僑華人問題的轉變」國際學術研討會。
2007.	9月加拿大溫哥華加西分會舉辦聯誼大會。此後，每2年舉辦聯誼大會，由各分會主辦。
2008.	與中華全國歸僑聯合總會合辦「華僑服務之回顧與展望」座談會、主辦「漢字運用與華文教學」國際學術研討會。
2008.	成立比利時分會。
2009.	與僑委會、玄奘大學等合辦「新時代、新視野——海外華人國際學術研討會」，與僑委會共同主辦「孫中山海外華人與兩岸發展」國際學術研討會。
2009.	成立澳洲雪梨分會、紐西蘭分會。
2009.	9月邁阿密分會主辦聯誼大會。
2009.	制定「獎勵研究華僑華人事務博碩士論文作業要點」。
2009.	《僑協雜誌》自114期起，由直排改為橫排。
2009.	完成本會DVD簡介影片，並完成辦公室電腦網路架設，及網站網頁建構。

2010.	與中原大學共同主辦「開拓僑民與華語文教育新境界」國際學術研討會。
2011.	成立舊金山灣區分會、菲律賓分會。
2011.	制定「《華僑華人研究》學術期刊發行作業要點」。
2011.	與中原大學共同主辦「2011開創華語文教育與僑民教育之新視野」國際學術研討會，與紐約聖若望大學亞洲研究所共同主辦「民國肇建與在美華人」國際學術研討會。
2012.	4月陳三井先生接任第7任理事長。 舉辦「創會七十周年回顧與展望」座談會、5月12日舉辦「吳鐵城與近代中國」學術研討會。

附錄二：華僑協會總會歷任理監事

第一屆理監事（1942年5月10日選出）

理事（三十一人）：吳鐵城等（名單不完整）

候補理事（十五人）：陳訪先等（名單不完整）

監事（九人）：陳果夫等（名單不完整）

候補監事（四人）：王吉士等（名單不完整）

經濟事務委員會委員（四十九人）：王志華、劉攻芸、徐國懋、黃元彬、沈宗濂、陶桂林、刑雲岑等（名單不完整）

設計委員會委員（四十二人）：葉溯中、郭威白、鄧公玄、浦薛鳳、周演明、吳文藻、羅香林等（名單不完整）

資料來源：《中央日報》，民國31.5.12（週二）三版

第？屆理監事（1945 年 4 月 5 日選出）

理事（三十一人）：吳鐵城、許世英、陳樹人、陳慶雲、王泉笙、馬超俊、梁寒操、陳立夫、錢新之、貝淞蓀、徐恩曾等（名單不完整）

候補理事：

監事（九人）：許生理等（名單不完整）

候補監事：

資料來源：《中央日報》，民國 34.4.6（週五）三版

第？屆理監事（1948 年 6 月 6 日選出）

理事（三十一人）：吳鐵城、劉維熾、陳慶雲、馬超俊、賴璉、王泉笙、林慶年、錢新之、周雍能、李大超、陳策、章淵若、陳劍如、邢森洲、王景成、何葆仁、邱元榮、梅友卓、鄭榮凱、陳汝舟、陳紹賢、丘漢平、張子田、潘勝元、蕭吉珊、黃幹文、張蘭臣、張禮千、莊心在、林朝聘、曾萬□。

候補理事（十五人）：郭榮、祝秀俠、鄭品聰、楊永康、蕭□俊、陳維龍、汪公紀、□守正、崔□西、王清輝、李瑞軒、歐□國、鄭善政、唐季珊、余超英。

監事（九人）：戴愧生、□崇□、桂華山、胡桂庚、李樸生、黃樹芬、何少漢、黃宗詒、鄺瑤□。

候補監事（四人）：黃天爵、薛本貴、張榮溥、梁祖選。

資料來源：《中央日報》，民國 37.6.7（週一）四版

第？屆理監事（1952 年 5 月 15 日選出）

理事：吳鐵城、馬超俊、李樸生、黃天爵、周雍能、黃朝琴、李大超等（名單不完整）

候補理事：

監事：戴愧生等（名單不完整）

候補監事：

資料來源：《中央日報》，民國 41.5.16（週五）四版

第？屆理監事（1953 年 12 月 27 日選出）

理事（三十一人）：馬超俊、周雍能、黃朝琴、李大超、束雲章、黃天爵、高信、鄒志奮、丘斌存、汪竹一等（名單不完整）

候補理事：

監事（十一人）：戴愧生、張震西、丘念台、陳訓悆、沈慧蓮等（名單不完整）

候補監事：

資料來源：《中央日報》，民國 42.12.28（週一）四版

第？屆理監事（？？年月日選出）

理事長：馬超俊

常務理事：周雍能、謝澄宇、黃天爵、李樸生、李大超、汪竹一、張希哲、鄒志奮

理事：祝秀俠、高信、束雲章、余超英、梁子衡、丘斌存、馮正忠、吳幼林、馮鎬、鄭善政、汪公紀、何宜武、李秉碩、李翼中、

唐季珊、馬北拱、陳士誠、劉兼善、張壽賢、延國符、蘇泰楷、
丘漢平

候補理事：侯標慶、吳迺憲、莊心在、刁培然、李繼淵、唐蘇民、
黃天鵬、張子柱、洪長恭、鄭冠英、林競忠、吳煥章、姚奇木、
劉呂潤璧、羅光海

常務監事：梁道群、甘澐、戴愧生

監事：丘念台、張震西、梁式恒、劉蘅靜、黃盧小珠、時壽彰、
吳慎機、王紹齋

候補監事：黃珮蘭、陳訓畬、端木愷、沈慧蓮

資料來源：《華僑協會總會概況》，民國四十七年十月一日，頁 15-21。

第九屆理監事（1977 年 12 月 24 日第十一次會員大會選出）

理事（三十一人）：高信、祝秀俠、張希哲等（名單不完整）

候補理事：

監事（九人）：伍根華、鄧傳楷等（名單不完整）

候補監事：

資料來源：《聯合報》，民國六十六年十二月二十五日，二版

第十二屆理監事（1989 年 ? 月日選出）

理事長：高信

常務理事：梁子衡、何宜武、黃乾、李繼淵、劉崇齡、張希哲、
黃琳、陳鶴齡

理事：陳士誠（兼秘書長）、姚奇木、李冠白、鄭彥棻、關文溥、
林再藩、彭華甫、鄭澤光、呂潤璧、李為麟、梁有華、吳幼林、

丘正歐、馮宗蕚、黃河、彭令占、張徽貞、李瑞甜、胡秀軍、鄧蔚林、高靈光、陳兆一

候補理事：游皋、楊鋒、韓繼旺、黃根源、彭智璋、徐雨川、唐蘇民、岑偉仕、黃炯昌

常務監事：鄧傳楷、伍根華、沈映冬

監事：黃翼、姚錫琛、趙淑倬、馬有為、張錦文

候補監事：趙從堂、董文仕

資料來源：盧偉林，〈「僑協」與「僑聯」〉，《僑協雜誌》季刊廿五期（民國七十八年夏季號），頁56。

第十三屆理監事（1991 年 9 月 29 日選出）

理事長：高信

常務理事：梁子衡、何宜武、黃乾、林再藩、劉崇齡、張希哲、黃琳、陳鶴齡

理事名單：陳士誠、李繼淵、黃河、姚奇木、梁有華、岑摩岩、沈旭步、胡秀華、丘正歐、關文溥、彭華甫、張徽貞、陳懷東、馮宗蕚、盧偉林、鄭澤光、李為麟、林華平、吳幼林、關照棋、劉呂潤璧、梁富

候補理事：黃根源、李瑞甜、韓繼旺、楊慶南、劉瑞生、鄧蔚林、丘亮實、周宣頻、唐蘇民。

監事召集人：趙從堂

常務監事：趙淑倬、沈映冬

監事：鄧傳楷、伍根華、黃翼、姚錫琛、馬有為、張錦文、姚錫琛

候補監事：關能創、胡國棟、董文仕

資料來源：《僑協雜誌》35 期，民國 80 年 12 月，頁 62-63。

第十四屆理監事（1996 年 4 月 21 日選出）

理事長：張希哲

常務理事：黃乾、何宜武、陳三井、蔡慶祝、劉崇齡、林再藩、程光裕、韓繼旺、陳鶴齡

理事：曾慶輝、陳士誠、林齊國、丘亮實、黃河、陳懷東、楊慶南、鄧蔚林、張徽貞、姚錫琛、胡秀軍、岑摩岩、曾作梧、施貞惠、梁富、張啟雄、張存武、梁有華、黃琳、關文溥、江宗仁、盧鎮基、劉呂潤璧、謝耀柱、王幼琳

候補理事：蔡志學、黃炯昌、陳北機、陳劍秋、周宣頻

監事召集人：趙從堂

常務監事：吳文曉、趙淑倬

監事：鄧傳楷、陳振桓、譚守信、張錦文、李恩秀、鍾偉光、沈大川

候補理事：鄧興、黃翼

資料來源：《華僑協會總會第十五屆第一次會員大會手冊》，民國 89 年 5 月 21 日，頁 31。

第十五屆理監事（2000 年 5 月 21 日選出）

理事長：梅培德

常務理事：何宜武、陳三井、林再藩、陳鶴齡、梁子衡、李海天、鄧蔚林、黃乾

理事：張存武、黃河、黃炯昌、譚守信、丘亮實、沈大川、趙淑倬、岑摩岩、林齊國、陳士誠、胡秀軍、莫翔興、林宴文、曾干城、許之遠、張明玉、李恩秀、林煜

監事召集人：趙從堂

常務監事：鄧之鑣、酈少真

監事：蔡嘉鈞、關子龍、歐陽耀、歐紫苑

資料來源：《僑協雜誌》69 期，民國 89 年 7 月，頁 77-79。

第十六屆理監事（2004 年 4 月 23 日選出）

理事長：梅培德

常務理事：林齊國、沈大川、陳三井、伍世文、林煜、梁子衡、鄧之鑣、林宴文

理事：陳北機、蒙天祥、李本京、張啟雄、丘亮實、劉平衡、趙國材、曾干城、黃福慶、劉宗浩、王幼琳、黃若瑛、劉福華、黃河、李恩秀、莫翔興、張存武、華阿水、胡秀軍、李國坤、劉德榮、鄧蔚林

監事召集人：趙從堂

常務監事：譚守信、梁誠威

監事：蔡嘉鈞、黃小雲、沈寶玉、林庭安、黃偉忠、黃可真

資料來源：《僑協雜誌》86 期，民國 93 年 4 月，頁 84。

第十七屆理監事（2008 年 4 月 25 日選出）

理事長：伍世文

常務理事：林齊國、沈大川、陳三井、陳北機、朱紹宗、丘亮實、劉平衡、夏誠華

理事：梁兆坤、林煜、高仲源、張明玉、趙淑倬、黃河、趙麗屏、鄧之鑣、鄧蔚林、李恩秀、吳光定、酈少真、王幼琳、高崇雲、

林庭安、查重傳、李本京、趙國材、黃若瑛、李又寧、黃福慶、
黃東祥

監事召集人：黃海龍

常務監事：李兆民、黃可真

監事：徐梅琴、吳鴻發、陳毓墀、歐陽耀中、蔡嘉鈞、沈寶玉

資料來源：《僑協雜誌》110 期，民國 97 年 6 月，頁 75-79。

第十八屆理監事（2012 年 4 月 8 日選出）

理事長：陳三井

常務理事：沈大川、黃東祥、黃河、黃海龍、夏誠華、趙麗屏、
林齊國、鄭安國

理事：伍世文、王幼琳、趙淑倬、查重傳、張明玉、李培徽、鄧
蔚林、李本京、徐梅琴、劉平衡、黃宏梓、林煜、林庭安、高仲
源、王中導、藺斯邦、丘亮實、蔡嘉鈞、沈寶玉、黃若瑛、張啟
雄、黃呂美蘭

監事召集人：黃可真

常務監事：吳鴻發、李兆民

監事：吳光定、謝國樞、魏三郎、黎愛珍、高仁河、鄧平亮

資料來源：《僑協雜誌》134 期，民國 101 年 5 月 10 日，頁 71-74。

附錄二、宣慰南洋報告書
1941 年 5 月在中國國民黨
中央常會之報告

吳鐵城

第一編 緒論

此行收穫,概括言之,可謂客觀重於主觀,精神過於物質,後果勝於預期,故其見效於目前者,猶小;其種因於將來者,實大!經此一行,與友邦人士直接接觸,(查南洋各屬政府之外交關係,較為特殊,中央所接觸者,僅為代表其國家之使節、駐外領事、與各該地總督,年僅得見數次)且復與萬千僑胞懇切歡敘。當地朝野以及各處土著民族,對於我國已發生新的觀念,與新的認識;華僑地位,亦已為之提高,而僑胞對於祖國,尤已造成一種新的意識與新的關係。所經各處,莫不萬人空巷,熱烈歡迎,群情感奮,踴躍獻金,以報鈞座宣慰之德意。其情之盛,論者認為南洋史上之空前盛舉;尤於荷印方面,僑胞眷懷祖國,忠愛民族之熱情,直令人感極涕下。

此行重在宣慰,非在考察,隨員既少,事務紛繁;又以南洋地域遼闊,迫於行程,每到一地,即匆匆他往,五月之間,分訪

各埠，山川跋涉，奔走宣講！所作中英講演，終三百餘次（現擬編印數卷，容另彙呈）致未遑精細研究，將來甚盼另派專家組織經濟及教育考察團，茲謹就觀感所及，分編報告於後：.

第二編　政治

甲、菲律濱

　　菲島自 1898 年受治於美，前後僅 43 年，政教修明，建設猛進，風俗習慣，俱趨美化，土人生活亦見改；此乃美國開明的殖民政策之成效，殊足供研究殖民問題者之參考，尤可為吾國辦理邊政僑務之借鑑。

　　自 1935 年起，美又准菲設立自治政府，改總督為專員，除外交國防外，內政悉由菲人自治。同時美國孤立派議員，對遠東主張放棄，又以菲糖免稅，與美糖競爭市場，與糖業有關之議員，尤力主菲島獨立。現在獨立案雖已通過，有於 1946 年完全獨立之說；但外察國際形勢，內審菲人實力，以人口千餘萬、立國無經驗之小島，驟令獨立於虎視鷹鄰之情勢中，衡以實際，恐多困難；關於國防外，仍須與美聯繫，殆無容疑，故中菲關係，仍當以中美關係為基準也。

　　現在菲人勵精圖治，銳意自強，民族意識，日趨發皇；近復實施移民新律，華僑入境，年限五百，並有所謂「菲化」運動，此乃一種強烈的民族本位的排他思想之具體表現，首當其衝者，則為我國僑胞。現在我僑，既無國家實力可資憑藉，又無優越技能，足與爭勝，一般僑商，大都憑其過去際會，致有今日；瞻念

前途，隱憂堪慮。在菲之時，承菲總統款以上賓之禮，僑情興奮；
並曾利用機緣與其懇談，喻以兩邦共存共榮之理，互助互惠之道，
菲總統深為諒解，願於移民數目，每年可由總統特許增加。

查目前中菲關係，乃基於中美條約。然如 1946 年菲島完全獨
立，則中菲關係，勢將無所依憑，似宜未雨綢繆，進行中菲商約
之擬訂，以預防中菲法律關係之中斷，保障並鞏固善華僑在菲之
法律地位。

乙、荷蘭東印度

荷印為世界最廣大之群島國，亦為最重要之熱帶國，物阜民
豐，久為世界之寶庫；日人處心積慮之南進政策，亦即以此為焦
點。華僑於此，約有壹百二十餘萬，在荷印外來民族中，佔有極
重要之地位。

荷蘭之所以得保持其在遠東如此廣大豐富之殖民地，全在英
美之默契。蓋英國不願荷蘭在歐失其獨立地位，故願其在遠東保
持其殖民地以增實力；同時，美國亦不願英國或日本在遠東勢力
過分強大，因亦深願荷蘭保持其在遠東之殖民地。

故荷蘭外交，實乃依存於英美。荷蘭在歐處於兩大之間，且
以國防薄弱，其對外關係，祇能力避國際漩渦，致力於世界和平
工作，以維其中立地位。故荷中國防，始終為一嚴重問題，深識
之士，久以為慮；徒以限於人力財力，雖數度集議，終無善策。值
茲世變日亟，南洋局勢嚴重，此最弱之一環，實有被襲之危險也。

目前荷印朝野心理，大都恐日友我。此次奉使出國之時，日
荷經濟會議正在進行，荷印當局在簽發護照之前，曾以「不作政
治講演」相約，以免開罪日方。但鐵城抵達巴城之翌日，小林等

適以會議失敗遄返日本，荷印當局即一改其原有態度，不復限制，而其同情我國抗戰之真情，尤復溢於言表；以是頗得諸種便利，達成任務，於此足證荷印當局處境之苦，及其對我同情之切。

荷蘭殖民政策向取干涉，荷細備至，現在所得稅率，將自百分之六五增至百分之八五，我僑血汗所入，徵課殆盡，實為可憾！

在司法方面，尤見種族歧視。在私法實體法上，華僑與歐人固無不同；惟於刑事訴訟法上，則華僑與土人受同一法典之裁判，且其上訴權不能達最高法院（日人則與歐人同等待遇）；而於檢查往宅，假扣押之程序，又較少保障，將來修訂中荷條約，當力爭改善。

關於僑胞政治主張，僑生方面有兩大體系：其一為中華會，由簡福輝、賴錫禧領導，其理論基礎，認為我國現在國力，事實上尚難伸展海外，保護僑胞，故祇得參加荷印政治（簡、賴均為荷印國民會議議員），透過荷印政府機構，以謀保護僑胞，其主要目標，乃在：(一)爭取平等；(二)敦睦邦交；(三)教育中國化。其二為新報與兢報派，由洪淵源、柯全壽領導。此派反對參加荷印政治，提倡強烈的民族主義。前者係現實主義，實力較大。後者自抗戰以後，亦漸發展。

丙、馬來亞

英人統治殖民地，素取指導政策，其統治技術，因地制宜，不限一格。即就馬來亞而觀，其大不過吾國一省，但其統制區域，則分三大體系：一、海峽殖民地，包括新加坡、檳榔嶼、馬六甲等屬之；二、馬來聯邦，霹靂、雪蘭莪、森美蘭、彭亨屬之；三、馬來屬邦，吉打、吉蘭丹、丁加奴、玻璃市、柔佛屬之。殊途同歸，事半功倍，治術之妙，殊堪玩味。

英國政尚自由，立法雖恕，行法則嚴，外柔內剛，形弛實緊，將來華僑地位，實屬未可樂觀。所幸我僑人數眾多，幾佔其半。據1938年統計，全馬人口總數為 5,278,866 人；華僑則為 2,220,244 人，竟在土人之上（土人為 2,210,867 人）。是量的方面，已獲優勢；而質的方面，復遠駕土人而上。尤以目前南洋局勢緊張，自加入軸心，國際情勢已形明朗；英人值茲多事之秋，實感鞭長莫及之苦，一旦南洋有事，不能不有賴華僑合作。在馬之時，爰將中英中馬如何守望相助，和衷共濟，通力合作之道，與星督再三懇談，星督深有同感。將來南洋有事，我僑苟能起建功勳，不難要求改善地位也。

丁、緬甸

緬甸自 1885 年被亡於英，原為印度行省之一；晚近以來，緬人民族思想，日趨激昂，政黨紛起，要求印緬分治，遂於 1937 年成立緬甸自治政府，組織內閣，但仍受英皇任命之總督監督，國防外交，均由英主持。

緬人黨派複雜，政象紛歧，聞最近有一黨運動之趨勢，將擁前任國務總理巴慕（Pa Maw）博士為首領；同時民族主義日形發展，其不滿英人統治之言論，竟公然出諸集會，刊出報章，足徵其民氣之一斑。中緬兩邦歷史關係，深為悠久；吾人對於彼邦政治運動之趨向，亦應加以注意也。

華僑在緬，不如南洋其他各處之眾，故難形成主導作用。惟緬甸尚有所謂「撣邦」（Shan state）者，不統屬於緬甸自治政府，由各地土司治理，但仍受英人監督。考諸典籍，緬甸與我，交通最早，漢稱撣國；撣族來自雲南，居於滇南緬北，通稱擺夷人，其生活習慣、服裝等，均與我國粵省北江、及滇桂州邊境之苗族

相同，性情溫和，勤儉耐勞，能操滇語。據查該族土司，有傾向我國者，將來設法聯絡，施以教化，當能使之歸向也。

國人以前至「撣邦」，不需護照；但依近頒 1940 年護照新例，自今年 4 月起，除雲南機工及路工外，一律均需護照。查此律頒行，事前並未與我商談，殊屬失當。復次，緬政府近年時有藉案勒戒華人出境之事，其法律根據，謂係根據 1864 年之外人法案。查該法案之頒布，乃係由於當時土人聯合反英而訂；現在時移勢遷，似未可濫予援用也。

中緬交通，早在漢代，壤地相接，誼切唇齒，抗戰以後，關係更切，今後兩國國民外交工作，實甚重要。在緬之時，與其政要及其歷次訪華團代表，過從甚洽。惟默察輿情，彼邦人士，對於滇緬公路之開闢，尚有疑其作用，甚且以為與其有所不利者。爰特利用懺會，將今後兩邦互惠互助之理，加以宣傳，以洽輿情。甚望國內對於此點加以注意，以袪其疑，而謀聯好。

第三編　經濟

甲、菲律濱

菲律賓，雖尚滯留於農業經濟時代，其產業以椰子、蔗糖、米、蔴、烟草、玉米為大宗，其次則為林業與畜牧；但以深受現代文化之薰沐，於南洋群島中，工業最為發達，文物之盛，且將駕我而上，而其現代企業之智能，尤將後來居上；我僑故步自封，各自為謀，勢將望塵莫及。近復以民族意識之亢進，其所頒之移民新律，以及所謂「菲化法案」，非特為中菲邦交之暗礁，抑且係

華僑生存之隱憂。

查華僑在菲大都為零售商人，其從事工業及大企業者蓋寡，既無組織，復乏遠見，而於現代企業之智能以及國際貿易之政策，類都茫然。查菲島零售商業，百分之四十五，操於華人之手，一旦菲人實施菲化法案（該法案之目標為零售商與菜市，顯係針對華僑而發），則我華僑，勢將均在取締之列，而無從立足。

關於此事，在菲之時，曾與菲總統再三懇談，請從緩行。竊意此事治標之道，首應根據條約法理，與之力爭；治本之道，端在研究中菲兩邦，經濟互惠之具體辦法，本有無相通之誼，為共存共榮之圖。（如菲人所缺者為絲茶，則我僑可營此類貨品之產銷，既可投其所需，又可推銷國產，實屬一舉兩得）。外交基於利害，必須雙方有利，始能相安無事，而永維睦誼也。

乙、荷屬東印度

荷印物阜民豐，資源充裕，實為世界有數之資源國，出產以糖為最著，與古巴並稱，為世界冠；椰子、椰油、奎甯、胡椒、木棉產量之鉅，亦列首位；樹膠僅次於馬來亞，與煙草同列於世界之第二位；咖啡除南美外，亦舉世無匹；茶亦佔世界第三位。礦產方面，則煤油與錫，蘊藏亦富。實為世界重要之寶庫。

惟土人經濟智識非常落後，尚未發展至國民經濟時代，文化低落，生活簡陋，故華僑在荷印實為其經濟社會之中心，亦為歐亞貿易之仲介。統計百分之八十五雜貨商店——當地所謂「土庫」（Toko）均在華僑之手。據稱萬隆（Bandung）設市之初，欲建模範市，不准華人入境；但卒無法繁榮，仍允華人入境。足徵華僑之在荷印，實為其社會生活之中心，經濟繁榮之動力也。

華僑在荷印，大都營「土庫」商，及仲介商；僑生則營樹膠、糖、茶等大企業，規模宏大，實力雄厚，如三寶壟之黃仲涵公司，其組織之現代化，甚且駕歐人而上之。惜輓近以來，荷人利用土人民族意識，扶植土人經濟，打擊華僑；同時稅率之重，竟課至百分之八十五，亦為華僑經濟勢力發展之障礙。而小商人智識較低，不知記賬，征稅員憑空估計，武斷征取，痛苦尤甚。所幸土人經濟觀念，甚為幼稚；性習怠惰，不知儲蓄，尚不足與我爭勝，而荷人亦不能不以華僑為仲介也。

丙、馬來亞

馬來亞之經濟，以佔世界最高生產額之樹膠、錫、椰子三大產品為活躍之中心。華僑在馬來亞，幾佔其全人口之半，近年且駕土人之上，實為其經濟社會之重心。惜以我僑無遠大目光，貪圖近利；又以英人勵行所謂馬化政策，扶植土人，排斥華僑，我僑經濟地位，已漸呈動搖之象。如樹膠業，已自百分百降至 16%；錫礦則自 95%降至 33%。如何振頹起廢，與人爭勝，實宜早為之計。

漁業方面，日人競爭甚烈，在星日人，僅三千餘，經營漁業者，竟在千人以上，佔全漁業百分之四十七之多；抗戰以後，其勢稍衰。鐵礦在南洋，雖不見重要，歐人亦鮮注意；惟丁加奴屬邦，鐵礦較富，日人正在從事大規模的經營，礦區有四千五百英畝之廣，年產百萬餘噸。華工幾及三千之眾，抗戰以後，華工曾實行總罷工，惜以無永久計劃，無強大後盾，工人以日久生計所迫，漸又復工；而日人為懲前毖後起見，已不復任用華人為工頭。在星洲曾有丁加奴僑胞蕭秋輝、白珪，報告本案，深用嘆惜。甚望有具體計劃，以制日人也。

丁、緬甸

華僑在緬，不如南洋其他各處之眾，重大企業大都操諸英印人之手；然華僑整個經濟力量，亦佔其五分之一，大都經營米、礦、柚木各業，而典當、屠宰、釀酒各業，則均為華僑獨占。

現在西南各省，建設猛進，由於滇緬路之媒介，兩邦今後商務經濟關係之進展，當可有劃期之轉變，甚望主管當局，注意及此，作久遠之計焉。

戊、綜觀

南洋經濟之重要性，實際遠在列強其他各處殖民地之上。蓋一則物產豐饒，土地肥沃，實為世界唯一之寶庫；二則人口眾多，氣候溫和，實為世界理想之市場；三則大好富源，尚待開發，前途繁榮，方興未艾；四則由於華僑為其社會之骨幹，土人文化，賴以提高，其經濟已晉至高度農業化及半資本主義化時代；五則人口方面，華僑佔甚大比重，在馬來亞方面，且駕土人之上；六則於文化歷史地理上，與我尤有悠久深切之關係。

歐人經營殖民地，其政策固非吾人所及，然亦不無其缺陷與弱點。一則氣候不同，大都不慎，或裹足不前，或則倦遊思歸；二則人數過少，量的方面，無由造成優勢；三則生產費高，貨價昂貴，不適土人經濟能力；四則於文化、歷史、地理的關係上，遠不如我國之深切。

日人以南洋為其「海的生命線」，處心積慮，陰圖「南進」，實為將來最大之勁敵；而經濟的潛力，尤未可漠視。祇以野心過大，已遭各國強烈之掣肘；人口尤少，不能與華僑相頡頏。查日

人對南洋之輸出品，以棉織物、絲織品、人造絲織品、棉毛巾、棉織製品、陶磁器等為大宗，凡此俱為輕工業品，且或為我所優為；僑胞堅苦奮鬥，世所公認，其中經驗豐富，魄力偉大者，尤不在少，祗須加以組織，加以指導，群策群力，計劃推進，不難與之爭勝。

南洋經濟力之開發，將十百倍於今日；抗戰後中國國力之發展，無疑將為遠東之主力。南洋經濟，將隨中國之富強，日增其比重，此乃自然之趨勢，所無疑也。

第四編　教育

甲、教育概況

民國以前，華僑教育未加注意，實為海外事業之最大損失。近年以來，各地熱心僑胞，捐資興學，頗有成績，僅馬來亞方面，已有一千餘校，而國語之普及，民族精神之發皇，以及華僑青年之朝氣，尤令嘉慰，僑胞熱心興學，功在國族，似應傳令嘉獎，以昭激勵

此次南行，對於華僑教育特加注意，雖旅途倥傯，但每至一地，必撥萬冗參觀其學校，召集員生，座談講演。深感海外教育之困難：第一、則為國內法令，每多不能適切海外情況，僑胞格於當地環境，時有莫所適從之苦。第二，則為校董會不健全，蓋華僑興學，大都本於一腔熱忱，其本身未必深諳教育原理，致董教兩方，時多齟齬，教員地位，亦無保障。第三、則為缺乏教育行政督導機構，此行每至一地，華僑敎界人士，莫不一同此心，心同此理，請求政府設法派遣教育監督，常駐海外，以利督導，

而謀改進。（荷印等處，且廉價雇用無智華僑，監視僑教，實宜亟謀對策。）

綜觀海外教育情況，量的方面，發展甚速；質的方面，尚多缺陷：第一、則為缺乏師資；其二、則為生產教育不發展；其三、則為文化水準不高，致造就人才，大都僅能擔任中級以下之普通職務，鮮有創業精神，更難期與人鬥智爭勝！（查華僑每為其子孫適應當地需要以便謀生計，不願送其入本國學校讀書，雖為因噎廢食，亦見僑教之未能適應海外之需要）此為發展海外事業之基本問題，當亟起圖之。

乙、教育政策

各地教育政策，隨其當地政府統治政策而不同。菲律濱放任自由，最為便利。荷印則嚴格干涉，深感掣肘；據報公民一課，不准開設，而另以外人所編之所謂「愛的教育」以代公民，內容陳腐，不足啟導青年；而教員授課時，稍一不慎，即被迫出境。馬來亞方面，表面雖稱自由，實則外弛內緊，課程亦受限制，公民與常識兩科，已為減半，而最近中華書局修訂之公民課本，竟將足以啟發民族意識之教材，刪除殆盡（舉例言之，如十月十日國慶日，則改為四月四日兒童節，書中且不見黨國旗）在馬之時，各報均載「提學司」之大廣告，介紹採用此課本，用心之惡，殊堪深憂。緬甸亦自由放任，惟最近緬甸下院通過強迫教育法案，凡八歲之學齡兒童，應一律入緬甸政府註冊之學校，否則處罰其父母。查華僑學校，大都未經緬甸政府註冊，則該法案實施之時，在緬僑教，勢將受莫大之打擊矣。

丙、高等教育（及暨南大學）

吾國在海外無高等學府，華僑既不得深造之所，僑務亦莫由發生策動之力，殊為失策。各國在華不惜鉅資，建立高等學府，與其勢力發展，關係甚大，尤足為吾人推進海外事業之借鑑。

南洋僑胞，進求大學高等教育，在菲律濱方面大都入菲律濱大學、遠東大學、聖湯麥公教大學及岷尼拉大學，為數約一千人。荷印方面，則入其醫法工各學院，或則留學歐陸，僑生中頗多專門才智之士。馬來亞方面，高中學生，大都充政府機關及洋行職員；其留學歸來者，大都祇知繼承祖業，無甚進取之志。緬甸有仰光大學，兼收中印學生，規模宏大，設備現代化，即在歐美，亦不多觀。但學生生活，過於尊優，殊不合國家興學設教之宗旨。

暨南大學學生在南洋者，有三千餘人之多；僅馬來亞方面，已有千餘，而無一失業，實為一大力量。在星之時，爰召各大學員生會談，發起組織一大學俱樂部，以收群策群力之效。惟暨大學生，大都祇任中等職務，甚少特出領導人才。查核校為栽培海外拓殖人才之唯一學府，現在辦學方針，未符原定宗旨，似宜設法改進，以慰僑望，而利僑務。

第五編　社會

甲、菲律濱

菲自受美統治，社會生活頗見進步。人民百分之九十信奉基督教，教育發展，建設猛進，大有現代化之趨勢。在南洋各屬土

人中，當以菲人進步為最速。惟以西風薰染，通都大邑，漸習奢靡，民性怠惰，無甚大志。常人心理，大都喜作樂師，或奔競仕途，議會開會，往往藉案行賄，華僑苦之。（關於此點，即與吾人會談時之總統，亦未諱言，故懇懇欲以建立廉潔政治為己任。）

菲島華僑團體，較為統一，籌賑運動、黨務工作，較易推進，僑情亦甚融洽。惟僑生在菲年代久遠者，竟至數典忘祖，改易姓名，（如副總統 Osmenas 實為華僑之後裔）甚至父母在堂者，其思想意識已趨菲化，此則以前不重僑教之過也。

中菲關係，歷史悠久；菲人方言，關於食物傢具名稱，以及親屬稱呼，多與福建泉州相似，於此足徵。烹調方法，係由華人傳授；家常用具，係由中國傳入；而就親屬稱呼研究之，尤徵中菲通婚為時之久，以及中菲民族關係之深，詢諸菲大語言學教授，亦韙是說。

乙、荷屬東印度

南洋各屬，以東印度土人最為落後，生活簡單，享受微薄。東印度土人，在社會經濟意識上，尚未形成統一的單位；而係由各種族各自隔絕的小社會組成，每一小社會，則又有其特殊的政治經濟社會的單位，蓋尚滯留於部落時代，未臻於民族國家時代也。

土人物質生活，既屬簡單，經濟觀念尤為幼稚，土人不甚注意於儲蓄，其生產目的僅在供給生活之需，而不在謀利。故其心理，大都貪求目前小利；其工作興趣，亦偏重於目前酬報，若與語將來利益，則不足動其興趣。此為其經濟生活不能推進之最大主因，自不足以與外來民族作經濟的競爭矣。

惟自他方面觀察，荷印土人，在社會經濟上，雖未能形成統一單位；但其共同與普遍的特性，初非絕無，此即回教之信仰，土人信仰回教實已形成一普遍統一的意識，佔有絕大的力量，故日人處心積慮，欲從宗教上與土人相結合，伸張其侵略之陰謀，（關於此點容另詳報）此亦大可注意之事也。（查馬天英等組織回教訪問團赴馬來亞宣傳，影響甚大。）

華僑在荷印，富有保守精神，生活較有紀律；同感外力壓迫，團結亦較堅強。我國固有之成訓遺制，習慣風俗，甚至在國內已不多觀者，猶保存勿替。僑生在十餘代以上者，雖不通國語，猶能執筆誰自書其姓氏。抗戰以後，民族意識更為強烈，殊足欣慰。

惟查僑胞沉於煙毒者，為數可驚，據 1930 年荷政府統計在167,191 烟民中，有 8 萬零 762 人為華人。荷印華僑僅佔總人口五十分之一；而烟民數量竟三倍土人，殊為憾事。

丙、馬來亞

馬來亞人口，據 1938 年統計總數，為 5,278,866 人，其中馬來亞人為 2,210,867 人；華僑則有 2,244 人，是華僑人數實較土人為尤眾。故馬來亞社會之重心，實為中國僑胞，此則大可注意之象也。

南洋之開發，大都有賴於華僑之血汗，尤以馬來亞方面，如彭亨邦之汶來，則為四十年前華僑陸佑一人設東興公可獨資開發；如霹靂邦之甘文閣，則為閩人林種美、方飽參兩牧師，囘福州率領三百八十人所開發。據考於 1903 年 8 月 13 日登陸，初種馬鈴薯，後植樹膠，前後纔三十餘年，即已造成今日之繁榮。其附近之紅土坎（Lumut）不久擬闢為商埠，將來可成遠東重要口岸。他

如馬六甲之明代古蹟，其地歷史學會，考證甚詳，俱徵我僑於馬來亞潛力之深厚。

所可憾者該處僑胞，幫派複雜，動亂紛爭，不能集中力量，和衷共濟；致為外人各個擊破，「分而受治」。囘顧先祖蓽路藍縷，以啟山林，堅苦卓絕，艱難創業之精神，不勝感慨系之矣。

丁、緬甸

緬甸民性和平，尤以撣族為甚，其上衣式樣，與我相同；撣族且能操滇音，足徵兩邦民族，文化歷史關係之深。近年由於中緬文化協會之聯絡，兩邦關係益臻親善。

緬甸為佛教國，國民幾均信佛。按其佛律，凡信教者，須於童時入寺為僧，為期數月、半年、一載不等。學童不納學費，生活由慈善家供養，緬人教育，因得普及，實受宗教教育之賜。

緬人習於宴安，鮮事勞動，此一則由於迷信佛教，流於消極；一則由於天惠獨厚，農事每可不勞而穫。惟緬甸婦女，則以勤勞賢德著稱，家庭經濟，由婦女負責，無論農、工、商各業，均可勝任，故緬甸婦女較為獨立自由，因有東方女權國之稱。

華僑在緬為數不及卅萬，故緬甸社會之中心，乃在勤苦耐勞之印人，我僑不能取得主導地位，而染烟癖者。據查每二十三人中計有一人，實屬可憾！

第六編　黨務（略）

第七編　結論

此行為期五月，雖行程匆促，但觀感殊佳。除關於具體問題，另詳建議書外，謹將感念所及，析陳如左：

甲、關於一般者

一、此行對於南洋問題，得有新的啟示，深感欲發展南洋，必先認識南洋；欲認識南洋，必先研究南洋，必先考察南洋。

二、此行對於海外黨務，推動甚多；沿途受理僑眾案件，隨時就地辦理者，尤不在少。而華僑社會之封建思想，幫派觀念，亦已稍廓除。其收效之宏，實遠在部中數年之上。深感閉關主義的海外黨務，及僑務行政，實有政革必要。

三、華僑事業，即為國家事業；華僑事業之發展，即為國家事業之發展。此行所經各處，即在窮鄉僻壤，亦見我僑之事業，益感中國民族生力活力之偉大。

四、各國經營殖民地，莫不基於精深廣博的科學研究；但華僑在外僅本其堅苦卓絕之精神，以往政府向不注意；今後對於僑務方針，亟應深刻檢討，對於僑胞利害，尤應密切關懷，毋負僑胞忠愛祖國之赤忱。

五、僑胞愛國熱忱，遠過國內同胞，眷懷祖國，其情尤切；但以若干人對華僑利用觀念之惡果，致僑胞對其鄉邦，竟視為畏途，甚且有作子子孫孫勿回祖國之憤言者。是皆以往「利用觀念」為之厲階，此行與僑胞懇切長敘，深感僑胞心理，可以激以忠義，而不可欺以利用。故今後對於僑胞，必須痛除利用觀念，而提倡

服務精神，則僑胞之內向，如水之就下也。

乙、關於經濟者

六、南洋物阜民豐，氣候溫和，實為世界寶庫。我僑篳路藍縷，以啟山林，得造成今日之繁榮，乃以過去政府漠視，致未能資為國族富強康樂之基礎，殊為失策。但華僑之力量，南洋之力量，方興未艾，將來當十百倍於今日。抗戰以後，由於中國之富強，南洋經濟，當隨中國國力之發展，而增益其力量，及今圖之，猶未為晚。

七、華僑以在外生存競爭之劇烈，益以西方文直接的薰沐，經濟智能較易進步，企業精神亦較發展。僑胞事業家，其經驗豐富，技術專門，器度寬宏者，為數甚多；事業之現代化，組織之科學化，足供祖國建設借鑑之處亦多，均為將來建設之助力。

八、南洋僑胞，雖非均富有，但據最低估計，其資產在一千萬以上，一萬萬以下者，有十五人；在五百萬以上者，二十五人。在百萬以上者，一百三十人；在五十萬以上者，二百人；在十萬以上者一千人。在五萬以上者，一萬人；在一萬以上者，五萬人；在五千以上者，二十萬人。合計共五十萬萬，折合國幣當在三、四百萬萬以上。如此鉅款，實為祖國建設莫大之動力。

丙、關於政略

九、華僑之於南洋，一方面為其經濟開展之動力，一方面又為其政治安定之因素，實係南洋社會之重心與主力。微華僑不能有南洋社會之存在；微華僑不能有南洋社會之進步；微華僑不能有南洋社會之繁榮；微華僑不能有南洋社會之安定。

十、由於社會之進步以及國力之伸展，華僑在南洋之力量，將十百倍於今日。今後政府，對於此南洋之主力，亟宜因勢利導，善為運用，以謀我國國力之海外的發展。

十一、抗戰後之中國，將為東亞最大之強國，殆無疑義；南洋為我國之外衛，其於我國防上之關係，將日見重大。（抗戰勝利之後，中國必須建設新海軍，以南洋群島成為中國之衛星，是不特置國家於磐石之安，且將奠民族百世康樂之基礎焉。）為今之計，亟宜發動國民外交，結合土人（此行時見土人及印人參加僑胞歡迎大會，並自動獻金，足瞻其心之所向）；並組織僑眾，以發揚我族王道文化之精神，建立三民主義的共存共榮的國際關係；一以增進弱小民族之福利；一以奠定世界和平之基礎。

十二、中國富強之後，將為世界和平之主力，惟欲安定世界，必先安定亞洲，欲安定亞洲，必先安定南洋；欲安定南洋，必先建立三民主義的共存共榮的關係，（中略）是乃為三民主義的王道中國民族之世界的歷史的使命，幸鈞座積極圖之。

史地傳記類　BC0001

吳鐵城與近代中國

主　　編 / 陳鴻瑜
執行編輯 / 張國裕
責任編輯 / 鄭伊庭
圖文排版 / 王思敏
封面設計 / 秦禎翊

發 行 人 / 陳三井
出 版 者 / 華僑協會總會
　　　　　台北市敦化北路 232 號 6 樓
　　　　　電話：27128450　傳真：27131327
　　　　　E-mail: oca232.oca@msa.hinet.net
法律顧問 / 毛國樑　律師
印製發行 / 秀威資訊科技股份有限公司
　　　　　114 台北市內湖區瑞光路 76 巷 65 號 1 樓
　　　　　電話：+886-2-2796-3638　傳真：+886-2-2796-1377
　　　　　http://www.showwe.com.tw
劃撥帳號 / 19563868　戶名：秀威資訊科技股份有限公司
　　　　　讀者服務信箱：service@showwe.com.tw
展售門市 / 國家書店（松江門市）
　　　　　104 台北市中山區松江路 209 號 1 樓
　　　　　電話：+886-2-2518-0207　傳真：+886-2-2518-0778
網路訂購 / 秀威網路書店：http://www.bodbooks.com.tw
　　　　　國家網路書店：http://www.govbooks.com.tw
圖書經銷 / 紅螞蟻圖書有限公司
　　　　　台北市 114 內湖區舊宗路 2 段 121 巷 19 號（紅螞蟻資訊大樓）
　　　　　電話：+886-2-2795-3656　傳真：+886-2-2795-4100

2012 年 12 月 BOD 一版
2013 年　7 月 BOD 二版
定價：300 元

國家圖書館出版品預行編目

吳鐵城與近代中國 / 陳鴻瑜主編. -- 一版. -- 臺北市：華
僑協會總會, 2012.12
　　面；　　公分. -- (史地傳記類；BC0001)
BOD 版
ISBN 978-957-41-9828-3(平裝)

1. 吳鐵城　2. 僑務　3. 文集

577.2107　　　　　　　　　　　　　　101026288

讀 者 回 函 卡

感謝您購買本書，為提升服務品質，請填妥以下資料，將讀者回函卡直接寄回或傳真本公司，收到您的寶貴意見後，我們會收藏記錄及檢討，謝謝！如您需要了解本公司最新出版書目、購書優惠或企劃活動，歡迎您上網查詢或下載相關資料：http:// www.showwe.com.tw

您購買的書名：_____

出生日期：_____年_____月_____日

學歷：□高中 (含) 以下　　□大專　　□研究所 (含) 以上

職業：□製造業　□金融業　□資訊業　□軍警　□傳播業　□自由業
　　　□服務業　□公務員　□教職　　□學生　□家管　　□其它_____

購書地點：□網路書店　□實體書店　□書展　□郵購　□贈閱　□其他

您從何得知本書的消息？

　　□網路書店　□實體書店　□網路搜尋　□電子報　□書訊　□雜誌
　　□傳播媒體　□親友推薦　□網站推薦　□部落格　□其他_____

您對本書的評價：(請填代號　1.非常滿意　2.滿意　3.尚可　4.再改進)

　　封面設計____　版面編排____　內容____　文／譯筆____　價格____

讀完書後您覺得：

　　□很有收穫　□有收穫　□收穫不多　□沒收穫

對我們的建議：_____

_____

_____

_____

11466
台北市內湖區瑞光路 76 巷 65 號 1 樓

秀威資訊科技股份有限公司　　　收
BOD 數位出版事業部

┈┈┈┈┈┈┈┈┈┈┈┈┈┈┈┈┈┈┈┈┈┈┈┈┈┈┈┈┈┈┈┈┈

（請沿線對折寄回，謝謝！）

姓　　名：＿＿＿＿＿＿＿＿　年齡：＿＿＿　性別：□女　□男

郵遞區號：□□□□□

地　　址：＿＿＿＿＿＿＿＿＿＿＿＿＿＿＿＿＿＿＿＿＿

聯絡電話：(日)＿＿＿＿＿＿＿＿　(夜)＿＿＿＿＿＿＿＿

E-mail：＿＿＿＿＿＿＿＿＿＿＿＿＿＿＿＿＿＿＿＿＿